# Aprendiendo de los mejores 2

Francisco Alcaide Hernández

# Aprendiendo de los mejores 2

## Tu desarrollo personal es tu destino

alienta
EDITORIAL

Alienta es un sello editorial de Centro Libros PAPF, S. L. U.
Grupo Planeta
Av. Diagonal, 662-664
08034 Barcelona

www.planetadelibros.com

Ilustraciones interiores: © Axier Uzkudun

ISBN: 978-84-16928-59-0
Depósito legal: B. B. 3.337-2018
Primera edición: marzo de 2018
Octava edición: octubre de 2021
Preimpresión: gama sl
Impreso por Egedsa

Impreso en España - *Printed in Spain*

El papel utilizado para la impresión de este libro está calificado como **papel ecológico** y procede de bosques gestionados de manera **sostenible**.

*No vivas por debajo de tus posibilidades.
Invierte en tu desarrollo personal
y vive la vida que quieres.*

Jim Rohn

# SUMARIO

# INTRODUCCIÓN

La única diferencia entre un millonario y usted, es usted», escribe Colin Turner en *Nacido para el éxito* (Edaf, 1995). No se puede expresar mejor. Ése es el mensaje central que hay detrás de todo el mundo del desarrollo personal.

Nuestra escasez no depende de nuestras capacidades —todo se aprende—, sino de que a menudo nos sentimos pequeños acerca de quiénes somos. Tus creencias sobre quién eres y tus posibilidades condicionan todo lo que haces, cómo lo haces y lo que consigues. Siempre actúas por «fuera» de manera congruente a como te sientes por «dentro». Por eso, todo cambio empieza cuando mejoras el concepto de ti mismo.

Las creencias son fuerzas atractivas, tanto en sentido positivo como negativo. Las creencias modelan nuestra actitud, nuestra visión del mundo, nuestras relaciones e incluso nuestra salud. Pero lo más importante es que tus creencias son algo que aprendiste, pero no eres tú, y de igual manera que las aprendiste, las puedes desaprender y reemplazar por otras más estimulantes y retadoras.

Eres mejor de lo que crees, pero la responsabilidad de cambiar (mejorar) es tuya. Nadie vendrá a salvarte de tu vida, sólo tú puedes salvarte a ti mismo. El grado de responsabilidad que aceptes con tu vida es indicativo de tu grado de poder personal. Dónde estás es el resultado de quién eras, pero adonde vayas depende únicamente de quién elijas ser.

Las personas de éxito tienen un alto sentido de la autorresponsabilidad y eso les da poder. Saben que su vida depende de ellos. Asumir la responsabilidad de nuestra vida es la primera y máxima expresión de liderazgo. Las personas de éxito se sienten protagonistas de su vida.

No caigas en la tentación de las excusas, porque es un callejón sin salida. Esa batalla la tienes perdida. La historia está repleta de casos de éxito de todos los colores: jóvenes y viejos, con y sin estudios, hombres y mujeres, con y sin dinero, que dieron la vuelta a sus circunstancias y acabaron triunfando.

Damos demasiado poder a las circunstancias, pero ninguna tiene suficiente poder para derrotar a quien tiene una decidida determinación. El político y ejecutivo de publicidad Bruce F. Barton apuntaba: «Jamás se ha conseguido nada espléndido que no haya sido logrado por quienes se atrevieron a creer que había en su interior algo superior a las circunstancias». Brillante reflexión.

*No eres tus circunstancias, eres tus posibilidades*. Tu fuerza interior siempre es mayor que cualquier obstáculo que aparece en tu vida. Todos venimos preparados a este mundo para superarnos. Todos tenemos más posibilidades de las que creemos. «La grandeza —decía el poeta británico Matthew Arnold— es una condición espiritual.» La grandeza está en todos, también en ti.

Poder se puede (siempre), lo importante es querer y creer en ello. Tu capacidad de cambiar depende de tu capacidad de mejorar, y tu capacidad de mejorar depende de tu capacidad de aprender. Ésa es la magia del desarrollo personal. No hay trucos, sólo mejora constante. Todas las personas, con independencia de dónde estemos y lo que hayamos logrado, sea mucho o poco, sentimos un deseo innato de mejorar y crecer. Tenemos el impulso continuo de mejorar nuestras vidas. Y cuando eso no ocurre estamos dando pasos hacia atrás: «Si no estás ocupado naciendo —decía el maestro Bob Dylan—, estás ocupado muriendo».

Lo primero de todo es decidir a qué quieres jugar en la vida. La mayoría no lo sabe. «La falta de claridad más que cualquier otra cosa es la principal causa de fracaso de la gente», nos recuerda Anthony Robbins. Sólo cuando sepas con claridad lo que quieres y tengas un deseo ardiente por conseguirlo, estarás en el camino correcto para ello. Y cuanto antes te decidas, antes podrás llegar, porque el camino (proceso) hay que sufrirlo siempre.

Ten presente igualmente que serás más feliz en la medida que tu trabajo afecte positivamente a más gente. Nunca estarás lleno si sólo te fijas en ti mismo. Trasciende tu realidad personal y abarca a otras personas. Cambia el mundo, aunque sea a pequeña escala. Ante todo, sé útil. Tú también tienes algo (mucho) que contribuir. Ann M. Fudge, consejera delegada de Young & Rubicam, explica: «Todos llevamos dentro la chispa del liderazgo, ya sea en los negocios, el gobierno o como voluntarios de una ONG. El reto es conocernos lo suficiente como para descubrir dónde podemos utilizar nuestros dones de liderazgo para servir a los demás. Estamos aquí para algo. La vida es para dar y vivir intensamente». Si quieres ser feliz tienes que ver más allá de ti mismo. La Madre Teresa de Calcuta decía: «Uno de los mayores padecimientos del ser humano es no ser nada para nadie».

Y a la hora de decidir acerca de qué quieres conseguir y hacer con tu vida no seas cicatero. La principal cualidad que define a los ganadores y que les distingue del resto, es que se dan el permiso de pensar en grande: «Sólo los que se arriesgan a ir demasiado lejos —escribía T. S. Eliot— comprueban hasta dónde se puede llegar». El mayor mal que aqueja a la gente son las dudas acerca de sí mismos. Piensan que los demás son mejores o que tienen más capacidades. Y no es así. El psicólogo Abraham Maslow ya nos alertaba sobre ello: «La historia de la humanidad es la historia de hombres y mujeres vendiéndose a la baja». Entre tú y tu meta sólo están tus dudas acerca de ti mismo y tu pereza. Todo se aprende por el camino. Y llegarás si no desistes. No hay más.

Pero recuerda: un sueño sólo puede triunfar sobre la realidad si se le da una oportunidad. Para triunfar en la vida tienes que ser valiente. Todo el mundo puede conseguirlo pero no todo el mundo tiene el valor de intentarlo. No puedes pasarte la vida preparándote o esperando a que se despeje todo el camino. Tienes que dar el paso. Soltar amarras y navegar mar adentro. Nunca se sabe todo y nunca es el momento perfecto. Crecer duele, pero a la larga te darás cuenta que duele más no hacerlo. Se aprende sobre la marcha. A vivir, como a todo, se aprende viviendo. En «A la deriva», dentro del poemario *Hidradante Olivia*, se dice:

> El mar —no el faro—
> con todos sus naufragios
> muestra el camino.

Y después, comprométete. No puedes lograr algo grande sin hacerlo. Y tampoco ser feliz. Puedes llegar donde te propongas, si además de un deseo ardiente por conseguirlo demuestras compromiso. El compromiso es la determinación absoluta con nuestras metas, y no admite excusas, sólo resultados. Como nos recuerda el *coach* y consultor Jim Selman: «La capacidad de comprometernos es, probablemente, el aspecto más destacable y constitutivo de nuestra existencia como seres humanos». Y añade: «El compromiso es una acción en el lenguaje que transforma una promesa en realidad. Es la palabra que habla con coraje de nuestras intenciones. El compromiso es el material que forja nuestro carácter y es el poder para cambiar las cosas. Es el triunfo diario de la integridad sobre el escepticismo».

Y el compromiso auténtico se demuestra en cada acción que hacemos: llamada, reunión, negociación, entrevista, artículo que escribimos, conferencia que impartimos, clase que damos o cualquier otra cosa. El escritor portugués Fernando Pessoa lo resumía así: «Pon todo tu ser en lo mínimo que hagas». Ésa es la filosofía del éxito. Si das lo mejor de ti siempre, lo mejor acabará sucediendo necesariamente.

Junto al compromiso, una buena actitud es otra de las variables imprescindibles en tu camino hacia el éxito. Una actitud positiva es esencial para ver las oportunidades que nos ofrece la vida a pesar de todas las dificultades: fracasos, rechazos, deslealtades, injusticias, dudas o cualquier otro obstáculo. Y cuanto más difíciles sean las circunstancias, más importante es la actitud. Lo bueno es que tu actitud siempre te pertenece, es ciento por ciento tuya, ahí nadie puede interferir. Es una elección personal. Vicente del Bosque, campeón del mundo de fútbol como seleccionador de España, contaba la siguiente anécdota con relación a su hijo que vino al mundo con síndrome de Down: «Cuando nació nuestro hijo Álvaro nos preguntamos: ¿por qué a nosotros? Poco después, nos preguntábamos: ¿y por qué no? Ahora y desde hace mucho tiempo, nos preguntamos: ¿cómo podríamos vivir sin él?». Eso es actitud positiva.

No debes olvidarte tampoco del foco. Todas las personalidades de éxito tienen un rasgo común, son expertas en algo. Y para ser experto en algo hay que dedicarle muchas horas. El problema es que las horas son limitadas —veinticuatro en total—, y si te dispersas tus resultados también se resienten. Para ser experto en algo hay que concentrar todas las energías y esfuerzos en una determinada dirección. Foco no es otra cosa que gestión de la atención. Mucha gente con talento ha fracasado por no haberse mantenido enfocada. Si quieres tener éxito, aprende a enfocarte: *cuando estás enfocado lo difícil es no tener éxito*.

También debes cultivar esa virtud tan denostada que es la paciencia. La mayoría de la gente tiende a rendirse. Si te cansas, pierdes. No podemos pretender que todo cambie de la noche a la mañana, pero sí podemos empezar a hacer las cosas necesarias para que nuestra situación mejore. No temas a los cambios lentos, ten miedo a permanecer inmóvil. El secreto para progresar es empezar por algún lugar. Todo es posible, si te das el tiempo suficiente. Anthony Robbins, al que citamos de nuevo, lo expresa así: «La gente *sobrevalora* lo que puede conseguir en un año y *subestima* lo que puede conseguir en una década». Si eres perseverante y demuestras paciencia estarás por delante de casi todo el mundo.

Igualmente es importante hacer equipo: *cuando creces con otros siempre creces más*. Solo no llegarás demasiado lejos. Para avanzar en la vida no es suficiente el talento o la capacidad de trabajo, necesitas gente que te apoye y ayude, ya sea a nivel financiero, emocional, técnico, logístico, relacional o de otro tipo. La conexión con otras personas es una fuente de energía vital, recursos cognitivos y emocionales. El talento no es una isla, sino que necesita de otros talentos para crecer y aspirar a su mejor versión. Tu capacidad para crear, mantener y expandir tu red de contactos sobre la base de relaciones de valor y confianza mutuas es crucial para tener éxito. Cuida y mima tu red de contactos como si fuese oro en paño: *cuando te olvidas de los demás, los demás se olvidan de ti.*

Jamás dejes por el camino tus valores, te pasará factura. Tu reputación es tu mayor activo y trabaja siempre para ti favorablemente. Cuanto mejor es tu reputación, menos vendes y más te compran. No te descuides en este aspecto (y es muy fácil descuidarse). Los negocios los hacen las personas, las personas interactúan a través de las relaciones, y las relaciones se basan en la confianza. La gente quiere relacionarse y hacer negocios con personas a las que conoce y en quien confía. Como señala Ryan Freitas, cofundador de About.me: «Tu reputación es más importante que tu nómina y tu integridad es más valiosa que tu carrera». No te dejes seducir por los atajos.

Simplemente algunos datos para acabar. Cuando se escriben estas páginas, *Aprendiendo de los mejores* (Alienta, 2013, edición ampliada y actualizada en 2016) se ha convertido en el libro de *management* de un autor español más vendido y leído de los últimos años con más de 55.000 ejemplares distribuidos. Asimismo, el libro ha sido traducido al italiano con el título *Imparando dai migliori* (Anteprima, 2018) y está en marcha igualmente la traducción al inglés. Así que, mil gracias a todos aquellos que habéis comprado, leído, regalado o recomendado el libro. Cada día recibo mensajes de agradecimiento, pero la gratitud es mía hacia todos vosotros.

En este segundo volumen aparecen 46 nuevas personalidades, que sumadas a las 54 del primer volumen (con la edición ampliada y revisada) hacen un total de 100 con sus interesantes reflexiones, experiencias, éxitos y fracasos.

El objetivo de este nuevo volumen es incluir a personajes de ámbitos y disciplinas no presentes en el anterior volumen.

La principal crítica —totalmente acertada— que se hizo al primer volumen de *Aprendiendo de los mejores* fue la poca presencia de mujeres, tan sólo tres: Louise Hay, la Madre Teresa de Calcuta y Oprah Winfrey. En las páginas siguientes aparecen un total de diez personalidades femeninas de referencia como Elisabeth Kübler-Ross, Eleanor Roosevelt, Coco Chanel, Helen Keller o Sheryl Sandberg, entre otras.

Por otro lado, quienes me conocen saben que para mí el deporte es una metáfora de la vida y el ámbito que mejor refleja lo que es el desarrollo personal. Cualquier deportista de élite está obligado a ser extremadamente disciplinado, a trabajar con un entrenador, a gestionar tanto el fracaso como el éxito, a desarrollar un espíritu competitivo, a lidiar con la presión —del público, medios de comunicación o patrocinadores— y a otro sinfín de aspectos.

Los deportistas son, por tanto, espejos en los que mirarse y de los que se pueden extraer grandes lecciones y valores para la vida y la empresa. Siempre que me invitan a dar una conferencia o hacer una presentación de *Aprendiendo de los mejores* llamo a algún deportista amigo como «caso de éxito». A pesar de ello, en el primer volumen no aparecía ninguno. En esta ocasión son varios los que se pueden encontrar aquí: Michael Jordan, Phil Jackson, Muhammad Ali o Jorge Valdano, además de otras personalidades también vinculadas al ámbito deportivo en la parte de gestión (*sport management*) como Mark Cuban o Donald Dell.

También en este segundo volumen se da un mayor protagonismo al aspecto espiritual —lo material por sí solo nos sabe a poco— con nombres como Eckhart Tolle, Neale Donald Walsch o el poeta persa Rumi, junto a figuras representativas del Nuevo Pensamiento como Neville Goddard, William Walker Atkinson, Norman Vincent Peale o Rhonda Byrne.

Asimismo, en las siguientes páginas también podemos encontrar interesantes reflexiones de empresarios como Ray Kroc o Walt Disney; millonarios como Aristóteles Onassis o John D. Rockefeller; expertos del mundo startup como Tim Ferriss o Gary Vaynerchuk; referentes de las inversiones como Ray Dalio o Kim Kiyosaki; historias de superación personal como las de Nick Vujicic o Gustavo Zerbino; personalidades de la ciencia como Albert Einstein o Daniel Goleman; escritores de bestsellers como Paulo Coelho o J. K. Rowling; o especialistas en productividad, como David Allen, o en hablar en público, como Chris Anderson, entre otros muchos.

A algunas de las personalidades de este volumen y del anterior he tenido la posibilidad de conocerlas personalmente y entrevistarlas: Daniel Goleman, Luis Rojas Marcos, Gustavo Zerbino, Jorge Valdano, Aitor Zárate o Ferran Adrià.

Al final del libro encontrarás un Anexo con una relación de todos los personajes incluidos tanto en este volumen como en el volumen I, clasificados por temáticas/disciplinas, para que te sea más fácil dirigirte a aquellos que más te puedan interesar en función de tus preferencias.

Como ya apunté en el anterior volumen y recalco en éste, *no están todos los que son pero sí son todos los que están*. Por cuestiones de espacio es inevitable dejar a muchos personajes apasionantes fuera. En próximas entregas de *Aprendiendo de los mejores*, que estoy seguro irán apareciendo en el mercado durante los próximos años, tendrán también su protagonismo.

Este libro abre con una cita de Jim Rohn —referente, sin duda, del desarrollo personal— y con otra cita de él cerramos la Introducción, que no hace sino resumir todo lo dicho hasta ahora:

¿Quiere ser una persona superior a la media? Entonces utilice una sonrisa superior a la media, un interés superior a la media, un afán por ganar superior a la media. Esto lo cambiará todo.

Tu nivel de éxito es proporcional a tu nivel de desarrollo personal. O como me gusta decir: *tu desarrollo personal es tu destino*.

# AITOR ZÁRATE

Aitor González de Zárate (1966), más conocido como Aitor Zárate, es un exjugador de baloncesto español de la ACB. En 1989 crea la empresa Sport Gestión dedicada a la representación de deportistas profesionales. Unos años más tarde vende su participación y se especializa en el mundo de las estructuras fiscales internacionales a través de FH Consulting. En 2001 se centra definitivamente en el mundo de los futuros financieros –a través del cual se haría conocido a gran escala–, poniendo en marcha en el año 2005 la empresa FH Inversiones, creadora del curso «Cómo aprender a invertir en tiempo real de modo efectivo», idea premiada por la revista *Emprendedores* entre las cien más innovadoras de España. En 2007 desarrolla el primer Campus Trading en Futuros sobre el mini SP 500, y unos años más adelante monta la empresa El Factor K, dedicada a la formación en inversiones, asesoramiento financiero y soluciones fiscales. Es autor de diversos libros en los que explica cómo alcanzó la libertad financiera invirtiendo –su objetivo era lograr 6 millones de euros de beneficio– en el periodo de 1999 a 2005, después de haberse arruinado con anterioridad. Entre ellos destacan: *Cambio de vida: cómo me hice rico* (Factor K, 2013), *Mueve tu dinero... y hazte rico* (Espasa, 2007), *La trampa del oso* (Espasa, 2008), *El factor K* (Espasa, 2008), *¡Espabila! Y gana dinero con la crisis* (Espasa, 2010) o *La simplicidad del primer millón* (Grupo Gráfico Gsf, 2011).

1. **La vida se resume en tres cosas: tiempo, decisiones y dinero.** Todo se reduce a ese triángulo:
   – Tiempo: cada día tiene veinticuatro horas que aprovechas o desaprovechas, pero que no vuelven. No hay

nada más importante para tu éxito que ser productivo. Las personas son lo que deciden hacer con su tiempo.

- Decisiones: somos nuestras elecciones, y las decisiones son carne o pescado: lo haces o no lo haces. Eres lo que tus decisiones han provocado.
- Dinero: todas nuestras decisiones (por acción u omisión) tienen una repercusión económica, ya sea directamente o en términos de coste de oportunidad (lo que dejo de ganar por hacer otra cosa). La vida es dinero.

2. **Cualquiera, incluso tú, siendo un tipo «normal», puede llegar donde se proponga. Hay muchos ejemplos de personas que partiendo de la nada han conseguido todo aquello que deseaban.**

*Nadie es mejor que tú, sólo se ha convertido en alguien mejor que tú.* Los «ganadores» no son los elegidos por el universo; los «ganadores» se eligen a sí mismos. Puedes triunfar en cualquier cosa que te propongas. Tu capacidad de aprender es tu activo más valioso. Nadie sale del útero materno siendo un genio de nada y todo el mundo antes que maestro fue aprendiz. En esta vida, todo se decide y todo se aprende. Primero, uno decide lo que quiere, y luego aprende todo lo necesario para llegar adonde quiere llegar a través del estudio y de la práctica. Robert J. Stenberg, psicólogo y profesor de la Universidad de Yale, dice: «El factor más importante para adquirir pericia no es ninguna habilidad innata, sino el compromiso decidido». El propio Aitor Zárate escribe en *La simplicidad del primer millón*: «Si hay algo que ha demostrado la historia es que cualquiera puede ser rico y ganador. Da igual si eres gordo o flaco, guapo o feo, rápido o lento, limpio o sucio, dónde hayas nacido, cuál es tu punto de partida, quiénes hayan sido tus padres o la educación recibida. Hay ejemplos de todos ellos, así que seas como seas, puedes cambiar y triunfar, por tanto, no hay excusa posible nada más que tu propia pereza, dejadez y mediocridad. Muchas personas que tenían un punto de partida mucho peor que el tuyo han llegado justamente al lugar que querían. Si fue posible para ellos, también lo es para ti. Es el primer concepto que debes tener claro antes de nada. Simplemente quiero que sepas que todo se aprende y que si realmente quieres conseguirlo, lo harás».

3. **Todos tendríamos que tener al lado una especie de entrenador que nos fuese corrigiendo y avisando en los momentos que nos salimos del plan trazado.**
El *coaching* es imprescindible para todos. Nadie que ha llegado lejos lo ha logrado solo. Todos, en su periplo hacia la cima, han contado con maestros que les han acompañado en el camino. Un buen *coach* te exige de ti más de lo que tú te exigirías. Necesitamos alguien que nos desafíe, que nos rete, que nos lleve al límite. Un buen *coach* te obliga a hacer aquello que no te apetece o te da miedo hacer. Te obliga a salir de la zona de confort, a ser más disciplinado, a dar la cara y asumir tu responsabilidad. Te saca los colores. Te da caña. Te pone contra las cuerdas. El *coaching*, cuando se está en buenas manos, tiene un gran poder transformador; porque eso es el *coaching*, hacer que las cosas sucedan. Quien encuentra un buen *coach* ha encontrado lo mejor para el despliegue de toda su potencialidad.

4. **Céntrate en lo que decidas y en una sola cosa cada vez.**
Ése es uno de los rasgos de la gente con mentalidad ganadora, estar en lo que hay que estar, y luego en lo siguiente, y después en lo que venga más tarde. Si no estás aquí no estás en ninguna parte. Sólo existe este momento presente, y después será otro momento presente que está por venir. El éxito exige concentración y la palabra «concentrar» según dice la RAE es «ser recogido en un centro». Por tanto, cuando uno está concentrado está dirigiendo todo el flujo de energía a ese punto (centro), con lo que ello implica positivamente

en nuestro rendimiento. La energía va donde pones tu atención, y si tu atención se dispersa, la energía también, con lo que ello implica negativamente. Tienes que hacer de cada acción un éxito en sí mismo. Tienes que concentrar todo tu poder en cada acto, porque cada acto que realizamos, por trivial que parezca, genera consecuencias a nuestro favor o en contra. Una acción eficaz es acumulativa de manera positiva en sus consecuencias; y una acción ineficaz todo lo contrario. El fracaso en las pequeñas cosas puede derivar en grandes consecuencias a la larga. Se trata de dar el ciento por ciento en cada acción totalmente metido en el partido. Pon toda tu atención en la acción presente. Actúa en el presente, no pensando en el futuro, sino pensando en el ahora con desapego del resultado. Se trata de hacer lo que tiene que hacerse de manera impecable e implacable.

5. **Decide constantemente, ya que el entrenamiento y el hábito harán que cada vez tomes decisiones de mayor calidad. Y las decisiones son para ser tomadas y ejecutadas sin dudar.**
   Las decisiones lo son todo en la vida. Somos nuestras decisiones. Y éstas, como señalábamos líneas atrás, son sólo de dos tipos: carne o pescado. O lo haces o no lo haces: o haces la llamada o no la haces; o te presentas a determinada persona o no lo haces; o vas a un evento o no vas. Cada decisión —y no hacer nada también es una decisión— va creando silenciosamente nuestro futuro aunque no nos demos cuenta. Tienes que asumir la responsabilidad de tomar tus propias decisiones o quedarás en manos de terceros. John Donahoe, presidente de eBay, apuntaba: «El mundo te moldeará si tú se lo permites. Para tener la sensación de ser tú mismo en la vida, debes tomar decisiones conscientemente». Tómalas protegiendo tu individualidad sin mirar a los lados buscando aprobación. Y una vez que las tomes, ejecútalas sin dilación, porque de otro modo, si piensas más de la cuenta, te puedes arrepentir.

6. **Unas veces ganas y otras pierdes, pero no te paras y sigues luchando.**
Ésa es la mentalidad ganadora, porque a ganar se aprende jugando, y sobre todo, perdiendo. Todavía no se ha inventado un juego en el mundo en el que se puede ganar si no se juega. El camino hacia el éxito es siempre el mismo: o estás dentro del juego o estás fuera. Y cuando estás dentro del juego, a veces se pierde. Los ganadores han perdido muchas veces antes de ser ganadores. El escritor Carl Sandburg decía: «Ser un buen perdedor es aprender cómo ganar». Nadie hace nada bien a la primera. El éxito es una cuestión de ganar control en cualquier disciplina, y ganar control es el resultado del conocimiento y la experiencia acompañados de un buen *feedback* que permite ir ajustando el tiro con mayor precisión. Nadie fracasa en esta vida, sólo hay gente que baja los brazos y da un paso al costado cuando las cosas no discurren como a ellos les gustaría. Como relata un poema anónimo: «Nadie alcanza la meta con un solo intento / ni perfecciona la vida con una sola rectificación / ni alcanza altura con un solo vuelo. Nadie camina por la vida sin haber pisado en falso muchas veces. / Nadie recoge cosechas sin probar muchos sabores / enterrar muchas semillas y abonar mucha tierra».

7. **El éxito está en ti. La riqueza es una consecuencia de lo que realmente soy.**
Dicho con otras palabras: el éxito no es un «qué» sino un «quién». Los resultados de tu vida son siempre una consecuencia de la persona en la que te conviertes. Cualquiera puede hacerlo, no lo dudes. Sólo requiere educación, experiencia y tiempo. No es una cuestión de genialidad, de si puedes o no puedes, es cuestión de si estás dispuesto o no a pagar el precio. Sólo responde a esta pregunta con un sí o un no: ¿estoy dispuesto a convertirme en la persona que es necesario convertirse para llegar donde quiero llegar? El secreto para conseguir aquello que quieres es que te trabajes a

ti mismo. Trabaja más duro en ti que en tu trabajo. Si tú creces, tus resultados mejoran.

8. **Lo que necesitas para triunfar está en tres sitios: libros, experiencias incómodas y personas que ya han llegado donde tú quieres llegar.**

A esos tres lugares debes acudir:

– Libros: el éxito no es otra cosa que conocimiento en acción. Para hacer algo hay que saber cómo hacerlo. Y eso tiene que ver con el aprendizaje. Y una de las mejores formas de aprender es acudir a los libros. Mucha gente que ha llegado alto en la vida ha tenido la generosidad de dejar su legado por escrito. No aprovecharse de ello sería una irresponsabilidad.
– Experiencias incómodas: los libros te permiten saber qué hay que hacer, pero saber qué hay que hacer no implica hacerlo bien. Eso se consigue con entrenamiento: exponiéndose a la realidad, viviéndola y sufriéndola. Haciendo aquello que nos da miedo hacer o que no nos apetece hacer. Crecimiento y comodidad son incompatibles. Sabes que estás avanzando en la vida cuando estás incómodo. Comodidad es sinónimo de estancamiento.
– Mentores: son personas con experiencia que han recorrido aquel camino que a nosotros también nos gustaría vivir y con el que tener éxito: a la hora de invertir, crear empresas, liderar, negociar o vender. Los mentores ahorran tiempo, energía y esfuerzo a la hora de conseguir nuestras metas. Son un factor acelerador para avanzar y crecer.

9. **Releer libros me hace recordar, afianzar, aprender más sobre qué es lo que hice en su día con esa lectura. Me hace sentir bien.**

Los libros no se leen, se estudian. Las ideas, para que nos

sean útiles, hay que interiorizarlas hasta que formen parte de nosotros. Y sólo hay un camino: la repetición, porque la capacidad de olvidar de las personas es enorme. La gente con mentalidad ganadora tiene un hábito: toman notas de lo que leen en libros y artículos, de lo que escuchan en vídeos y conferencias, de lo que sucede en reuniones y negociaciones, de cómo son las personas que van conociendo. Y luego, releen una y otra vez sus notas para ir consolidando ese conocimiento, de tal modo que sea un recurso muy valioso cuando llegue el momento de aplicarlo. Leer un libro no te cambiará la vida, a lo sumo te servirá de inspiración o despertará el interés para seguir profundizando en alguna idea. Lo que cambiará tu vida es fijar esas ideas en tu interior y pasar a la acción sin dilación. Por ejemplo, en una de las biografías sobre Warren Buffett se dice: «Se hizo devoto seguidor de la filosofía de Dale Carnegie sobre la forma de relacionarse con las personas. Leyó y releyó docenas de veces el libro *Cómo ganar amigos e influir sobre las personas* (Elipse, 2009), subrayando frases y aprendiéndose de memoria algunos pasajes completos. El libro se convirtió en su biblia a la hora de tratar con las personas, además de una de las piedras angulares de su filosofía de gestión». No estamos hablando de un pelele, sino de una de las cinco mayores fortunas del mundo, así que habrá que prestarle atención a su forma de actuar.

10. **Si no te gusta tu vida y no cambias, poco vales. No importa tu pasado, tú puedes ganar.**
Rafa Nadal, número uno del tenis mundial, decía a raíz de una entrevista: «Si crees que no puedes mejorar, no sabes nada de la vida». Siempre se puede cambiar porque siempre se puede mejorar; siempre se puede mejorar porque siempre se puede aprender. No importa tu pasado si estás dispuesto a construir tu futuro. Aitor Zárate dice: «El ser humano siempre hace lo que quiere y si no lo hace es que no

lo quiere». Tu vida siempre será mejor en la medida que aceptes las consecuencias de tus actos. Autorresponsabilidad es sinónimo de éxito. El momento en que aceptas total responsabilidad por todo en tu vida —de lo que te sucede o de cómo reaccionas a lo que te sucede— es el momento que reivindicas el poder de cambiar cualquier cosa. Como apuntaba el filósofo William J. Durant: «Olvida los errores, olvida los fracasos, olvídalo todo, salvo lo que vas a hacer ahora y hazlo».

# ALBERT EINSTEIN

Albert Einstein (1879-1955), físico alemán considerado por muchos el científico más importante del siglo XX y entre los más relevantes de la historia junto a Newton y Galileo. En 1905, cuando trabajaba en la Oficina de Patentes de Berna (Suiza), publicó su teoría de la relatividad especial, y posteriormente dedujo la ecuación más conocida de la física, la equivalencia masa-energía: $E=mc^2$. Ese año publicó otros trabajos que sentarían algunas de las bases de la física estadística y de la mecánica cuántica, pero los científicos de la época no le prestaron demasiada atención. En 1916 Einstein formuló la teoría de la relatividad general –demostrada en 1919– y en 1921 ganó el premio Nobel de Física. Para escapar de la Alemania nazi emigró a Estados Unidos donde empezó a ejercer como profesor en el Institute for Advanced Study de Princeton hasta 1932. A lo largo de su carrera recibió numerosos doctorados honoris causa de universidades europeas y estadounidenses, así como muchas distinciones como la Medalla Copley de la Royal Society de Londres y la Medalla Benjamin Franklin del Instituto Franklin. Fue proclamado por la revista *Time* como el «personaje del siglo XX». Es autor de diferentes libros entre los que destacan *El mundo como yo lo veo* (Ediciones Brontes, 2011) o *Sobre la teoría de la relatividad especial y general* (Alianza Editorial, 2011).

1. **El azar no existe. Dios no juega a los dados.**
   Eso que algunos llaman suerte no es otra cosa que la incapacidad de nuestra mente para conocer la causa de un suceso. Pero la causa siempre existe. Existe una Inteligencia

Suprema (Mente Universal o Energía Divina o Poder Supremo o Fuente o Dios) que ordena el universo, que es infinita y todopoderosa, que está en todo y en todos, que todo lo sabe y con la que estamos en permanente comunicación. Y si hacemos que esa comunicación sea fértil, el Universo se convierte en un campo de posibilidades infinitas en el que se producen cosas extraordinarias que algunos llaman «milagros». Pero esos milagros, en realidad, no son otra cosa que un flujo de energía positivo entre nosotros y esa Inteligencia Suprema. Esa Inteligencia siempre está redefiniendo la realidad en función de ese flujo de energía, positiva o negativa, que recibe de nosotros y de los demás. Esa energía no es otra que nuestro inconsciente —aquello que creemos y que aceptamos como verdad— que busca expresarse a un nivel físico (material). Nuestro inconsciente es el canal que tenemos para comunicarnos con esa Inteligencia Suprema y que nos devolverá en forma de experiencias físicas aquello que alimentamos (creemos) a nivel inconsciente. Es la ley de causa-efecto o de acción-reacción.

2. **Hay dos maneras de vivir la vida: una como si nada es un milagro, la otra, como si todo es un milagro.**
El problema del ser humano es que está demasiado pegado a lo que percibe por los sentidos (conocimiento sensorial). Creemos que lo que vemos, oímos o tocamos es la realidad, sin darnos cuenta que esa visión es demasiado limitada y a veces incluso falsa. Los sentidos nos engañan. Por ejemplo, observando con nuestros ojos creíamos que la Tierra era plana, hasta que descubrimos que no era así sino redonda; o creíamos que la Tierra estaba quieta, hasta que descubrimos que gira alrededor del Sol. A los sentidos se les escapan muchas cosas. La realidad invisible es inmensamente más grande que la que los sentidos son capaces de captar. Sacamos conclusiones con los sentidos y nos equivocamos. Por

eso, Thomas Edison decía: «Si todos hiciéramos lo que somos capaces de hacer nos sorprenderíamos literalmente». Para vivir con plenitud en esta vida hay que trascender a la lógica y a los sentidos. Si te limitas a creer lo que ellos son capaces de apreciar y captar, te perderás muchas cosas. San Agustín, con gran agudeza, decía: «Los milagros no se producen en contra de la naturaleza, sino en contra de lo que sabemos de ella». No existen más milagros porque no creemos, somos totalmente escépticos respecto a nuestras posibilidades. *Si no vemos no creemos,* cuando el mundo funciona en sentido inverso: *si no creemos no vemos.* No es casual tampoco que la escritora Louise Hay dijese: «Los milagros son sólo la consecuencia de lo que nos atrevemos a creer».

3. **Los grandes espíritus siempre han encontrado una violenta oposición por parte de las mentes mediocres.**
Los grandes espíritus ven cosas que los demás no ven, su sensibilidad es superior, y eso les acarrea algunos inconvenientes. El problema de los mediocres es que no están dispuestos a salir de su mediocridad. Se empecinan en ella. Cuando se les plantea algo distinto, que va más allá de su ancho de banda, se encierran en sí mismos. No están abiertos a cuestionarse cosas, a preguntarse si «tal vez» o «por qué no» o «a lo mejor». No se bajan del burro. El físico alemán decía: «¡Triste época es la nuestra! Es más fácil desintegrar un átomo que un prejuicio». Para desarrollarse, crecer y avanzar, hay que estar dispuesto a dejarse sorprender. A dejar nuestros paradigmas en la puerta del aula y entrar con una mirada limpia. La arrogancia y la soberbia intelectual son enemigas del avance científico y no científico. Tampoco es casual que dijese Einstein: «La mente es como un paracaídas, sólo funciona si la tenemos abierta»; o «dos cosas son infinitas: la estupidez humana y el universo, y no estoy realmente seguro de lo segundo».

4. **Todo el mundo es un genio. Pero si juzgas a un pez por su habilidad de escalar un árbol pasará su vida entera creyendo que es un necio.**

¿Te imaginas al portero Iker Casillas de delantero centro? ¿O al delantero Leo Messi parando balones? Seguro que no, pues lo mismo pasa con cada uno de nosotros. Todos somos buenos en algo, regulares en otras cosas y malos en unas cuantas más. Por tanto, tendremos más posibilidades de triunfar si concentramos nuestras energías en aquello que sabemos hacer mejor. Esto parece obvio, pero la experiencia dice que mucha gente no actúa así y pasa más tiempo trabajando sus carencias que sus virtudes, y el coste de oportunidad es elevado. El día tiene veinticuatro horas para todos y cada minuto que dedicas a aquello que no es tu especialidad se lo estás restando a aquello que sabes hacer mejor, con lo que no estás aprovechando todo tu potencial. No dejes que tu orgullo sea más grande que tu humildad, acepta tus debilidades y dedícate a sacarle brillo a tus fortalezas. Las cosas en las que no eres bueno no interesan a la gente. Las personas siempre buscamos referentes, y los referentes son aquellos que son expertos en algo. Gary Vaynerchuck, empresario del mundo startup, señala: «Apesto en el 99 por ciento de las cosas que hago, pero soy muy bueno en el otro 1 por ciento». En ese 1 por ciento está la clave de tu éxito. ¿Qué sentido tiene invertir tiempo y energía en aquello en lo que eres regular o malo? ¿No es mucho más difícil rentabilizar algo mediocre que algo que sea muy bueno? ¿No estará la gente más dispuesta a pagar por algo interesante que por algo que sólo es normal?

5. **El mundo como lo hemos creado es un proceso de nuestro pensamiento. No puede ser cambiado sin cambiar nuestro pensamiento.**

El hombre es un centro de pensamiento y puede originar pensamiento. Todas las formas que el hombre pueda crear a nivel físico han de existir primero en su mente. No puede dar forma a una cosa sin haberla pensado con anterioridad. Los pensamientos son realidades físicas. Todo pensamiento de una forma, sostenido en el tiempo y no contrarrestado por otros pensamientos, da lugar a la forma. El pensamiento proyectado provoca un giro de las energías creativas del Universo que trabajan a su favor. Para que ese pensamiento sea efectivo debe ir acompañado al mismo tiempo de acción coherente. En pocas palabras, *por medio del pensamiento las cosas nos llegan; por medio de la acción las conseguimos*. Por medio del pensamiento podríamos estar delante de una mina de oro, pero habría que cavar para obtener el metal precioso. ¿Cuál es la conclusión a todo lo que he creado? La da Einstein: «Somos arquitectos de nuestro propio destino». Somos dueños de nuestro destino porque somos dueños de nuestros pensamientos. Cuando el poeta Henley escribió «yo soy el dueño de mi destino, el capitán de mi alma», lo hizo en sentido poético. Pero hay mucho de ciencia en esas palabras. Podríamos decir que el universo funciona del siguiente modo: los pensamientos dominantes de nuestra mente magnetizados por la emoción —imagen mental o prototipo espiritual— se transforman gradualmente en realidad física gracias a la colaboración del universo que pondrá todo lo necesario en nuestro camino para que esa realidad mental se convierta en realidad física.

6. **No tengo talentos especiales, pero sí soy profundamente curioso.**

Y eso podríamos decir que es casi todo lo que necesitamos para triunfar, curiosidad, porque la curiosidad es la que lleva al descubrimiento: a indagar, preguntar, corregir, y en última instancia, a llegar donde queremos llegar. El científico alemán apuntaba: «Lo importante es no dejar de hacerse preguntas. La mayoría de la gente dice que es el intelecto lo que hace a un gran científico. Están equivocados, es el carácter». Ese carácter de inquietud es el que empuja a seguir buscando sin descanso. Por eso, él mismo concluía: «No es que sea muy inteligente, es que estoy con los problemas más tiempo». Simple. No hay más. Quien busca, si persevera, encuentra. Si quieres aprender y avanzar, saca a paseo tu curiosidad. Una frase más del físico alemán: «El que no posee el don de maravillarse ni de entusiasmarse más le valdría estar muerto, porque sus ojos están cerrados».

7. **La imaginación es más importante que el conocimiento.** El conocimiento es limitado (lo que sabemos), la imaginación es ilimitada (lo que podemos llegar a saber). Einstein decía: «El verdadero signo de la inteligencia no es el conocimiento, sino la imaginación». Porque la verdadera inteligencia sabe que no existen límites, que los límites existen únicamente en la mente de quien los concibe. Nuestra mente es infinita, pero nuestras creencias —conocimientos inconscientes— nos encadenan. Así, añadía: «La lógica te llevará desde A hasta B. La imaginación te llevará a todas partes». Por eso, la mejor manera de aumentar nuestra imaginación, nuestro ancho de banda, es expandiendo nuestra realidad a través de juegos en los que no existan ningún tipo de restricciones. Las fantasías pueden parecer fantasías, pero son reales. No es casual que el premio Nobel afirmase: «Si quieres que tus niños sean inteligentes, léeles cuentos de hadas. Si quieres que sean más inteligentes, léeles más cuentos de hadas». Cualquier forma de provocación e invitación a la imaginación es un regalo para la inteligencia. ¿Y cómo mejorar nuestra imaginación (creatividad)? Algunas ideas al respecto: no rechazar nada de primeras, hacerse preguntas, considerar los problemas desde otro ángulo, beber de otras disciplinas, probar cosas sin esperar resultados, escuchar más, mezclar campos del conocimiento o fomentar la diversidad a través del intercambio de personas de diferentes culturas, sexos, profesiones o edades.

8. **Una velada en la que todos los presentes estén absolutamente de acuerdo es una velada perdida.**
El avance en la ciencia —y en cualquier otro campo— se produce fruto del desafío intelectual, y ese desafío intelectual tiene lugar cuando alguien te hace pensar o cuestionarte algo que te lleva a indagar más. Si todo el mundo presente en una sala piensa de la misma manera respecto a algún tema, poca creatividad puede surgir de ese encuentro. Ahora bien, ante la diversidad de fuentes y opiniones es esencial estar dispuestos a escuchar con respeto y sin juzgar, y a tratar de entender lo que plantea el resto de las partes. En definitiva, curiosidad intelectual. Einstein afirmaba: «Prefiero una actitud de humildad que se corresponda a la debilidad de nuestra capacidad intelectual para comprender la naturaleza de nuestro propio ser». No tengas miedo a la confrontación, porque de la confrontación surgen las mejores ideas. Una cometa vuela mejor al estar contra el viento. La confrontación nos lleva a pensar más y mejor, aunque nos incomode.

9. **La debilidad de la actitud se vuelve la debilidad del carácter.**
*Si no vives como piensas al final acabas pensando como vives.* Una actitud débil te transforma en débil. Y lo contrario también ocurre. No infravalores tu actitud diaria que se convertirá en hábito, y ese hábito se convertirá en tu destino. Einstein afina en este sentido: «El que es negligente con la verdad en las cosas pequeñas, no puede ser confiado en los asuntos importantes». Conviene no descuidarse a la hora de construir nuestros hábitos, porque pequeños descuidos continuados en el tiempo pueden no ser nada fáciles de contrarrestar después. Los hábitos nos convierten en mejores o peores personas; nos encumbran o nos empobrecen. Los hábitos lo son todo. Los millonarios son millonarios porque tienen hábitos de millonarios; las personas dis-

ciplinadas lo son porque han desarrollado el hábito de la disciplina; y las personas con buena salud lo son porque tienen hábitos saludables. Y así con todo.

**10. No entiendes realmente algo a menos que seas capaz de explicárselo a tu abuela.**

La sabiduría es sencillez y la sencillez no es otra cosa que capacidad pedagógica. Albert Einstein nos dejaba la siguiente reflexión: «La ciencia no es más que un refinamiento del pensamiento cotidiano. —Y añadía—: Si tu intención es describir la verdad hazlo con sencillez, y la elegancia déjasela al sastre. Hablo a todos de la misma forma, ya sea al basurero o al presidente de la universidad». La eficacia en la comunicación reside en buena medida en nuestra capacidad pedagógica. El barroquismo y el ornamento intelectual no hacen más que añadir ruido a las cosas. Se puede tener un gran sentido estético con una gran sencillez. Lo estético —la belleza— no tienen por qué ser patrimonio exclusivo de la complejidad. Las mentes más claras son las mentes más sencillas en sus explicaciones. Esto nos recordaba Einstein: «Cuando la solución es simple, dios está respondiendo».

# ARISTÓTELES ONASSIS

Aristóteles Sócrates Onassis (1906-1975), *Ari*, fue el magnate griego más famoso de la industria naviera del siglo XX y el hombre más rico del mundo en su época; tenía una isla propia (Skorpios) y el yate más lujoso del momento (*Christina*). Se decía que «de vender todos sus activos, Wall Street temblaría». Nació en Esmirna (actualmente Turquía), donde su familia disponía de una vida acomodada, pero tras la guerra greco-turca hubo que comenzar de nuevo. En 1923 Onassis marchó a Argentina donde realizó todo tipo de trabajos como lavaplatos, albañil o electricista. Pronto empezó a hacer negocios con el tabaco que importaba de Grecia, muy valorado en aquella época. Posteriormente, «el griego de oro» se interesó por el negocio del transporte marítimo, donde alcanzaría la gloria y fama como empresario a nivel internacional. Una vez que su negocio como armador estuvo consolidado, adquirió la aerolínea Olympic Airlines. Invirtió también en bienes raíces, principalmente en Nueva York, y llegó a tener más de la mitad del Principado de Mónaco, gracias a sus inversiones en la compra de hoteles o el casino. Se han escrito diversos libros sobre su vida, como *Ari. La vida de Aristóteles Sócrates Onassis* de Peter Evans (Planeta DeAgostini, 1995). La revista *Success Unlimited* también publicó *Mis recetas para el éxito*, a raíz de una entrevista concedida a una periodista en 1970.

1. **El secreto de un negocio es que sepas algo que nadie más sabe.**

Y eso tiene un nombre y se llama ventaja competitiva o diferenciación. Cuando le preguntaban a Ari cuál era el secreto de su éxito, él contestaba: «¿Ve usted esa silla de ahí? Pues yo la vi primero».

El mundo de la empresa se basa en identificar una necesidad de un mercado y luego en ofrecer un producto que satisfaga esa necesidad a través de un modelo de negocio que consiga que los consumidores te conozcan y compren. Por tanto, anticiparse y tener visión de futuro es la clave del mundo empresarial. Onassis triunfó primero con el tabaco griego, que disfrutaba de cierta reputación y entre los de mejor calidad, pero que sólo conocían unas pocas personas debido a los problemas de importación. Allí fue donde puso sus energías. Posteriormente fue en el negocio marítimo. Supo ver que en Buenos Aires se habían intensificado los fletes marítimos y compró varios barcos. Su capacidad para anticiparse y su capacidad para asumir riesgo fueron dos aspectos claves para el éxito de sus negocios.

2. **Debemos liberarnos de la esperanza de que algún día el mar esté calmado. Hay que aprender a navegar con vientos fuertes.**

Quienes aspiran a conquistar cotas altas no pueden esperar a que la vida sea fácil. Nunca lo es. En los comienzos, es la dificultad para abrir puertas, generar marca, convencer al mercado y hacerse un nombre. Luego, cuando eso ocurre, la capacidad para mantener esa posición ventajosa en el mercado, o los problemas con la administración, o con la justicia, o la huelga de proveedores, o las necesidades de reestructuración de la empresa, o los engaños de los socios o cualquier otra cosa que se nos ocurra. Problemas, problemas y más problemas. La riqueza se logra resolviendo problemas, y curiosamente lo que la mayor parte de la gente no quiere son problemas. Para ello es esencial aprender a mirar la realidad cara a cara. Sólo desde esa postura se puede encontrar una solución. Negar la realidad u ocultar los problemas no los resuelve. Y en todo el proceso es clave mantener la calma y la serenidad para poder pensar con claridad y actuar con eficacia.

3. **No duerma demasiado, al despertar alguien puede decirle que ha sufrido un fracaso.**
Es una frase que tiene un trasfondo más profundo, la del trabajo duro y la preparación. Su éxito en los negocios no fue fruto del azar. La siguiente anécdota así lo refleja. Cierta vez, el *maître* de su lujoso yate *Christina*, explicaba a uno de sus biógrafos: «Una noche descubrí un gran secreto, tal vez el de su éxito. Antes de asistir a una cita de negocios, el señor Onassis se planteaba en voz alta todas las preguntas que eventualmente tendría que responder. Esa noche, durante horas, se interrogó incansablemente. Respondió con exactitud, como si tuviera un público delante. A veces respondía al cabo de varios minutos de reflexión, a veces enseguida. Comprendí que cuando se presenta en algún lado a tratar un negocio, al igual que un actor, el señor Onassis repite su texto y ensaya su papel, tratando de adivinar por adelantado el de sus adversarios». A mayor preparación, mejores resultados. Y tu preparación no sólo depende de lo que tú haces (sabes) sino de lo que hacen (saben) los demás. Por eso, como decía un conocido atleta: «Yo entreno todos los días del año, da igual si hace frío, calor, llueva o nieve, porque el día que no entreno pierdo dos días: el día que yo no entreno y el día que el contrario sí entrena».

4. **Durante los momentos más oscuros hay que concentrarse en ver la luz.**
Lo cual no es sencillo porque lo más fácil es caer en la resignación. Su padre, Sócrates, era un acaudalado comerciante, pero durante la guerra greco-turca fue encarcelado. Por aquel entonces, Onassis se convirtió en el sostén de la familia, lo que le hizo desarrollar un gran instinto de su-

pervivencia. Fueron años muy duros y se juró a sí mismo que nunca sería pobre. El dolor fue una fuerza impulsora en él. Para Onassis, la comodidad era una pésima pareja del éxito que aniquila el potencial de los individuos. Pensaba que el hombre que debía vivir en condiciones precarias, tiene más posibilidades de adaptarse a todas las situaciones y de triunfar que aquel que carecía de esos estímulos. Un tigre caza mejor cuando tiene hambre. Para él, las adversidades eran empujones que permiten a las personas encontrar recursos dentro de sí mismos, hasta los más insospechados, para superar y romper sus propios límites. Su vida es un ejemplo de ello. En el libro *Onassis el Grande* se dice: «Aristo emergió de la catástrofe de Esmirna con los sentimientos calmados. Las sombrías imágenes que había visto no se borraron jamás de su memoria y le acompañó la profunda conciencia de haber poseído aptitudes para sobrevivir al drama».

5. **Lo que distingue al hombre rico del hombre común es que el primero ha desarrollado la facultad de ver lo posible, allí donde los otros no ven más que lo imposible.** Kevin Plank, fundador de Under Armour, dijo cierta vez: «Siempre he sido lo bastante inteligente como para ser lo bastante ingenuo y no saber lo que no podía conseguir». No puedes lograr grandes cosas pensando como un hombre común y corriente. La historia de Onassis es la historia de alguien que no puso límites a sus aspiraciones. Cuando compró su primer barco en Montevideo (Uruguay), parecía una ruina. Muchos conocidos trataron de disuadirlo advirtiéndole de que fracasaría. Y así fue esa primera inversión como armador, un fracaso, pero precisamente sería en el mundo de los barcos donde triunfaría y haría una gran fortuna. Con la crisis mundial de 1929, los barcos constituían una buena inversión, ya que aquellos que habían costado un millón de dólares se negociaban en ese mo-

mento por 20.000 dólares. Onassis compró dos barcos a los que llamaría *Onassis Sócrates* y *Onassis Penélope*, en honor a su padre y a su madre. Tras la segunda guerra mundial, el gobierno de Estados Unidos puso a la venta sus barcos, y adquirió trece cargueros cuyo precio de coste era 1,5 millones de dólares por 500.000 dólares. Esos navíos resultaron decisivos para la construcción de su colosal fortuna.

6. **Mantenga la piel bronceada, aunque para ello tenga que recurrir a una lámpara. Para la mayoría de la gente el bronceado invernal quiere decir que usted viene de un lugar soleado y para todo el mundo sol significa dinero.** A primera vista puede parecer una frivolidad, pero no lo es tanto. La calidad de un producto es importante, pero también cómo se empaqueta. Las cosas entran por los ojos, y a menudo, las personas toman sus decisiones en función de la percepción de las cosas y no de lo que las cosas son en sí mismas. De igual modo, la gente te trata mejor o peor, en función de quién cree que tiene delante. Haz la prueba de entrar en una entidad financiera en bermudas o con traje y corbata. El trato no será igual. Puede parecer injusto, pero es lo que es. Tenemos dos opciones: o quejarnos o intentar sacar partido de ello. El propio Onassis añadía: «Cuando ya cuide bien su apariencia exterior, elija un modo de vida brillante. Viva en un edificio elegante, aunque sea en el sótano, déjese ver en los restaurantes de moda, aunque sólo se tome una copa. Aprenderá enseguida que la sociedad acecha a los que llegan a ganar mucho dinero». En cierta ocasión, un periodista le preguntó:

—¿Qué haría si perdiera, súbitamente, todo su dinero?

Ésta fue su respuesta:

—Conseguiría un trabajo que me permitiera ahorrar al menos 300 dólares. Entonces me compraría un traje caro y me iría adonde estuviesen los ricos.

7. **Para tener éxito en los negocios es necesario hacer que los otros vean las cosas como tú las ves.**
Eso es el liderazgo, el talento para influir en los demás. Y para poder influir sobre la gente y asegurarse su colaboración, hay que comenzar por saber a quién se tiene delante. Para ello es vital saber escuchar. Si escuchas bien, impactas mejor. Onassis lo sabía y tenía esa cualidad muy desarrollada. En el libro *Mi primer millón* (Libro Express, 2005), donde se habla del armador, se dice: «Es importante saber hablar. Y hablar bien. La elocuencia juega un papel en la facilidad de persuasión y para vender las propias ideas. Pero son raros los que saben escuchar. La mayoría de los hombres ricos ha sabido comprender las virtudes de escuchar con atención. Escuchando se aprenden muchas cosas, no sólo sobre lo que habla el interlocutor, sino también sobre lo que la persona es. Todos los que trataban íntimamente con él quedaban sorprendidos por ese don suyo. Cuando se encontraban en presencia del armador, éste les daba la impresión de atribuirles un valor excepcional».

8. **Por lo general descubrimos que si uno le facilita las cosas a la gente, nos ganamos su simpatía.**
Onassis también debió su éxito a su encanto y a la habilidad para las relaciones públicas. Sabía adaptarse a todos sus interlocutores. Tenía un talento diplomático que le hubiese servido de mucho si se hubiese dedicado a la política. Una de sus parejas, la noruega Ingeborg Dedichen, escribía en sus memorias, *Onassis, mi amor* (Dopesa, 1976): «Ese joven encantador que tan bien sabía conducirse para seducir de todos los modos, calcaba su actitud de la de su interlocutor». Y es que en la vida te va mejor en la medida que sepas tratar con el mayor número de gente diferente. El mayor error que se puede cometer a la hora de relacionarse con los demás es querer que sean como uno piensa que deben ser. Cuando uno es capaz de entender a quien tiene

enfrente, eso genera un sentimiento de simpatía recíproco muy favorable para las relaciones. En la medida de lo posible, no juzgues, no condenes, no critiques. Simplemente, comprende.

9. **No confíe sus problemas a nadie y deje que los otros crean que usted se divierte enormemente.**
   Si los demás conocen tus debilidades pueden aprovecharse de ellas. Así que lo mejor es darle a la competencia las menos pistas posibles. Lo contrario también ocurre. Cuando los demás te perciben fuerte, su sentimiento de grandeza se ve disminuido. Las percepciones importan, y mucho. El armador señalaba: «Me pinto el cabello de negro para los encuentros amorosos y de blanco para las reuniones de negocios». Algo parecido a lo que hace ya muchos años planteaba Sun Tzu en *El arte de la guerra* (Editorial Sexto Piso, 2017): «Puedes ganar cuando nadie puede entender en ningún momento cuáles son tus intenciones. Cuando se es capaz de atacar, se ha de aparentar incapacidad; cuando las tropas se mueven, aparentar inactividad. Si se está cerca del enemigo, se le ha de hacer creer que se está lejos; si se está lejos, aparentar que se está cerca».

10. **Frío y fuerte en la superficie; lleno de fuego y caliente por dentro.**
   El mundo de los negocios no es una realidad de color de rosa. Las tensiones —con proveedores, empleados, clientes, administraciones o resto de *players*— son frecuentes en el día a día y la capacidad de gestionar esa tensión es una habilidad determinante para estar al frente de una empresa. Ser demasiado blando lleva a ceder, a no defender con suficiente energía aquello en lo que se cree o a que otros se acerquen con una mayor percepción de poder. Una cierta frialdad es necesaria para que los demás no se aprovechen. Eso sí, la pasión, «lleno de fuego y caliente

por dentro», nunca debe faltar en la trastienda para que la energía no decaiga y seguir dando lo mejor de uno mismo, al mismo tiempo que para ser capaces de entusiasmar al resto de personas tanto de dentro como de fuera de la organización.

## BRUCE LEE

Lee Jun-Fan, más conocido como Bruce Lee (1940-1973), fue un experto en artes marciales, además de actor, cineasta, filósofo y escritor estadounidense de origen chino. Dedicó su vida a las artes marciales, buscando la perfección y la verdad, llegando a crear su propio método de combate *Jeet Kune Do*. A los trece años comenzó a entrenar y desde muy joven apareció en la gran pantalla. Con dieciocho años inició sus estudios de filosofía en la Universidad de Washington, enseñanzas que aplicaría a su propio arte. Poco a poco, Bruce Lee empezó a convertirse en una celebridad a través de la serie estadounidense *The Green Hornet* y a su participación en populares películas, consiguiendo gran notoriedad para las artes marciales chinas en el mundo occidental. Sus películas junto a su carisma e influencia generaron una ola de seguidores por todo el mundo, lo que le convirtió en una leyenda. También escribió libros como *El Tao del Jeet Kune Do* (Eyras, 1990), donde explica gran parte de su filosofía y métodos de lucha. Fue elegido por la revista *Time* como uno de los cien hombres más influyentes del siglo XX, además de ser considerado como uno de los iconos de la historia.

1. **La concentración es la raíz de todas las capacidades del hombre.**
   La escritora Isha en su obra *Vivir para volar* (Alfaguara, epub, 2012) dice: «La excelencia en cualquier área de la vida y, de hecho, en cualquier trayectoria empresarial o profesional viene de estar completamente presente, dando lo mejor de nosotros mismos en cada momento y viendo los detalles que otros pueden haber pasado por alto». No se puede estar

en misa y repicando. Tu capacidad de enfoque es determinante para tu éxito y tu productividad personal. Productividad no es otra cosa que gestión de la atención, dónde se pone el foco sin dejar que otras cosas nos distraigan. Atención plena. Concentra tu atención en una única tarea. La multitarea es el mayor enemigo de la productividad. No veas el correo electrónico más que dos o tres veces al día. Apaga todo tipo de alertas. Y dedica a las redes sociales un tiempo previsto por anticipado, no cuando te venga en gana.

2. **La vida es amplia, sin límites. No hay bordes, no hay fronteras.**
Los únicos bordes (limitaciones) los pones tú, o sea, tus creencias. Lo diremos sin tapujos: si quieres lograr algo grande, no pienses en términos racionales. Razonar no es malo, pero todo razonamiento parte de unas creencias, y muchas veces esas creencias son falsas y limitantes. Y el problema es que somos adictos a nuestras creencias. Si deseas conseguir algo grande de verdad, tienes que estar dispuesto a ensanchar tu mente y a expandir tu realidad. Grande es algo que está más allá del pensamiento común, el de la mayoría, el de la multitud, el de la masa. Como dice Robert Fritz en *The Path of Least Resistance* («El camino de menor resistencia»): «Si limita sus alternativas a lo que parece posible o razonable, se estará desconectando de lo que realmente desea y tendrá que conformarse con mucho menos».

3. **Vacía tu copa para que pueda ser llenada; quédate sin nada para ganar la totalidad.**
A veces, la mejor inversión es empezar de cero; resetear el disco duro y comenzar de nuevo. Nuestras creencias —para bien o para mal— determinan lo que pensamos y hacemos, y por tanto lo que conseguimos o no conseguimos. Por tanto, muchas veces es oportuno tirar los cimientos de la casa abajo y empezar a construir de nuevo sobre pilares más

sólidos. Otra cosa suelen ser simples parches. Duele más, cuesta más y el proceso es más largo, sin embargo, el resultado casi siempre es más sólido, satisfactorio y duradero. A menudo, el verdadero aprendizaje comienza con el desaprendizaje. Casi siempre, el verdadero reto consiste en aprender a no hacer lo que nos han enseñado a hacer.

4. **Si pones agua en una taza se convierte en la taza. Si pones agua en una botella se convierte en la botella. Sé agua, amigo mío.**
Bruce Lee profundiza: «No te establezcas en una forma, adáptala y construye la tuya propia, y déjala crecer, sé como el agua. Vacía tu mente, sé amorfo, moldeable, como el agua». Las cosas cambian, la gente cambia, los mercados cambian. La flexibilidad y la capacidad de adaptación siempre han sido competencias críticas —ya lo dijo Darwin—, pero hoy día en un entorno VUCA (Volátil, Incierto, Complejo y Ambiguo, en terminología anglosajona) lo es aún mucho más si cabe. Si lo único seguro es el cambio, nuestra capacidad de cambiar es nuestra mejor arma. Hay que aprender a *sentirse cómodo en la incomodidad*. Bruce Lee añade: «Intento vivir el momento, dejando que las cosas sucedan y adaptándome a ellas». Hay que aprender a surfear las olas y fluir con lo que sucede en cada momento; otra cosa conduce inevitablemente a la frustración y a la resignación. Si quieres triunfar tienes que amar la incertidumbre, el cambio y la incomodidad. El profesor Leo Buscaglia lo resumió así: «El cambio es el resultado final del verdadero aprendizaje».

5. **Hay que buscar el equilibrio en el movimiento y no en la quietud.**
«Siempre en movimiento está el futuro», decía el maestro Yoda en la película *La Guerra de las Galaxias*. Hay gente que tiene su vida en equilibrio a base de no hacer nada, de no decir nada, de no jugársela por nada. Eso no es equilibrio sino pasi-

vidad, conformidad e inercia. Vivir *comodito* por miedo a no equivocarse es equivocarse ciertamente, al menos desde el punto de vista vital. La vida tiene mucho más que ver con ser una especie de malabarista que maneja diferentes pelotas entre sus manos e intenta que ninguna se le caiga. Sí, cuando uno arriesga también falla y se equivoca, pero no hay fracaso si hay aprendizaje. El quedarse quieto nunca proporciona rédito. La vida es crecimiento y expansión, otra cosa es síntoma de estancamiento y amodorramiento. El propio Bruce Lee señala: «Las cosas viven moviéndose y ganan fuerza mientras lo hacen. La vida nunca es estancamiento. Es movimiento constante».

6. **No reces por una vida sencilla, reza por la fortaleza de resistir una vida difícil.**
La vida «fácil» acaba convirtiéndose en «difícil». Evitar situaciones no agradables nos aleja del crecimiento, y el crecimiento es la base del desarrollo personal. Los problemas se vuelven más pequeños a medida que uno gana conocimiento y experiencia. El secreto para tener todo lo que deseas es crecer tú hasta merecerlo. Tomar acción es enfrentarse a fracasos, dudas, deslealtades, injusticias y otros derivados, pero es en esas situaciones donde se produce el verdadero aprendizaje. Un dato: un niño se cae cuatro mil veces antes de aprender a andar. Caer, levantarse, caerse de nuevo, levantarse otra vez, caerse un poco menos, otra vez arriba, y así hasta que el niño se mantiene en pie, firme y seguro de sí mismo. Ensayo y error como universidad de la vida. La vida siempre nos golpea, pero de ti depende aprender y volver a la carga. Bruce Lee reflexiona más sobre este punto: «Esperar que la vida te trate bien por ser buena persona, es como esperar que un tigre no te ataque por ser vegetariano».

7. **En el caos busca la simplicidad y en la discordia la armonía.**
Primero, en el caos busca la simplicidad, porque el caos si no se controla genera más caos alrededor. Ante todo calma,

porque ponerse nervioso no añade sino más ruido a las situaciones. La serenidad conduce a la claridad; la claridad a la simplicidad; y la simplicidad al orden. Segundo, en la discordia, no eches más leña al fuego. Sé conciliador, busca puntos de encuentro, no remuevas el pasado y mira siempre hacia delante. Y sobre todo, cuida las formas. Muchas veces lo que desata la tormenta es la falta de tacto. Las formas son siempre determinantes para no herir sensibilidades. A veces el «cómo» decimos las cosas tiene más importancia que el «qué» decimos. En la vida, lo relevante no es quedar por encima de nadie, sino avanzar y conseguir resultados respetando los valores y manteniendo buenas relaciones.

8. **Adapta lo que es útil, rechaza lo que no sirve, y añade lo que es específicamente tuyo propio.**
Nunca encontrarás todas las respuestas en una única fuente. Tampoco hallarás todas las respuestas de manera inmediata. No existen dos personas iguales, ni dos momentos iguales. Por tanto, nuestra vida no puede ser delegada ni tampoco ser una fotocopia de nadie. Cada vida exige un traje a medida con unos patrones de corte específicos. No todo vale para todos. No creas todo a pies juntillas. Tú tienes que hacer tu camino, con tu propia personalidad y con tus propias herramientas. Quédate con lo que te sirva, descarta lo que creas que no te aporta y no pierdas nunca tu esencia que es única y te hace diferente, con lo bueno y menos bueno que ello conlleva. El poeta Mario Benedetti lo expresó así: «No vayas a creer lo que te cuentan del mundo, ni siquiera esto que te estoy contando, ya te dije que el mundo es incontable».

9. **Elige lo positivo. Tienes la elección, eres el maestro de tu actitud, elige lo constructivo.**
La libertad última del ser humano es siempre la misma: su capacidad de elección. Somos dueños de nuestra vida porque somos dueños de cómo reaccionamos ante cada situa-

ción. Nosotros decidimos cómo pensar y actuar. La inteligencia es control mental: yo elijo cómo reacciono y me comporto en cada momento. No puedes controlar muchas cosas, pero siempre puedes controlarte a ti mismo. Incluye en tu repertorio de hábitos añadir valor a todo lo que te ocurra, de sacar partido de cada situación a la que te enfrentas y de cada persona con la que tratas. Las condiciones nunca son perfectas. Tu actitud sí puede serlo. Sé impecable en este sentido para llevarte lo mejor de todo lo que te sucede. Elige tu actitud, elige tu vida; elige crecer o elige resignarte. Como decía Ralph Waldo Emerson: «Al cambiar la actitud es como si cambiáramos el resto de la vida».

10. **La vida es tu maestra y tú estás en un estado de aprendizaje constante.**
Muchas veces las cosas tienen que ir mal para que puedan ir bien. Maya Angelou escribe: «Puedes encontrar muchas derrotas, pero no debes ser derrotado, porque puede que sea necesario que te encuentres con esas derrotas, para así poder saber quién eres, de dónde te puedes elevar, y cómo puedes hacerlo». Cada error es tu maestro, si estás dispuesto a aprender; si estás dispuesto a indagar las causas de por qué las cosas no funcionaron; si estás dispuesto a ser humilde para mejorar y no te refugias en el orgullo de las excusas baratas. Eso es precisamente la experiencia, información útil y práctica que te permite hacer mejor las cosas y que tu desempeño sea más eficaz. Cada empresa cerrada, cada relación terminada, cada puerta que nos da en las narices esconden sabiduría. Te corresponde a ti descubrir los motivos de por qué las cosas no funcionaron, sacar conclusiones y seguir hacia delante. Cuando las cosas marchen, te darás cuenta de por qué antes no fueron bien. Ten siempre presente las palabras de la escritora Agatha Christie: «Aprendí que no se puede dar marcha atrás, que la esencia de la vida es ir hacia delante. La vida en realidad es una calle de sentido único».

# CHRIS ANDERSON

Chris Anderson es el presidente de TED (Tecnología, Entretenimiento y Diseño). Periodista de formación, tras graduarse en la Universidad de Oxford lanzó con éxito más de un centenar de revistas y sitios web antes de concentrar su atención en TED que adquirió en 2001. El lema de la organización es *Ideas worth spreading* («Ideas que merece la pena propagar»), un lema que cada año se reafirma y consolida más a escala internacional. Es autor del libro *Charlas TED: la guía oficial TED para hablar en público* (Gestión 2000, 2016), en el que cuenta las claves de la comunicación en público después de haber trabajado con cientos de personajes que han pasado por el escenario TED y haber podido conocer las interioridades de sus discursos. Entre estos personajes están nombres como Ken Robinson, Amy Cuddy, Elizabeth Gilbert, Salman Kahn o Dan Gilbert. Hasta 2015 los TED Talks habían tenido más de mil millones de visionados.

1. **Centrarte en lo que le vas a dar al público es el fundamento perfecto para preparar una charla.**
A veces, quienes dan una charla lo entienden todo al revés: quieren recibir, no dar. El enfoque egoísta no funciona, ni al comunicar ni en el resto de ámbitos de la vida. La misión número uno de quien habla en público es transmitir algo valioso a quienes escuchan. Y una idea valiosa no es un descubrimiento científico, ni una teoría matemática, ni una invención totalmente novedosa, a veces puede ser un simple consejo práctico. Se trata de algo que merezca la pena ser compartido a los asistentes. Como dice Anderson: «Si logras invocar una idea poderosa en la mente de las perso-

nas, habrás hecho algo asombroso. Les habrás ofrecido un regalo de incalculable valor». Lo mejor es que cuando das, sueles recibir, y habitualmente, mucho más de lo que has dado. La generosidad siempre suscita una respuesta. Si te preocupas por servir, obtendrás beneficios. Tu mayor enemigo delante de la audiencia es tu ego.

2. **Cualquiera que tenga una idea potente de ser compartida es capaz de pronunciar una charla potente.**
Tú también, aunque no seas plenamente consciente y dudes de ti. Anderson escribe: «Si sabes dirigirte a un grupo de amigos durante una cena, entonces sabes lo bastante para hablar en público». Todo el mundo puede dar una charla digna. Cualquier persona puede ser un gran ponente si tiene algo valioso que compartir. Eso es lo principal y está por delante de la presencia escénica, la confianza en uno mismo o la fluidez del discurso. La carcasa amplifica el mensaje pero es posterior. El objetivo no es llegar a ser un Winston Churchill o un Nelson Mandela, sino aportar valor a la audiencia, conseguir hacer mejor o más fácil la vida de los asistentes gracias a tu discurso. Si aportas valor estás en el camino correcto. De hecho, como el propio Anderson señala: «El estereotipo de charla TED que nos esforzamos por eliminar es: todo estilo y muy poca sustancia».

3. **Tu única preocupación a la hora de dar una charla debería ser tener algo valioso que decir y decirlo con autenticidad, a tu manera, que es única.**
En el escenario, tu meta es ser tú mismo. Porque no existen dos personas iguales y tu diferencia es lo que te hace valioso. Pon en valor tu singularidad. Para triunfar debes ser fiel a ti mismo. Tu estilo debe estar basado en tu autenticidad. La autenticidad no se negocia, nunca. La idea es siempre la misma: aportar algo de valor a la audiencia, y eso se puede lograr de muchas maneras: con estilo formal o informal, con

humor o sin él, con elementos visuales o sin ellos. Anderson destaca lo siguiente: «Si eres un científico, sé un científico, no pretendas ser un activista. Si eres artista, sé un artista, no pretendas ser un académico. Y si eres una persona corriente, no intentes fingir un estilo grandilocuente, intelectual, sino limítate a comunicarte de manera coloquial». No existe una única manera de pronunciar una gran charla. La técnica es importante, pero siempre al servicio de la autenticidad. Una buena comunicación es la consecuencia de quiénes somos.

4. **Nuestra primera misión como conferenciantes es crear un vínculo humano de confianza [conectar] con los integrantes del público.**
El objetivo no es otro que éstos se muestren dispuestos —y a poder ser encantados— a ofrecerte acceso pleno a su mente durante tu intervención. Antes de poder construir una idea en la mente de otra persona, hace falta contar con su permiso: «El conocimiento no puede meterse a la fuerza en los cerebros ajenos. Debe hacerse entrar». Una charla es como un viaje, que puede tener un itinerario magnífico y perfectamente cuidado, pero antes hay que conseguir que a la gente les parezca atractivo, tenga predisposición, y quiera ir contigo a ese viaje. La gente, *a priori*, se muestra cauta a abrir su mente a un desconocido. Por eso, para causar impacto debe producirse una conexión humana. Si tu charla es buena, pero no conectas, no llegará. El público, las personas, todos, creamos mecanismos para proteger lo que entra en nuestra mente, y además, de primeras, somos reacios a cambiar lo que pensamos. Un ponente, para impactar, debe desactivar el escepticismo, desconfianza, desagrado, aburrimiento e incomprensión del público. Y eso se logra generando conexión emocional con la audiencia: «me caes bien, me pareces interesante, tienes credibilidad... y ahora cuéntame a ver si me convences».

5. **Los grandes conferenciantes buscan cómo crear una conexión temprana con el público.**
Cuanto antes conectes con el público, mejor discurrirá tu charla. La pregunta es: ¿cómo conseguir conectar con el público? Algunas ideas:
   - Saluda. Cuando llegues a un evento no generes una barrera entre tú (experto/arriba) y el resto (audiencia/abajo). Muestra cercanía e intenta estar entre el público. Es difícil que alguien que te parece soberbio y distante te venda sus ideas.
   - Contacto visual. Lo contrario es indiferencia. Mirar a los ojos a la gente es indicar que te importan y que les prestas atención. Es una forma fantástica de generar cercanía.
   - Sonríe. En ciertos cargos o puestos de autoridad, se hace lo contrario para marcar distancias. No es el caso de una charla: «El contacto visual acompañado de una cálida sonrisa constituye una tecnología sorprendente capaz de transformar la recepción de una charla».
   - Muestra vulnerabilidad. La perfección nos distancia de los demás. La gente perfecta no es como nosotros, y por tanto desconectamos porque están en otra dimensión y sus mensajes no nos son útiles.
   - Humor. Es un pegamento ideal en las relaciones. A alguien que te hace reír siempre quieres tenerle cerca. Una de las funciones del humor es crear lazos sociales. Por eso muchas charlas comienzan con algún gag. Víctor Borge decía que «el humor es la distancia más corta entre dos personas».
   - Deja el ego en casa. Incluso si eres un *crack* o un líder fuera de serie, es mejor que sea el público quien lo descubra. No te emborraches de ti mismo.

6. **El sentido de una charla es decir algo... con sentido.**
El objetivo es reconstruir en la mente de los oyentes una

idea que tú crees que es importante para ellos. Por tanto, lo primero es tener algo que decir; y lo segundo, que tenga sentido. A menudo, esto último no ocurre. Una charla debe tener un hilo conductor —línea argumental— y luego los conceptos deben ir encadenándose de manera coherente. Cada paso sigue al precedente, no hay saltos imposibles. Es algo así como un viaje que emprenden juntos conferenciante y audiencia, y en el que el primero ejerce de guía: «La línea argumental traza el sendero que sigue el recorrido. Cuando el público sabe adónde te diriges, le resulta más fácil seguirte». Cuando el público está confundido o desorientado es, a menudo, porque la charla se ha preparado punto por punto, o frase por frase, pero no se ha dedicado tiempo suficiente a su recorrido general. Es importante advertir también que hilo conductor no es lo mismo que tema. Este último es algo más amplio, y el primero concreta al segundo. Además, una línea argumental que conecta muchos conceptos no funciona, porque una charla con muchos conceptos es una charla en la que esos conceptos están muy poco explicados.

7. **Cuando salgas al escenario deberías hacerlo pensando en una cosa: en tu entusiasmo ante la posibilidad de compartir tu pasión con la gente que está sentada ahí.** Trasladarás pasión y entusiasmo a tu audiencia, en la medida que tú hables con pasión y entusiasmo. Las personas apasionadas siempre generan seguidores apasionados. Una de las cosas más poderosas que podemos experimentar cuando asistimos a una charla es la inspiración. El discurso del ponente nos conmueve y nos llena de una sensación de entusiasmo y posibilidad. Queremos salir de la sala siendo mejores personas. Una buena comunicación puede ser el germen para cambiar la vida de otra persona. Pero la inspiración no se busca, se conquista. Y cuanto más la buscas, menos la recibes. Y para ello hay algo innegociable: la pasión, que no es otra cosa que la manifestación explícita de

nuestra autenticidad. No puedes demostrar pasión si no sientes pasión por lo que hablas. Como apunta Chris Anderson: «La inspiración no puede representarse; es la reacción del público a la autenticidad». El referente Jim Rohn siempre decía: «La persuasión verdadera procede de poner más de ti en todo lo que dices. Las palabras tienen efecto. Las palabras llenas de emoción tienen un efecto poderoso».

8. **La finalidad de una charla es regalar una idea, no autopromocionarse.**
Los mayores enemigos de un conferenciante son, sin duda, el ego, la soberbia y la prepotencia, que arruinan cualquier charla. Nos desconectan de los demás y sin conexión es difícil impactar. Tú no eres importante, sino tus ideas y lo que ellas pueden hacer por el público. Y si vas con esa idea a un evento, y actúas así, venderás. Si tienes ataques de arrogancia, mentalízate para controlarlos en el escenario. Salman Khan, conferenciante TED, decía una vez: «Sé tú mismo. Las peores charlas son aquellas en las que alguien intenta ser quien no es. Si normalmente te gusta hacer el tonto, haz el tonto. Si eres emocional, sé emocional. La única excepción está en la arrogancia, en el egocentrismo. Si eres arrogante, egocéntrico, tienes que hacer todo lo posible para que no se te note». Pocas cosas tienen un impacto tan negativo en la gente. No te olvides de ello.

9. **Existe una herramienta muy evidente que puedes usar para mejorar tu charla, a la que, sin embargo, la mayoría de conferenciantes no recurre nunca: ensayar.**
Cuando uno veía a Steve Jobs sobre el escenario parecía fácil su manera de exponer; y parecía fácil porque él lo hacía fácil; y lo hacía fácil porque había ensayado hasta la saciedad. Dedicaba horas a preparar sus presentaciones antes del lanzamiento de cualquier producto de Apple. El valor de la práctica no es sólo una cuestión de memorización o de sa-

ber lo que vas a decir, sino también emocional, ya que te sentirás más cómodo y seguro, el público lo notará y te ayudará a impactar más. Con los ensayos, el estrés se convierte en confianza y la confianza en emoción. Cuando una persona ha ensayado lo suficiente, se despreocupa de lo que va a decir y se centra en la pasión, en la emoción y en conectar con el público. La falta de ensayo conduce a olvidarse de cosas y a la falta de claridad, además de a sentirse nervioso y a excederse del tiempo. Y éste es otro de los puntos clave: ensayar permite controlar el tiempo, cosa que muy pocos ponentes hacen y que es una muestra de respeto con la audiencia y con los organizadores. Sí, los ensayos son duros y dan pereza, pero sus frutos son dulces. Guy Kawasaki, que trabajó con Jobs en Apple, escribe en *El arte de cautivar* (Gestión 2000, 2011): «Practica tu presentación hasta que la aborrezcas. Y luego practica más. Mi consejo es que hagas tu presentación todas las veces que puedas, porque la repetición mejora la retórica. Steve Jobs se pasaba horas preparándose... y es Steve Jobs. Imagina el tiempo que el resto de nosotros debemos practicar».

10. **Si consigues dar bien una charla, el efecto puede ser asombroso.**
Diversos estudios han demostrado que cuanto más habla en público una persona, su nivel de ingresos tiende a aumentar. Existe una correlación directa entre ambas variables. Tiene su explicación: cada vez que eso ocurre es una ocasión de impactar, y cuando se hace bien, la marca personal mejora y con ella lo que se deriva en positivo. Dar una charla impactante puede que te abra las puertas para nuevas charlas, para futuros proyectos y colaboraciones o para mejorar tus honorarios. Aprender a hablar en público igual que aprender a vender —y la primera influye mucho en la segunda— debería estar entre tus prioridades, no sólo por una cuestión de supervivencia sino de calidad de vida, en lo

material, por supuesto, pero también en lo emocional, por lo que supone de beneficioso para la autoestima. Según David J. Schwartz, autor de *La magia de pensar a lo grande* (ViaMagna Ediciones, 2009), hablar en público es la acción que más lleva a aumentar la confianza en uno mismo. Chris Anderson también subraya este punto: «Saber hablar en público es la manera más impactante de compartir lo que eres y lo que te preocupa. Si aprendes a hablar en público aumentará la confianza en ti mismo, y seguramente te asombrará descubrir el efecto beneficioso que puede tener para tu éxito en la vida».

# COCO CHANEL

Coco Chanel (1883-1971), seudónimo de Gabrielle Chanel, fue una diseñadora de alta costura francesa, fundadora de la marca con el mismo nombre. Fue una de las modistas más prolíficas de la historia y una de las más innovadoras durante la primera guerra mundial. Produjo una ruptura con la opulencia de la *Belle Époque* y creó una línea de ropa informal, sencilla y cómoda. Se consolidó también como diseñadora de bolsos, perfumes, sombreros y joyas. Su perfume Chanel Nº5 es un producto mundialmente conocido. Criada en un orfanato de monjas, fue conocida por su firme determinación, ambición e inteligencia, así como por su fuerte genio y perfeccionismo. La segunda guerra mundial y su vínculo con un oficial nazi afectaron seriamente a la imagen de la compañía, publicidad que la competencia se encargó de difundir. Sin embargo, logró reabrir su empresa en 1954, tras lo cual obtuvo un renovado éxito, especialmente en Estados Unidos y el Reino Unido, hasta su muerte en 1971. Es la única diseñadora de moda que figura en la lista de las cien personas más influyentes del siglo XX de la revista *Time*. En el mundo de la cultura también tuvo una gran presencia en películas como *Chanel solitaria* o *Coco Chanel*. Igualmente se han escrito numerosos libros sobre su vida: *Descubriendo a Coco* (Lumen, 2009), *Coco Chanel: historia de una mujer* (Club Círculo de Lectores, 2006) o *La guerra secreta de Coco Chanel* (Aguilar, 2013); y en el teatro se estrenó en Broadway en 1969 el musical *Coco*.

1. **Si quieres ser original, entonces espera a ser copiada.**
   El problema no es que te copien, sino que nadie quiera hacerlo, porque eso es indicativo de que no eres interesan-

te para la gente. Cuando eres original y ofreces una visión desacostumbrada de la vida, entonces te conviertes en alguien interesante que merece la pena seguir y observar. Lo igual (lo mismo) no vende. La capacidad de sorprender es esencial para impactar, y para ello no puedes ser igual a otros. La originalidad es el sello inconfundible de las personalidades cautivadoras. Como decía Coco Chanel: «El único modo de ser irremplazable siempre es ser diferente». Y además, tampoco te obsesiones con las réplicas de terceros: se copian las ideas, pero nunca el talento, la marca o el estilo.

2. **Se triunfa con lo que se aprende.**
Porque nadie sabe todo en el momento de comenzar algo. Y quien quiere hacerlo, al final no da ningún paso. Nunca se está suficientemente preparado para nada. Se hace camino al andar. Lo importante es tener pasión por el trabajo, ser una persona observadora y curiosa, preguntar, leer, estudiar, absorber de otros —los demás también pueden aportar ideas interesantes— y no pararse nunca. Todas estas cosas están a disposición de todas las personas. Tu capacidad de aprender siempre está intacta a la espera de que te decidas a ponerla en práctica. Ella te llevará donde quieras. El escritor Brian Herbert lo expresaba así: «La capacidad de aprender es un regalo; la habilidad para aprender es una destreza; la voluntad de aprender es una elección».

3. **La libertad siempre es elegante.**
Porque ser libre es ser uno mismo, y ser uno mismo siempre seduce. La autenticidad, con todo lo que conlleva, es el único camino real hacia la libertad individual. Sólo cuando te atreves a ser quien eres, eres libre. Por el contrario, no eres libre cuando actúas según el qué dirán, cuando tus opiniones son el resultado del *statu quo*, cuando buscas la

aprobación constante de la gente, cuando las críticas te pesan demasiado, cuando miras de reojo a cada paso que das. La diseñadora francesa decía: «La belleza comienza con la decisión de ser uno mismo». Ahí reside el encanto. También apuntaba: «El acto más valiente es pensar por una misma. En voz alta». Y señalaba: «No me importa lo que pienses de mí. Yo no pienso en ti en absoluto».

4. **No es la apariencia, es la esencia. No es el dinero, es la educación. No es la ropa, es la clase.**
Siempre se ha dicho que el hábito no hace al monje. Y es cierto. La apariencia, el dinero o la ropa son amplificadores de lo que somos, pero no son lo que somos. Bien usados potencian nuestra imagen, pero si lo que hay detrás de esa imagen no es sólido, el castillo de naipes acabará viniéndose abajo. Por eso, lo primero es trabajarse bien por dentro. Ganar seguridad y confianza. Dicho esto, a partir de ahí es importante cuidar también el empaquetado, el celofán y el lazo con los que nos mostramos al mundo. Las cosas entran por los ojos, y es importante prestar atención no sólo al fondo (producto) sino también a la forma (envoltorio). Coco Chanel bien decía: «Viste vulgar y sólo verán el vestido; viste elegante y verán a la mujer».

5. **No pierdas tiempo chocando contra una pared con la esperanza de transformarla en una puerta.**
No todo depende de ti, asúmelo. Lo que sí depende de ti, y mucho, es encontrar alternativas a todos los obstáculos que aparecen en tu camino. Y siempre hay alternativas, otra cosa es que uno no haya sido capaz de detectarlas. Nuestra mejor arma es la creatividad —infinita por definición— que no es otra cosa que la capacidad de observar la realidad de manera diferente a la tradicional y así hallar una solución productiva. Sé perseverante, pero si te das cuenta de que estás chocando contra un muro, pon tus energías en

otra vía para llegar donde quieres llegar. Siempre hay un camino. Si insistes, lo encontrarás.

6. **Si naciste sin alas, no hagas nada para evitar que crezcan.** Nuestra posición de partida en el mundo no es la misma para todos. Se suele decir que unos nacen con estrella y otros estrellados. Algo de cierto hay, pero también que la vida siempre ofrece oportunidades a quienes las persiguen con fe. Puedes quejarte de tu entorno, de tus padres, de la educación recibida o de cualquier otra cosa, pero quejarse no soluciona nada. Tal vez te haga sentir mejor, pero tu vida seguirá igual. No te flageles, y en vez de eso, pon tus intenciones en buscar ayuda, crecer y encontrar soluciones, aunque sea con pequeños pasos. Si tienes esa actitud, perseveras y tienes paciencia, las cosas mejorarán siempre. La historia está plagada de ejemplos de personas cuyo pasado no fue el más ideal y llegaron muy lejos. Uno de ellos es el de la propia Coco Chanel, que nació y creció en el seno de una familia pobre y construyó su éxito desde cero. Entre sus lemas preferidos está el siguiente: «Nada es capaz de reemplazar al trabajo: ni los títulos, ni el coraje, ni la suerte».

7. **Nunca he hecho las cosas a medias: me gusta o no me gusta.** La pasión era uno de los rasgos distintivos de Coco Chanel, como el de todas aquellas personas que dejan huella. Ella decía: «Atrévete a sentir pasión porque da vida. Deja que tu pasión te inspire». Y añadía: «Soy el único volcán de la región de Auvernia que aún no se ha extinguido». Sin pasión no hay energía y sin energía no hay nada. Para ella la pasión era movimiento, impulso y respiración. La suma de tres verbos: Apropiarse, Atreverse y Crear: «*Apropiarse* del presente con un instinto salvaje y devorar la vida. *Atreverse* a transformar una intuición en una marca y asumir decisiones radicales. *Crear* con pasión trabajando intensamente.

*Apropiarse* de la belleza todo el tiempo en todas partes: en una iglesia, en una boutique, en un museo. *Atreverse* a inventar y arriesgar. *Crear* sin descanso y seguir tu camino sin preocuparse por el pasado o la posteridad, utilizando como única brújula la pasión».

8. **El lujo es una necesidad que empieza cuando acaba la necesidad.**
Porque el ser humano está hecho para la belleza y lo mejor. Si se le da a una persona la opción de elegir entre un jamón bueno y otro malo, se quedará con la primera opción; si se le da la opción de elegir entre un coche con un diseño precioso y otro que se cae a trozos, se quedará con la primera opción; si se le da a elegir entre una casa con muebles de diseño y otra con materiales más normales, se quedará con la primera opción; si se le da a elegir entre tomarse una cerveza con vistas al mar o en el interior de una ciudad mirando a una pared, elegirá la primera opción. Cualquier persona desea lo mejor, otra cosa es que piense que todo eso no está a su alcance, pero la aspiración del lujo siempre existe en todos nosotros. Y es que como decía la diseñadora gala: «Algunas personas piensan que el lujo es lo contrario a la pobreza. No lo es. Es lo opuesto a la vulgaridad».

9. **Sólo vives una vez. Haz que sea divertido.**
*Work hard, have fun, make history*, es el lema de «Mr. Yes» (Richard Branson): «Trabaja duro, diviértete, haz historia». Es un buen lema para la vida. No veas tu estilo de vida sólo como un sacrificio. No podemos movernos por la vida como si fuese sólo una pesada carga. No estamos aquí únicamente para eso. La vida, a veces, es una batalla, pero debemos hacer que sea una batalla estimulante. Cada reunión, cada persona que conoces, cada proyecto que realizas, cada viaje que efectúas, tienes que verlo como una oportunidad para aprender y pasártelo bien. Que sea divertido no quiere decir que sea

gracioso. Que sea divertido significa que intentas disfrutar de todo aquello en lo que estás inmerso, de cualquier situación. Coco Chanel apuntaba: «Sólo se vive el presente. Al igual que lo efímero, nada dura más tiempo que el presente».

10. **La felicidad también consiste en lo que dejas ir por tu propio bien.**
No puedes descubrir «nuevos» mundos con ojos «viejos». Para que unas cosas entren, otras tienen que salir para dejar espacio. Es ley de vida. Los apegos emocionales a las personas y a las situaciones no hacen sino prolongar nuestro sufrimiento. Cada persona y cada situación que aparece en tu vida están ahí para enseñarte algo. Y cuando han cumplido su función, hay que renovarse y dejar que entre aire fresco. Otra cosa es retroceder, porque lo que no crece, muere. Como el agua estancada, se pudre y enturbia. Abraza la incertidumbre y confía (siempre): pierdes unas cosas y ganas otras. En realidad, no pierdes nada, simplemente cambias unas cosas por otras. Todo suma. En tu mirada (actitud) está la clave.

# DANIEL GOLEMAN

Daniel Goleman (1946) es un psicólogo estadounidense. Doctor en Harvard y conocido por sus escritos sobre ciencias conductuales y cerebrales para *The New York Times*, ha sido nominado en dos ocasiones para el premio Pulitzer. Actualmente es presidente del Consorcio para la Investigación de la Inteligencia Emocional en la Universidad de Rutgers y miembro de la American Association for the Advancement of Science. Es autor del bestseller *Inteligencia emocional* (Kairós, 2012), con más de cinco millones de ejemplares vendidos, por el que se hizo conocido a nivel mundial. A raíz de este libro Goleman profundizó en algunos otros conceptos relacionados con el término que aborda en obras como *La práctica de la inteligencia emocional* (Kairós, 2014), *Inteligencia emocional en el trabajo* (Kairós, 2011) e *Inteligencia social* (Kairós, 2014). También pasó varios años en la India estudiando diversos métodos de meditación de cuya experiencia aparecieron sus libros: *Emociones destructivas* (Kairós, 2014), *La salud emocional* (Kairós, 2012) y *Los caminos de la meditación* (Kairós, 2013).

1. **El éxito en una pareja está en cómo llegar a un acuerdo sobre cómo estar en desacuerdo.**
   De una pareja y de cualquier tipo de relación. Cuando surge un conflicto en una relación sólo existen tres alternativas: sumisión, huida o gestión. La primera nos somete; la segunda no resuelve nada; la tercera es la única opción. El éxito de una relación depende de la capacidad de ambos miembros para lidiar con las diferencias, porque en cualquier relación el conflicto es la norma, no la excepción. No

existe relación humana donde no haya conflictos. Y esto es así porque no existen dos personas iguales y, por tanto, su forma de ver la realidad es distinta, lo que genera roce y fricción. La vida es un conflicto continuo: con los proveedores, clientes, socios, administraciones, pareja, la familia o amigos. Si en tu vida no hay conflictos es que no tienes vida y vives aislado de todo contacto con la humanidad. Pero un conflicto no tiene por qué ser algo negativo, es simplemente un punto en el que existe alguna diferencia, y por tanto, una ocasión también de crecer si se gestiona adecuadamente y de salir fortalecidos si se encauza de la manera correcta. El conflicto permite conocernos a nosotros mismos y a los demás; descubrir otros ángulos y puntos de vista, y por supuesto, madurar como profesionales e individuos.

2. **En el mejor de los casos, a nivel directivo, el CI (cociente intelectual) parece aportar tan sólo un 20 por ciento de los factores determinantes del éxito.**
A nivel de alta dirección hay dos cosas que son muy importantes. Primero, la visión estratégica, que no es otra cosa que la capacidad de tener una gran perspectiva; de ver el cuadro de situación en el que está la empresa, y de saber cómo una decisión afectará al resto de la organización y de cómo afectará no sólo a corto sino a medio y largo plazo. Sin embargo, una vez creada la estrategia, la implantación sólo se puede llevar a cabo a través de las personas. Eso significa que hay que saber motivar, persuadir, comunicar e influenciar, y todos estos conceptos están encuadrados dentro de las habilidades emocionales. La estrategia es importante, sin duda, pero su ejecución depende del factor humano, y es ahí donde el liderazgo —y la inteligencia emocional como un factor crítico de éste— juega un rol determinante. Liderar es influir, es «hacer hacer». Entrevistando a Goleman me decía: «El liderazgo no es sinónimo de dominación, sino el arte de convencer a la gente de que colabore para alcanzar un obje-

tivo común. El CI y las habilidades técnicas son importantes, pero la inteligencia emocional es la condición *sine qua non* del liderazgo».

3. **El autodominio exige autoconciencia más autorregulación, componentes clave de la inteligencia emocional.**
La inteligencia emocional es la base del éxito y del bienestar de las personas, porque todo lo que hacemos está filtrado por las emociones. Si dejamos que las emociones nos dominen no gobernamos nuestra vida. La buena noticia es que con autoconciencia y autorregulación podemos ser dueños de nuestras reacciones. El mayor error al gestionar nuestras emociones es pensar que no podemos gestionarlas. Pero sí, sí podemos. El punto de partida de la inteligencia emocional es la enseñanza socrática de «conócete a ti mismo». Darse cuenta de las propias emociones en el mismo momento en que surgen (autoconciencia) constituye la piedra angular de la inteligencia emocional. A partir de ahí se pueden digerir correctamente (autorregulación) para alcanzar el resultado deseado (éxito y bienestar). Tenemos que responsabilizarnos de nuestras emociones para tomar el control de nuestra vida. Sólo si tomo conciencia de mis emociones, puedo decidir conscientemente cómo reaccionar en cada momento, y por tanto, soy libre y dueño de mí mismo.

4. **La inteligencia emocional no significa simplemente «ser amable». A veces puede exigir «no ser amable», por ejemplo, para confrontar a alguien con una verdad incómoda pero consecuente que se ha estado evitando.**
El político Ron MacMillan decía: «Las personas que manejan el diálogo con habilidad sienten la confianza necesaria para decir lo que hay que decir a la persona que la escucha». Evitar ciertas situaciones incómodas nos evita crecer y no es propio de la inteligencia emocional. Las personas emocionalmente inteligentes no huyen de las «conversaciones difí-

ciles» —síntoma de cobardía— sino que las afrontan con calma y serenidad. Es más, cuando no surgen y son necesarias, las provocan para solucionar lo que haya que solucionar. Los conflictos no gestionados a tiempo habitualmente se enquistan y se hacen más grandes, provocando que la situación se vuelva irreversible. El problema, casi siempre —fruto de nuestro analfabetismo emocional—, es que gestionamos muy mal los conflictos. Ante un conflicto, la parte más débil suele huir o ceder, y eso siembra resquemores que acaban floreciendo con el tiempo de manera más cruda. En otras ocasiones, cuando las dos partes son «gallos de pelea» —el ego siempre acecha—, se intenta ver quién queda por encima del otro, y eso tampoco suele acabar bien.

5. **Las emociones son contagiosas. Después de un buen café con un amigo, te sientes bien. Cuando te toca un recepcionista mal educado, te vas sintiéndote mal.** Lo que debe hacernos reflexionar acerca del impacto que causamos en nuestro entorno más cercano, y más aún, cuando estamos liderando un equipo de gente. En cualquier interacción con una persona, sumamos o restamos. No existen las situaciones neutras como tal, porque somos «emociones con piernas». Siempre estamos «emocionalizando» nuestros actos de comunicación. Por tanto, es importante prestar atención a lo que decimos, pero también a cómo decimos las cosas. Las palabras son importantes, pero también el tono de voz, la mirada o la atención de escucha a la persona que tenemos delante son determinantes para el éxito de la comunicación. Es complicado inspirar y que la comunicación con otra persona sea fértil si adoptamos una actitud negativa, pesimista, despectiva, pasota o triste. Hay que intentar seguir la filosofía de la Madre Teresa de Calcuta: «No debemos permitir que alguien se aleje de nuestra presencia sin sentirse mejor y más feliz. —Y añadía—: La paz comienza con una sonrisa».

6. **Las emociones afectan a nuestra atención y a nuestro rendimiento.**
Las emociones provocan cambios en nuestra conducta. Por eso es esencial aprender a identificarlas, regularlas y gestionarlas, porque cuando no se hace obstaculizan cualquier intento de concentrarnos y ser productivos. Todas las emociones son útiles porque nos dan información. Cumplen una función concreta y nos ayudan a responder ante lo que nos ocurre. El problema surge cuando se mantienen en el tiempo sin tener una correspondencia con la situación, cuando se perpetúan con independencia de los hechos que las produjeron, convirtiéndose en estados emocionales limitantes. Las emociones mantenidas en el tiempo como el resentimiento, que se origina en la rabia, hacen que haya personas que piensen que todos son sus enemigos o que el mundo les debe algo; o las emociones mantenidas en el tiempo como la resignación, que se origina en la tristeza, hace que haya personas que no vean ninguna salida a su situación. Son casos de la mala gestión de las emociones que limitan la capacidad de actuar de las personas. No reaccionan con lógica ante los acontecimientos de la realidad, sino que interpretan el mundo con un filtro emocional distorsionado que es contraproducente.

7. **Si no dominas las habilidades emocionales, si no eres capaz de controlar tus emociones estresantes, si no puedes tener empatía y relaciones efectivas, entonces no importa lo inteligente que seas, no vas a llegar muy lejos.**
La vida gira en torno a las relaciones. Todo son relaciones: con amigos, familia, compañeros de trabajo, jefes, socios, clientes, proveedores, medios de comunicación, colegas de viaje o de piso. Siempre estamos inmersos en contacto con otras personas. Por eso, como señala el psicólogo estadounidense: «Hacer que los otros se sientan bien es parte del liderazgo. Al menos un 80 por ciento del éxito en la edad adulta

proviene de la inteligencia emocional». Con independencia de nuestros conocimientos técnicos, todos nos vemos obligados a trabajar en equipo, y ello implica tratar con otras personas, a menos que uno esté perdido en el monte. Cómo de bien (mal) gestionemos nuestro círculo de relaciones, así será nuestro futuro: a la hora de liderar, vender, negociar, hacer *networking*, pedir un aumento de sueldo o cualquier otra cosa. Y las relaciones se basan en cuatro cosas: llevarse bien con los demás, gustarles, persuadirles y no defraudarles. Para ello, Dale Carnegie, experto en este tema, nos da un consejo práctico: «Cuando lidias con personas, recuerda que no estás lidiando con criaturas de lógica sino con criaturas de emociones». Primero gánate el corazón, y sólo después la cabeza. Santa Catalina lo expresó así: «Del corazón a la inteligencia es más fácil el camino que de la inteligencia al corazón».

8. **Cuanto más abiertos estemos a nuestros propios sentimientos, mejor podremos leer los de los demás.**
¿Quieres conocer a los demás? Conócete a ti mismo. La inteligencia emocional —la capacidad de identificar, comprender, regular y usar nuestras emociones— es clave; primero, para la relación con nosotros mismos, y segundo, para la relación con los demás. Porque para estar bien con otros, uno antes debe estar bien consigo mismo. Las personas que peor se portan con los demás son aquellas que menos se soportan y aceptan a sí mismas. Y esa frustración la pagan con otras personas. Quienes causan dolor es porque sienten mucho dolor. Una persona feliz no tiene intención de hacer daño a nadie. Sólo comprendiéndonos mejor, entendiendo por qué nos pasa lo que nos pasa, podremos tener relaciones más fructíferas, ya que la empatía es el punto de partida de toda relación humana. Como dice Goleman: «La empatía siempre entraña un acto de autoconciencia. Aunque la empatía está relacionada con comprender a los demás, tiene la base en el propio autoconocimiento».

9. **Las emociones fuera de control pueden transformar en estúpidas a personas inteligentes.**
Tanto a la hora de invertir, negociar, crear una empresa, dejar a una pareja, casarse o tomar cualquier otra decisión, no podemos dejarnos dominar por las emociones, ya sean en forma de calentones, avaricia o miedo. Esto se ve con claridad meridiana en el ámbito de los mercados financieros, donde las personas son arrastradas por las olas compradoras o vendedoras a tomar ciertas decisiones de manera irracional. La «exuberancia irracional» —como la denominó Alan Greenspan, expresidente de la FED— es habitual en los seres humanos por una mala gestión de sus emociones. La euforia (exceso de optimismo) siempre ve las cosas mejor de lo que son; el pánico (exceso de pesimismo) también pero en sentido inverso. Isaac Newton, que perdió todo su dinero en una crisis en la bolsa londinense, llegó a afirmar que podría calcular al centímetro y al segundo las órbitas de los cuerpos celestes, pero que era absolutamente incapaz de predecir hasta dónde puede arrastrar la cotización de la bolsa a una multitud histérica. No es casual tampoco que Warren Buffett, uno de los inversores más conocidos a nivel mundial, dé este consejo: «Tienes que pensar por ti mismo. Siempre me sorprende cómo mucha gente con alto cociente intelectual imita a otros sin pensar». Son víctimas del efecto masa.

10. **La mente sólo puede centrarse en una cosa a la vez. A menudo creemos que el cerebro es multitarea, pero no es cierto.**
La atención (concentración) es clave para el éxito, porque la concentración permite dirigir todos los esfuerzos en una dirección determinada. La distracción, por el contario, nos resta eficacia. No valoramos lo suficiente la importancia de la atención en nuestro día a día porque no somos conscientes de sus consecuencias. Cuando hacemos varias cosas al

mismo tiempo, no las hacemos tan bien, da igual de lo que se trate. Por ejemplo, si no estás atento, la calidad de una conversación se resiente. Y así con todo. La distracción es enemiga de nuestras capacidades y de la calidad de nuestro trabajo. Si estamos escribiendo un artículo y recibimos un correo electrónico y nos detenemos a leerlo y contestarlo, nos costará un rato volver a concentrarnos en lo que estábamos haciendo. Sin embargo, vivimos en un mundo en el que es prácticamente imposible prestar atención a una sola cosa a la vez. Cada día existen más saboteadores de la atención: móvil, correo electrónico, WhatsApp, redes sociales y otro sinfín de alternativas. La buena noticia, como dice Goleman en su libro *Focus* (Kairós, 2014), es que «la atención es un músculo de la mente, y como tal, se puede ejercitar con el fin de fortalecerlo. Y hoy más que nunca necesitamos llevarlo al gimnasio. La meditación ayuda a entrenar el músculo de la concentración. El *mindfulness* ("atención plena") ha demostrado fomentar la habilidad para inhibir los impulsos emocionales». Si la inteligencia emocional es la fórmula para gestionarnos a nosotros mismos, el *mindfulness* es una herramienta útil para alcanzar este cometido.

# DAVID ALLEN

David Allen (1945) es consultor e instructor de productividad. Es creador de *Getting Things Done* (GTD), un método contrastado –y también una filosofía– de efectividad personal seguido por miles de personas en el mundo que lo que nos propone es un sistema basado en hábitos productivos cuyo objetivo es producir más valor con menos esfuerzo y ayudarnos a pensar mejor. Su carrera profesional incluye trabajos muy variopintos como mago, camarero, instructor de karate, formador o director de una agencia de viajes. Comenzó a aplicar sus ideas sobre productividad en los negocios en la década de 1980, cuando consiguió un contrato para diseñar un programa *in company* para ejecutivos en la Lockheed Corporation. Posteriormente fundó la David Allen Company, que se dedica a desarrollar programas de formación para directivos en temas de productividad personal. También es uno de los fundadores de Actioneer Inc., una empresa especializada en el diseño de herramientas de productividad. Es autor de diferentes libros como *Organízate con eficacia* (Empresa Activa, 2015), *Sé más eficaz* (Alienta, 2010) o *Haz que funcione* (Alienta, 2011).

1. **Para ganar velocidad es necesario frenar.**
   Dicho de otra manera: desconectar para conectar. Desconectar mentalmente mejora la productividad personal. Hacer, hacer y hacer es improductivo a todas luces. A veces, perder el tiempo es la mejor manera de ganarlo; a veces, lo urgente es esperar; a veces «no hacer» es «hacer» mucho. Todos hemos experimentado alguna vez como tras un periodo de descanso en alguna actividad, hemos obtenido un

avance notable que se nos resistía mientras estábamos enfrascados en seguir trabajando. Si bien es cierto que la concentración (foco) es un factor clave para incrementar nuestra productividad personal, para poder estar concentrados y atentos necesitamos de una mente descansada. La neurociencia nos dice que si queremos que nuestro cerebro funcione de forma óptima es imprescindible permitirle divagar —no hacer nada— con una cierta regularidad. Con otras palabras: *un cerebro a pleno rendimiento es un cerebro que descansa*. Albert Einstein, al que hemos tenido páginas atrás, decía: «Pienso noventa y nueve veces y nada descubro. Dejo de pensar, me sumerjo en el silencio, y la verdad me es revelada». Para el científico, como para otros muchos artistas creativos, la intuición es un factor de producción muy importante, ya que es el puente que une la mente consciente e inconsciente. Cuando la mente divaga y se siente libre, las posibilidades de generar ideas se incrementan. Una mente que «divaga» es una mente más creativa. Daniel Goleman precisa: «Cuando nuestra mente divaga, mejora nuestra capacidad en cuestiones que dependen del destello de la intuición, desde ingeniosos juegos de palabras hasta invenciones y pensamientos originales».

2. **La diferencia entre tener la cabeza un palmo por encima del agua o un palmo por debajo es enorme. Lo que marca esa diferencia es probablemente menos de lo que imagina.** Estar con la cabeza debajo del agua es vivir superado por las circunstancias. Es una opción, pero indudablemente no es la mejor y seguro que no es la que quieres para tu vida. Por el contrario, estar con la cabeza por encima del agua, con sensación de control, es lo que todos queremos. Lograrlo está al alcance de cualquiera, pero como todo, no es gratuito y tampoco inmediato. David Allen escribe: «Hay una luz al final del túnel, pero para llegar hasta ella es preciso recorrerlo entero». Se trata de saber lo que hay que hacer y hacerlo

de manera consistente a lo largo del tiempo. Hacer algo de forma consistente, aunque parezca insignificante, es clave para alcanzar progresos significativos. Y éstos son el resultado de hacer o de dejar de hacer pequeñas cosas. Los pequeños comportamientos que realizamos habitualmente son la clave de los resultados globales que obtenemos, tanto negativos como positivos. Cuando repetimos durante un tiempo pequeñas acciones, buenas o malas, acaban transformándose en hábitos. Muchos de esos hábitos que, asimilamos sin apenas darnos cuenta y mantenemos sin ser demasiado conscientes de ellos, van configurando nuestro destino. Por todos es conocida la metáfora de la rana que cuenta cómo si ponemos una rana en agua fría y encendemos un pequeño fuego que va calentando el agua lentamente, la rana permanecerá en el agua hasta cocinarse y morir sin darse cuenta. Así funcionan los hábitos que nos hemos formado a base de pequeñas rutinas. Warren Buffett nos alerta sobre ello: «Las cadenas del hábito son demasiado ligeras para notarse hasta que son demasiado pesadas para romperse».

3. **La velocidad y la precisión son los ingredientes clave de todo movimiento efectivo en las artes marciales, y estar relajado permite maximizar el control y la concentración.** Estar tenso conduce a la improductividad. Ni tomas las mejores decisiones ni haces las cosas mejor. Lo ideal es estar relajado. Descubre qué es lo que te produce estrés y resuélvelo ahora si quieres ser realmente efectivo. Cuando estás relajado puedes pensar con claridad —algo esencial para tomar buenas decisiones— y además permite estar concentrado en lo que estamos haciendo para actuar con eficacia. Si uno está tenso, es difícil que ambas cosas se produzcan. «Para una mente que está quieta —decía Lao Tzu— el universo entero se rinde.» Estar concentrados y atentos a lo que estamos haciendo es clave para ser personas productivas además de la mejor manera de evitar errores, y uno de los grandes enemi-

gos a la hora de concentrarnos es tener una mente cansada. Saturar la mente obligándola a recordar todo es un hábito totalmente improductivo. Para conseguir una mente relajada, necesitamos un sistema de gestión completo, total y fiable, en el que podamos registrar y encontrar todos nuestros compromisos con facilidad. Eso es lo que permite, por ejemplo, el sistema GTD. Si liberas tu mente de la agotadora tarea de tratar de recordarlo todo, cosa que casi nadie hace, te recompensará con una mente relajada que te permitirá estar enfocado y a pleno rendimiento cuando lo necesites.

4. **El objetivo principal de obtener el control es ser capaz de evitar distracciones. Y tener las cosas claras es un fin magnífico en sí mismo.**
«La falta de dirección, no la falta de tiempo, es el problema. Todos tenemos veinticuatro horas», nos advierte Zig Ziglar. Una de las cosas más importantes para lograr el éxito es tener claridad mental, porque la claridad mental lleva a conducir todas las energías hacia lo importante sin despistarte. La claridad precede al éxito. Tener claridad sobre qué es importante —el resultado que queremos obtener— ayuda a identificar y favorecer aquellos pequeños detalles que nos benefician y a neutralizar aquellos otros que nos perjudican. El problema de la mayoría de la gente es que no tiene las cosas claras y ello conlleva, como es evidente, consecuencias graves. David Allen expresa así cuál es la sensación general de muchas personas: «Me siento como un mosquito en una playa nudista, no sé por dónde empezar». Nuestra eficacia aumenta cuando trabajamos con sentido. Cuando tenemos claros nuestros objetivos mejoramos nuestra productividad personal, porque ello nos permite evaluar correctamente las posibilidades que se encuentran frente a nosotros, al mismo tiempo que nos permite estar centrados y atentos plenamente a lo que hacemos. El éxito se resume en *hacer las cosas correctas en la dirección correcta*.

5. **Tal vez tus ideas no parezcan valiosas de manera inmediata y evidente, pero muchas de ellas contienen el germen de algo que podría llegar a ser extremadamente útil.** David Allen concreta esta reflexión: «Date la libertad de recoger toda clase de ideas para luego evaluarlas. Convierte la toma informal de notas en un hábito, ya sea al recibir *inputs* de otras personas —reuniones, conversaciones, mensajes de voz— o al realizar un *brainstorming* por tu cuenta. Date el permiso para recoger cualquier idea sin censura ni análisis. Es una práctica que aportará una gran fuente de creatividad a tu trabajo y a tu vida». La creatividad se alimenta de datos. La creatividad es la capacidad para conectar cosas, por tanto, nunca sabemos cuándo ciertas ideas nos pueden resultar útiles. Y para que las ideas no desaparezcan con la misma facilidad con la que aparecieron, es necesario capturarlas. Capturar es el primero de los cinco pasos del método GTD (capturar, procesar, organizar, evaluar, hacer), que no es otra cosa que recolectar todo aquello que llama tu atención sin aplicar ningún filtro o juicio de valor sobre ello. La clave es que sea sencillo para ti. Lleva contigo una libreta y un lápiz, o una aplicación en tu teléfono móvil, o una grabadora, o lo que te parezca. Lo importante es que te resulte fácil capturar en cualquier momento de tal manera que generes ese hábito. Capturando no sólo favorecemos una mayor creatividad sino que al mismo tiempo nos permite sacar cosas de nuestra mente y tener una «mente como el agua»: más atenta, concentrada y libre de estrés. El hábito de capturar te puede llevar muy lejos en la vida.

6. **La microgestión puede ser una trampa seductora en la búsqueda de la productividad. Los objetivos pequeños están muy bien, mientras haya un objetivo.** David Allen precisa al respecto: «Si trato de poner orden en todo lo que hay incompleto en mi mundo, porque en realidad lo que quiero es desentenderme de mi vida, el estrés nun-

ca se irá realmente. —Y añade—: Tener que achicar el agua de un bote de remos que hace agua desvía la energía que debería utilizarse para remar». *Las cosas menos importantes nunca deberían estar a merced de las más importantes.* Los proyectos, como hemos dicho, se completan cuando hacemos las cosas correctas en la dirección correcta. Por tanto, un sistema de productividad será bueno en la medida que facilite que los proyectos avancen y se hagan. El exceso de control y de organización dificulta la consecución de los proyectos, porque la organización se convierte en un fin en sí misma. El orden en exceso nos hace perder eficacia a la hora de conseguir nuestros resultados. Los proyectos avanzan como resultado de capturar ideas, pensar sobre ellas y realizar acciones. Limitarte sólo a organizar, aunque lo hagas de forma impecable, no hará que tu proyecto avance. Para completar tus proyectos, organiza de forma ágil y con sentido y, sobre todo, revisa lo organizado con la frecuencia necesaria. Así podrás tomar decisiones, actuar sobre ellas y lograr resultados.

7. **Existen demasiadas distracciones cada día y en cada momento, como para centrarse adecuadamente en los niveles superiores.**

   Herbert Simon, premio Nobel de Economía 1978, decía: «El bombardeo de información actual consume la atención de sus receptores, de ahí que el exceso de información vaya necesariamente acompañado de una pobreza de atención». Cualquier cosa que provoca una reacción inapropiada en nosotros, puede dominarnos, y a menudo lo hace. Hoy día existen demasiados saboteadores de la atención, por tanto, no nos queda otra que asumir la responsabilidad de controlar nuestros impulsos para mejor obrar. Nuestra verdadera libertad consiste en elegir el papel de víctima o de protagonista. El éxito es una cuestión de concentración y de saber mantenerla en el tiempo. «En un océano de distracciones —apuntilla Goleman—, quien sabe estar atento triunfa.»

Como la atención facilita desactivar las distracciones, la cuestión es inhibir todos aquellos circuitos que suponen un peligro para la atención. El reto es resistirse a toda esa sobrecarga de correos, tuits, whatsapps y llamadas que nos llegan y que son tan tentadores de procesar, y la mejor manera de hacerlo es apagar todo tipo de alertas y notificaciones evitando que nos interrumpan: «Las interrupciones —apunta Allen— pueden duplicar el trabajo que se requiere para llevar a cabo todo el proceso».

8. **No tenemos tiempo de hacer nuestro trabajo, por culpa de todo el trabajo que tenemos que hacer.**
El verdadero desafío del trabajador del conocimiento no está en hacerlo todo, sino en decidir correctamente qué hacer y qué dejar sin hacer, porque no hay tiempo para hacer todo. Por eso, la tarea más importante en el trabajo del conocimiento —como apuntó Drucker— consiste en «definir el trabajo». Allen explica: «Lo que haga con su tiempo, lo que haga con la información y lo que haga con su cuerpo y la forma como enfoque sus prioridades, son las verdaderas opciones con que cuenta y a las que tiene que asignar sus recursos limitados». Y añade: «Sólo te puedes sentir bien con lo que haces cuando sabes exactamente qué es lo que no haces». Los principales retos a la hora de definir nuestro trabajo son: primero, pensar en lo que estamos haciendo; y segundo, hacer algo al respecto de lo que pensamos. Esto quiere decir que no estamos actuando diligentemente cuando: primero, hacemos sin pensar, a lo loco; y segundo, cuando no traducimos nuestras intenciones en hechos. GTD precisamente lo que facilita es una propuesta concreta para ayudarnos a superar con éxito el reto más importante del trabajador de conocimiento, que tiene por objetivo conseguir toda la información necesaria para poder tomar buenas decisiones, y que consiste en capturar todo, pensar y decidir sobre lo capturado, organizarlo y, por último, revisarlo de forma sistemática.

9. **Cuando tenía mi propio velero, un viejo navegante me dio un consejo fantástico: «Si alguien está a punto de perder los nervios, dale el timón».**

*O tú llevas tu barco o será la corriente quien lo haga.* No estar «al volante» de nuestra vida y de nuestro trabajo favorece que aparezca el estrés, sobre todo, cuando hay mucha carga de trabajo por delante. Por el contrario, si eres tú quien lleva las riendas de su trabajo, nunca perderás la sensación de control, aunque tengas muchos compromisos. Allen apunta: «Es posible que una persona tenga una cantidad abrumadora de cosas que hacer y, a pesar de ello, continúe funcionando con un alto nivel de productividad, con la mente despejada y con una sensación positiva de control y tranquilidad». Cuando tienes sensación de control, los niveles de estrés son mínimos o ninguno. Al final sólo hay dos alternativas: *o diriges tus asuntos o tus asuntos te dirigen a ti.* ¿Y cuáles son los comportamientos que permiten tener sensación de control y de estar «al volante» de tu vida:

- Primero. Recopilar o capturar: para tener a nuestra disposición toda la información potencialmente útil y, al mismo tiempo, sacar «cosas» de la mente que consumen energía.
- Segundo. Procesar o aclarar: para transformar lo capturado que pasará a ser basura, información útil, un proyecto, una acción, una tarea delegada o una posibilidad.
- Tercero. Organizar: que consiste en depositar las cosas transformadas en un sistema estructurado de contenedores en función de la decisión tomada. Organizar mejor es trabajar mejor.
- Cuarto. Evaluar o reflexionar: que no es otra cosa que revisar para decidir qué hacer, mantener la fiabilidad del sistema o para ganar perspectiva.
- Quinto. Hacer: para que las cosas avancen y los proyectos se terminen. La productividad se demuestra en

los resultados que alcanzas, y si no haces cosas no hay resultados.

Estos cinco comportamientos convertidos en hábitos nos transforman en personas poderosas y con la sensación de control. Y cuantos más calderos tengas puestos al fuego, más importante es su asimilación porque perder el equilibrio es más sencillo.

**10. A menudo la gente no traduce los proyectos a próximos pasos, y la percepción de falta de tiempo para realizar el proyecto impide cualquier tipo de movimiento.**
David Allen añade: «Muchos proyectos cruciales están ahora mismo parados a pesar de que hay próximas acciones relacionadas con ellos que podrían efectuarse en menos de dos minutos una vez identificadas». La estrategia para llevar a cabo cualquier proyecto es tener claridad sobre el resultado deseado (qué quiero conseguir) y realizar las acciones (adecuadas, concretas y suficientes) a lo largo del tiempo. Por muy ambicioso que sea un proyecto, toda gran marcha comienza siempre por un primer paso. Da igual la magnitud del proyecto, si das el primer paso, y luego el siguiente, y después otro más, lo acabas consiguiendo. Una vez que te has comprometido a llevar a cabo un proyecto, empieza por identificar la siguiente acción y ejecútala. Transforma tus intenciones en acciones concretas, y revisa el proyecto con regularidad para identificar en cada momento las siguientes acciones. La siguiente historia lo refleja bien. En cierta ocasión, el mariscal francés Lyautey pidió a uno de sus jardineros que plantara un árbol. El jardinero objetó que el árbol tardaría en crecer y no alcanzaría la madurez hasta dentro de cien años. El mariscal respondió: «En ese caso, no hay tiempo que perder; ¡plántalo esta misma tarde!». Como nos dice Allen: «El hábito de definir la acción siguiente de un proyecto, independientemente de la situación, es fundamental para mantener el control y la tranquilidad».

# DONALD DELL

Donald Dell (1938) –al que se le conoce irónicamente como Donald Deal (acuerdo, en inglés) por su capacidad de negociación– es confundador de la ATP (Asociación de Tenistas Profesionales) y fundador de Proserv (Professional Services), una de las más prestigiosas agencias de representación de deportistas, entre cuyos representados han estado caras tan conocidas como Michael Jordan, Patrick Ewing, Arthur Ashe, Jimmy Connors, Andy Roddick o Ivan Lendl, entre otros muchos. También ha sido el capitán de tenis de Estados Unidos de la Copa Davis y ha sido elegido para el International Tennis Hall of Fame. Es autor del conocido libro *Nunca hagas la primera oferta (excepto cuando conviene)* (Empresa Activa, 2010), en el que explica, tomando como base toda su experiencia profesional de muchos años en el mundo del deporte, las claves para negociar con éxito en los negocios y en la vida.

1. **En igualdad de condiciones, a la gente le gusta hacer negocios con sus amigos; y en desigualdad de condiciones, a la gente le sigue gustando hacer negocios con sus amigos.** Los negocios se basan en las relaciones y las relaciones se basan en la confianza, que es la que hace que las cosas fluyan o vayan más lentas. Donald Dell precisa sobre este aspecto: «El éxito está en las relaciones. Todo gira en torno a eso: conocer gente, tratarla con decencia y dignidad, y convertirla en amiga tuya. Primero haz amigos y luego vende. No hay nada más fundamental para un buen negocio que el establecimiento de relaciones duraderas: tratar con gente conocida y de su agrado, que a su vez le conocen a usted y a

quienes usted les cae bien». Si uno no se gana la confianza de la otra parte, cualquier acuerdo será complicado de cerrar. Lo primero es conectar con las personas; luego, todo lo demás.

2. **Escuche lo que la otra parte necesita. Si ambas partes no quedan satisfechas, el acuerdo se resentirá.**
   Un acuerdo en el que sólo una de las partes gana a corto plazo, es un acuerdo en el que las dos pierden a largo plazo. El objetivo es conseguir lo que tú quieres dándole a la otra parte lo que quiere. Parece una paradoja, pero no lo es. La negociación es una cuestión de creatividad para intentar conseguir algo bueno para ambas partes. Los límites de la negociación los marcan los límites de la creatividad, que no tiene límites. La creatividad no es otra cosa que la habilidad para encontrar alternativas. Siempre pregúntate: ¿cómo puedo conseguir lo que quiero conseguir y que la otra parte obtenga lo que quiere obtener? Casi siempre hay un camino, es cuestión de encontrarlo. Cuanto más estimules tu creatividad, más fácil te será encontrar soluciones y mayor tu capacidad para negociar y llegar a buenos tratos.

3. **Si negocia con alguien que no confía, la primera regla debería ser no negociar. Pero si no le queda otro remedio, exíjalo todo por escrito y por adelantado.**
   La confianza es tan importante para los negocios y la vida en general porque facilita mucho las cosas eliminando muchas barreras, burocracias y mecanismos de control. Cuando hay confianza todo se acelera y va más rápido. Sin embargo, precisamente por eso, hay personas sin escrúpulos que se aprovechan del exceso de confianza para barrer para su casa y no cumplir con su palabra o con los acuerdos. ¿Cómo se gestionan este tipo de situaciones? Sólo de una manera: anticipándose para evitar problemas posteriormente. Y hay dos fórmulas clave: primero, las cosas por es-

crito, para que en caso de incumplimiento uno tenga una alternativa para defenderse; y segundo, exigiendo por adelantado —parte o todo a poder ser— para evitar que la otra parte tenga la tentación de escaquearse y que nos deje con el culo al aire.

4. **Las negociaciones se ganan y se pierden de acuerdo al conocimiento y a la preparación que los negociadores ponen sobre la mesa.**
A mejor preparación, mejores resultados. Los mejores negociadores conocen la historia de la empresa contraria, el resultado de negociaciones similares y todos los detalles sobre la persona con quien están negociando. Cuantos más datos y cifras se tengan memorizados antes de entrar en una negociación, en mejor posición se estará para negociar. Tu mayor enemigo es tu pereza, no hacer el trabajo previo. Un conocido jugador de póker decía en cierta ocasión: «Dedico una media de diez horas al día, entre estudio y trabajo. La parte de estudiar en póker es muy importante. Juega muchísima gente y sólo la élite gana dinero. Ese pequeño porcentaje de gente que gana tiene que trabajar y prepararse más que el resto. No hay otro secreto». Se juega como se entrena, se ha dicho mil y una veces. Se trata de ganar antes de empezar. De hacer los deberes para que cuando llegue la hora de hacer el examen todo salga razonablemente bien.

5. **La mayoría de los tratos que he hecho estuvieron basados en quién ofrecía más dinero, pero no siempre es así. A veces entran en juego factores como las relaciones, la lealtad o quién puede hacer un mejor trabajo.**
Hay que saber ver más allá de lo aparente. Es importante ser perspicaz para *ver lo que no se ve* porque ello supone una ventaja enorme a la hora de negociar, ya que con menos (dinero) se puede conseguir mucho más. Por ejemplo, du-

rante varios años, Michael Jordan fue la cara visible de Coca-Cola. Cuando llegó el momento de la renovación de su contrato, el jugador de los Chicago Bulls se negó a renovar. Donald, su representante, se quedó extrañado y le dijo: «No lo entiendo. Te pagan mucho y piden que les dediques un tiempo mínimo». A lo que contesto: «Ése es el problema. No están utilizándome. Mis ingresos dependen de mi exposición. Cuanto más visible sea, más sube mi valor. Prefiero que encontremos a alguien que me utilice correctamente». Para Jordan, el valor de su marca e imagen era más importante que el dinero inmediato.

6. **Nunca hagas la primera oferta (excepto cuando conviene).** La explicación es sencilla. Lo que se busca no es una oferta, sino información. Si la cifra es superior a la que uno espera, miel sobre hojuelas. Si no es así, da una idea sobre el proceso de pensamiento sobre la otra parte. Cristaliza las ideas del contrario hasta ese momento y las resume en una única cifra o en una serie de puntos del trato. También suministra información acerca de cuáles son los asuntos más relevantes para ellos. A partir de ahí, uno puede reconducir la situación hacia donde conviene. ¿Y cuándo hacer la primera oferta? Cuando se sospecha que la otra parte va a tirar por lo bajo y la cifra que va a ofrecer será muy inferior a lo que se espera obtener. La idea es subir el listón y estrechar la distancia entre ambas partes.

7. **Una de las reglas evidentes de la negociación es la de excluir las emociones del proceso.** La negociación es un juego de dos partes, en el que importa lo que tú sabes y percibes del otro y lo que el otro sabe y percibe de ti. La información es poder en cualquier negociación. Por eso, ser demasiado transparente o mostrar todas las cartas antes de terminar la partida no es una buena estrategia. En una negociación es fundamental mantener el

equilibro: ni mostrar mucha euforia —dejamos en evidencia qué es importante— ni tampoco mucha hostilidad —para no herir sensibilidades que dificulten cerrar el trato—. Las emociones nublan el juicio e impiden ver las cosas con justicia. Dejar las emociones en la puerta es esencial porque de otra manera pueden anular la lógica en una negociación. Las negociaciones también se rompen muchas veces debido a la tensión en la sala. Mitigar cualquier tensión y mantener un entorno agradable es clave para llegar a acuerdos. El control emocional es fundamental porque si uno pierde los nervios se descubre. Donald Dell lo plantea claramente: «Si pierde los nervios, perderá también su ventaja. Piénselo bien: sea lo que sea que le ha hecho enfadarse, es evidente que es algo especialmente importante para usted, y todos los que están en la sala se darán cuenta y se aprovecharán». Además, si uno es víctima de un calentón y se ha equivocado, para compensar la salida de tono, tendrá que ceder algo y así restituir la situación. Es un principio básico: separar a las personas del problema.

8. **Su reputación le precederá casi siempre. Trabaje bien. Aunque el mundo de los negocios parezca enorme, en realidad está constituido por muchos pequeños círculos.** Y añade: «Si echa usted a perder su reputación en una empresa, apueste lo que quiera que el sector entero se enterará de ello. Por otro lado, si crea la reputación de trabajar bien y con eficiencia, le costará mucho menos venderse: la reputación trabajará por usted». Tu calidad humana te ayudará a vender siempre. Engañar es mal negocio. Toda verdad ignorada prepara su venganza. Hoy día, en un mundo hiperconectado, todo se sabe más y mucho más rápido. La gente quiere trabajar con gente con la que tiene confianza, y si la confianza se vulnera, el negocio se resiente. La falta de valores es pan para hoy y hambre para mañana. Antes o después, el karma de los negocios ajusta cuentas. Si das la

palabra, cumple con ello; si das la mano, lo mismo. No caigas en la tentación de coger atajos, que si bien en el corto plazo pueden apetecer, a medio y largo plazo penalizan. Incluso el mejor mentiroso acaba siendo cazado. Varios siglos atrás William Shakespeare dijo: «El más puro tesoro al que puede aspirar un ser humano es una reputación sin mancha».

9. **Siempre que exista la alternativa entre demostrar y hablar, el demostrar sale ganando.**
Las negociaciones se ganan argumentando y rebatiendo con argumentos. Respalda tus palabras con evidencias. Las palabras que salen de la propia boca siempre están bajo sospecha: nadie habla mal de sí mismo, ni de sus productos, ni de sus servicios. Elimina cualquier tipo de duda poniendo encima de la mesa datos, cifras, informes, estudios o cualquier otro recurso que valide lo que dices. La gente cuando toma una decisión no quiere equivocarse. Toda aquella información objetiva que avale lo que dices, te ayuda a vender y negociar con más facilidad. Determina dónde quieres llegar y luego busca las alternativas que justifiquen lo que quieres para presentárselo a la otra parte. Haz los deberes. Halla toda la información disponible a tu alcance. Las opiniones son todas discutibles; los hechos no. Tener capacidad de análisis es una ventaja enorme para negociar con inteligencia. Demostrar es convencer (y vencer).

10. **Inicie siempre la negociación teniendo presente el resultado esperado.**
El aspecto más importante de cualquier negociación es comprender claramente y con antelación cuál es el resultado final que se desea obtener, y estar preparado para cerrar el trato en cuanto este resultado se alcance. Es decir, ser capaz de terminar con anticipación. La mayoría de la gente no lo sabe y eso es quedar demasiado expuestos a que la

otra parte dirija la negociación a su antojo sin darnos margen de maniobra. Tres cosas hay que tener en cuenta: qué es innegociable, qué es deseable y qué es razonable. Esos tres aspectos marcan los límites de la negociación. Lo innegociable es el nivel por debajo del cual no aceptas nada; lo deseable es una cuestión de máximos; lo razonable será por dónde se mueva la mayor parte de la negociación.

# ECKHART TOLLE

Eckhart Tolle (1948) es un escritor contemporáneo en temas de espiritualidad que se hizo conocido a raíz de la publicación de su libro *El poder del ahora* (Debolsillo, 2006) –del que se han vendido millones de ejemplares en todo el mundo– en el que enfatiza la importancia de ser consciente del momento presente para no perderse en los pensamientos. Esta obra supuso su «despertar» a la vida después de un largo periodo de depresión y búsqueda. A partir de entonces abandonó su puesto de trabajo como investigador de la Universidad de Cambridge y empezó a dedicarse a dar seminarios y conferencias por todo el mundo destacando la importancia de hacernos dueños de nuestros pensamientos y de vivir el momento, el aquí y ahora, ya que es lo único que existe. La filosofía de Eckhart Tolle bebe de fuentes como Jiddu Krishnamurti y Ramana Maharshi o las reflexiones del poeta persa Rumi o Barry Long. Ha publicado también otras obras como *El silencio habla* (Gaia, 2011) o *Un mundo nuevo ahora* (Club Círculo de Lectores, 2007).

1. **Todos los problemas son ilusiones de la mente.**
«El pasado no tiene poder sobre el momento presente», dice Eckhart Tolle. Creemos que el dolor y el sufrimiento son el resultado de acontecimientos pasados, pero no es así. Lo único que yo tengo es este instante, por tanto, toda mi vida ocurre ahora. Y si empiezo a darme cuenta de que aquello no ocurrió en el pasado sino ahora porque lo estoy recordando y experimentando, puedo transformarlo desde una perspectiva positiva. Cuando conecto mis recuerdos con el momento presente dejan de tener poder porque de-

jan de tener el estatus de hechos, son un recuerdo. Y si es un recuerdo es un pensamiento, y si es un pensamiento soy yo el que lo piensa, y puedo transformarlo. Como me siento ahora es producto de mis pensamientos, y mis pensamientos siempre me pertenecen, yo puedo elegir conscientemente qué pensar.

2. **La causa principal de infelicidad nunca es la situación sino tus pensamientos sobre ella.**
Aunque cueste aceptarlo, *no se cae en depresión, la depresión se crea.* Y se crea con nuestros pensamientos acerca de las situaciones que vivimos. Ante las mismas circunstancias hay personas que se hunden y otras las utilizan como crisis de crecimiento y madurez. Conviene recordar aquí también las palabras de la obra *El guerrero pacífico* de Dan Millman (Sirio, 2013): «Ni tu decepción ni tu cólera son provocadas por la lluvia. La lluvia no es más que una manifestación normal de la naturaleza. Tu decepción a causa de la merienda estropeada y tu alegría al regresar el sol, son ambas fruto de tus pensamientos». Somos responsables de lo que pensamos y de lo que sentimos. Por tanto, si te haces cargo de tu mente, te harás cargo de tu vida y serás libre. Cuando eso ocurre, aprendes a asumir la responsabilidad de todo lo que te ocurre. Creemos que el problema de nuestros males son los demás o el entorno, pero no es así. Lo que vivo procede de mí. Somos esclavos de nosotros mismos. Si soy libre de lo que pienso acerca de ti, puedo escoger qué pensar, y si lo que siento es consecuencia de lo que pienso, yo puedo elegir qué sentir. Lo que genera sufrimiento no es el escenario sino nuestra interpretación del escenario. La vida no es lo que ocurre alrededor, pero eso es lo que creemos y nos sentimos víctimas de la vida. No nos damos cuenta de que la vida nace dentro. Como dice Tolle con clarividencia: «El mayor obstáculo para la "iluminación" es la identificación con la mente. No eres lo que piensas».

3. **Sea lo que sea lo que el momento presente contenga, acéptalo como si lo hubieras elegido.**
Cada momento es un regalo. Todo ocurre tal como debería ocurrir en cada instante. La vida nos pone en el camino las experiencias que más necesitamos para la evolución de nuestra conciencia. ¿Cómo saber si ésta es la experiencia que necesitamos? Porque es la experiencia que estamos viviendo en este momento. Eckhart Tolle escribe: «Algunos cambios parecen negativos en la superficie, pero te darás cuenta de que se está creando espacio en tu vida para que algo nuevo emerja. Lo que una oruga llama el fin del mundo, nosotros lo llamamos mariposa». El reconocimiento y la aceptación de los hechos te dan libertad respecto a ellos. Tolle concluye: «Practica la presencia [ahora], abraza el lugar donde ocurre la vida. La no resistencia es la clave para el mayor poder en el universo». Y añade: «La mayoría de la gente confunde el ahora con lo que ocurre en el ahora, pero son dos cosas distintas. El ahora es más profundo que lo que ocurre en él. Es el espacio en el que ocurren las cosas. Por tanto, no confundas el contenido de este momento con el ahora. El ahora es más profundo que cualquier contenido que surja en él».

4. **Hacerse consciente del momento presente es no-pensar. Hay gente adicta a pensar, a pensar constantemente. Y es una adicción fuerte.**
Casi todos somos capaces de experimentar, aunque sea por un momento muy pequeño del día, lo que significa estar sin pensamiento y al mismo tiempo ser plenamente conscientes. De eso se trata, de reducir los procesos mentales al máximo. Conseguir espacios sin pensamientos en la mente, no inconscientes sino conscientes, pero sin proceso mental. Ser conscientes sin pensar, sin identificarse con el pensamiento, sin dejar que el ruido de la mente nos domine. Las personas que no consiguen esos espacios sin pensa-

mientos, aunque sea a franjas entre dos pensamientos, son personas con problemas psicológicos. La pregunta inmediata es: ¿cómo acallar la mente? ¿Cómo anestesiar todos esos pensamientos? Las personas somos seres de hábitos y los hábitos se construyen por repetición con constancia y paciencia. Es fundamental desarrollar el hábito de no-pensar. Para ello, lo primero de todo es tomar conciencia de que a lo largo del día —como acabamos de comentar— existen esos espacios sin pensamientos aunque sean escasos. A veces se producen cuando estás mirando un árbol, el cielo o las nubes. Después, se trata de buscar esos espacios activamente, en actividades que se hacen normalmente como lavarse las manos, tomar un café o subir en el ascensor, tomando conciencia del acto y del momento sin hacer de ello un medio para un fin sino un fin en sí mismo. El sumatorio de todos estos momentos, que son muchos a lo largo del día, va produciendo un cambio. Todos esos momentos en los que no pensamos, sino que estamos conscientes sin pensar van dando lugar a un estado de conciencia pura. Según Eckhart Tolle, «es más importante tener muchos momentos pequeños durante el día que estar en una meditación de media hora cada día y luego pasarse el día sin tener espacios. —Y añade—: Donde antes habitabas en el tiempo y hacías breves visitas al ahora, ten tu morada en el ahora y haz breves visitas al pasado y al futuro cuando sea necesario para tratar aspectos prácticos de tu situación en la vida».

5. **Tienes mucho que aprender de tus enemigos.**
Eckhart Tolle profundiza: «Las relaciones mismas no son la causa del dolor y de la infelicidad, sino que sacan a la superficie el dolor y la infelicidad que ya están en ti». Cada persona que te encuentras en tu camino es tu maestro. Y tus mayores enemigos, son tus mayores maestros. Los otros no son sino espejos en los que mirarnos. Cuando alguien te

enfada, en el fondo estás reconociendo que lo que dice acerca de ti te importa; y te importa porque en el fondo sabes que es cierto; porque si no fuese cierto no te afectaría en absoluto. El dolor que te provocan los demás no es otra cosa que el dolor (insatisfacción) que tienes contigo mismo. Quizás por eso también Tolle apunta: «Detrás de la ira hay dolor». Detrás de ese enfado con otros lo que estás haciendo es proyectarte. Si las cosas pequeñas tienen el poder de molestarte, entonces quién eres es exactamente eso, pequeño. Y por tanto, te falta trayecto en el «camino de la iluminación».

**6. La palabra «iluminación» evoca la idea de algo sobrehumano, y al ego le gusta verlo así. Sin embargo, es tu estado natural de unión con el Ser. Yo no tengo nada para darte, busca en tu interior.**

A Eckhart Tolle le gusta contar la siguiente historia. Un mendigo había estado sentado a la orilla de un camino durante más de treinta años. Un día pasó por allí un extraño:

—¿Tienes algunas monedas? —le preguntó.

—No tengo nada que darte —respondió el extraño.

—¿Qué es sobre lo que estás sentado?

—Nada, sólo una caja vieja —replicó el mendigo.

—¿Alguna vez has mirado en su interior? —preguntó el extraño.

—No, para qué, no hay nada dentro —replicó el mendigo.

—Echa una ojeada —insistió el extraño.

El mendigo logró entreabrir la tapa y descubrió para su asombro que la caja estaba llena de oro. La «iluminación» es un estado de conexión con algo que siempre estuvo presente, que eres tú en esencia y que, sin embargo, es mucho más grande que tú. Es el encuentro con tu verdadera naturaleza más allá de nombres y formas (pensamientos). La incapacidad de encontrar esta conexión da origen a la ilusión de separación de ti mismo y del mundo que te rodea. Te percibes entonces como un fragmento aislado y surge el temor y el conflicto producto del ego. Los que no han descubierto su verdadera riqueza son mendigos, aun cuando tengan gran riqueza material. Buscan en esa riqueza la validación, la seguridad o el amor, mientras en su interior tienen un tesoro que no sólo incluye todas esas cosas, sino que es infinitamente más grande que cualquier cosa que el mundo pueda ofrecer.

7. **La muerte es un despojo de todo lo que no eres. El secreto de la vida es «morir antes de morir», descubrir que no hay muerte.**
Todo lo que «no eres» es tu ego, esto es, las formas con las que te identificas. Tolle lo explica así: «El ego no es más que eso: la identificación con la forma, es decir, con las formas de pensamiento». A medida que uno va creciendo, va formándose una imagen mental de sí mismo basada en su condicionamiento personal y cultural. A este «yo fantasma» lo llamamos ego. Si te identificas con tu mente (las formas), te pueden atacar y hacer daño. Cuando la realidad no se corresponde con nuestro ideal (la forma mental) se produce una hecatombe. Nos desestabiliza y crea dolor al haber un conflicto entre la creación mental (forma) y lo que ocurre en el momento. Eckhart Tolle escribe: «La identificación con tu mente crea una pantalla opaca de conceptos, etiquetas, imágenes, palabras, juicios y definiciones que bloquea toda relación verdadera. Se interpone entre usted y su propio yo, entre usted y su prójimo, entre usted y la naturaleza, entre usted y dios». La idea que hay detrás de «morir antes de morir» significa tirar abajo las estructuras que han dado forma a nuestra existencia sustentadas por los pensamientos formados. Si tan sólo nos limitáramos a observarlos y a convertirnos en testigos de ellos, ya estaríamos dando un paso de gigante hacia la iluminación. Si no

te identificas con la forma (pensamientos), lo que queda es lo eterno que no tiene forma; y como dice Eckhart Tolle, «entrar en eso conscientemente es encontrar la muerte antes de que la muerte te encuentre a ti; y si entras ya en la dimensión que no tiene forma y has entrado en la muerte, te das cuenta de que lo que llamamos muerte en realidad es la vida, es la vida sin forma. La muerte física es solamente la disolución de la forma y queda la vida, la "vida eterna". Por eso, la muerte, incluso la de alguien querido, es siempre una posibilidad de realización espiritual. Detrás de cada muerte se esconde la gracia».

8. **Toda adicción surge de una negativa inconsciente a enfrentar el dolor y salir de él. No importa a qué sustancia sea usted adicto: alcohol, comida, drogas o una persona. Usted está usando algo o a alguien para ocultar su dolor.** Toda adicción es una forma de huida para no enfrentar la realidad. Y el problema es que la huida alivia, pero no cura. Hacer como si el dolor se hubiera ido sólo empeora su castigo cuando vuelve, lo que sin duda hará y de forma más virulenta, si la causa no se ha eliminado. Jiddu Krisnamurti decía: «Huir del temor es sólo acrecentarlo». Lo relevante es que ese dolor procede de la interpretación que damos del mundo, es decir, de nuestros pensamientos (creaciones mentales), del conflicto entre cómo es la realidad y cómo creemos que debería ser. Nada puede hacerte daño sin tu consentimiento. Eres tú y sólo tú quien creas esos pensamientos en tu mente que te destruyen y hacen daño. El mayor enemigo para superar cualquier adicción es la negación de la realidad, es decir, la no aceptación. Sólo abandonando la resistencia, y tomando conciencia de que tú no eres tus pensamientos (tu ego), puedes descubrir tu invulnerabilidad al entorno y a los demás, y que ese dolor no sea dolor.

9. **No busques la felicidad. Si la buscas, no la encontrarás, porque buscarla es la antítesis de la felicidad.**
   ¿Qué es la felicidad? La felicidad es Ahora, porque no existe otro momento fuera del Ahora, y no estar aquí —en este instante— es estar en ningún sitio. Por tanto, la felicidad consiste en estar plenamente consciente en el momento presente. Además, sólo creando un buen presente se puede crear un buen futuro, ya que éste no es sino el resultado de la sucesión de todos los momentos presentes. El poder para crear un futuro mejor siempre se encuentra disponible en el presente. Eckhart Tolle nos deja algunas reflexiones interesantes al respecto: «La preocupación aparenta ser necesaria, pero no sirve a ningún propósito útil». La única preocupación debería ser estar imbuido en el presente: «Simplemente, sé y disfruta siendo. Si estás presente no tienes ninguna necesidad de esperar». También nos dice: «Cuando entras en el ahora, sales del contenido de tu mente. La corriente incesante de pensamientos se apacigua». Finalmente: «No te preocupes por el fruto de tus acciones, mantente atento a la acción misma. El fruto ya vendrá cuando corresponda».

10. **En lugar de preguntarte «¿qué es lo que quiero de la vida?», una pregunta más poderosa es «¿qué quiere de mí la vida?».**
    El planteamiento es diametralmente opuesto a cómo lo afrontan la mayoría de personas. La felicidad (éxito) está muy relacionada con tener una vocación clara unida a un propósito —mezcla de pasión y contribución— y luego estar al ciento por ciento inmersos en el presente. Quienes se plantean la vida así están mejor enfocados. James Champy revela en su libro *Ambición: los secretos de los grandes líderes* (Gestión 2000, 2001), que las habilidades de líderes como Ted Turner, Michael Dell o Jack Welch son menos importantes que el hecho de que todos ellos poseen una vocación clara que los motiva en todo lo que hacen, que deriva en un

gran compromiso que les lleva a dar lo mejor de sí mismos. También Harold Kushner en *Cuando a la gente buena le pasan cosas malas* (Los Libros del Comienzo, 2008) escribe: «Nuestras almas no están hambrientas de fama, confort, riqueza o poder. Estas recompensas crean casi tantos problemas como resuelven. Nuestras almas están hambrientas de significado, de saber cómo vivir para que el mundo sea por lo menos un poco distinto tras haber pasado nosotros por él».

# ELEANOR ROOSEVELT

Eleanor Roosevelt (1884-1962) fue una diplomática y activista estadounidense por los derechos humanos. Fue la primera dama del presidente de Estados Unidos, Franklin Delano Roosevelt, quien llegaría al poder en 1933 y con quien se casó en 1905. En un tiempo en el que la mujer ejercía un papel relativamente reducido en la vida pública, Eleanor Roosevelt dio más de trescientas conferencias y participó en multitud de actos políticos en defensa de los derechos femeninos –sobre todo de las mujeres afroamericanas– y de los derechos civiles en general. La columna *My Day* en prensa fue testigo de sus pensamientos y opiniones como reivindicación de los más desfavorecidos. Harry Truman, presidente de Estados Unidos entre 1945 y 1953, se refirió a ella como la «primera dama del mundo», en honor a sus numerosos viajes para promover los Derechos Humanos. Tras la segunda guerra mundial participó en la formulación de la Declaración Universal de los Derechos Humanos de las Naciones Unidas. Hasta su muerte en 1962 permaneció en activo participando en múltiples actos de la vida política. Está considerada como una de las líderes que más ha influido en el siglo XX. Escribió cuatro libros en los que plasmó su vida, ideas y pensamientos en favor de los demás.

1. **Ganamos fuerza, coraje y confianza a través de cada experiencia en la que nos paramos a mirar al miedo a la cara. Debemos hacer lo que creemos que no podemos.** La periodista estadounidense Joy Browne lo resumía así de bien: «El simple hecho de intentar algo (sólo estar ahí) es hacernos más valientes. La autoestima consiste en hacer».

Cuando no haces por miedo, no sólo no consigues —sin acción no hay resultados— sino que además te frustras y te resignas, con las consecuencias que ello supone. Roosevelt señalaba: «Lo que no haces puede ser una fuerza destructiva». Muy destructiva, diríamos. Los miedos que no afrontas te hacen suyos y te van arrinconando poco a poco. No pienses, haz. La gente quiere cambiar su vida pero no quiere cambiar de vida, y eso no es posible. Toda nuestra existencia, desde que nacemos hasta que morimos, consiste en superar miedos, eso es lo que nos hace crecer. Por tanto, debemos afrontar los miedos como retos, como impulsos para superarnos. Sólo porque sientas miedo no significa que no lo puedas hacer. Hazlo con miedo.

2. **Para manejarte a ti mismo, usa tu cabeza; para manejar a otros, usa tu corazón.**
Pocas veces nos ganamos la confianza de los demás apelando a cuestiones técnicas o racionales sino más bien a cuestiones emocionales y afectivas. Napoleón atribuía la mitad de su genio como general al hecho de que era capaz de calcular con exactitud cuánto tiempo llevaría transportar una manada de elefantes desde El Cairo hasta París. La otra mitad, a que podía convencer a cientos de miles de individuos de que renunciaran a sus vidas para que lo ayudaran en su causa. Algo parecido fue lo que hizo el explorador Ernest Shackleton para reclutar marineros en su expedición a la Antártida a principios del siglo XX. El anuncio publicado en prensa en 1914 decía: «Se buscan hombres para un viaje peligroso. Sueldo bajo. Frío extremo. Largos meses de completa oscuridad. Peligro constante. No se asegura retorno con vida. Honor y reconocimiento en caso de éxito». Al día siguiente se presentaron cinco mil personas a la entrevista. En cualquier empresa (causa), hay que saber de cuestiones técnicas y de seres humanos. Y los seres humanos somos seres emocionales. Detrás de cualquier acto hay

una emoción que lo promueve. «Sin emoción no hay proyecto», nos recuerda Eduardo Punset.

3. **Lo que uno tiene que hacer normalmente se puede hacer.** Rara vez (nunca) la vida nos pone delante de desafíos para los que no estamos preparados y de los que no podemos salir airosos. Siempre existe una posibilidad, otra cosa es que no asumamos nuestra responsabilidad o que nos despistemos con cuestiones que nos alejan de nuestro objetivo. Algunos de esos errores tienen que ver con la pereza que nos lleva al inmovilismo; la impaciencia que nos lleva al desánimo; o la falta de fe que nos lleva a abandonar. La activista estadounidense decía con sencillez: «En cuanto a logros, sólo hice lo que tenía que hacer a medida que las cosas fueron viniendo». La conclusión está clara: da el paso y preocúpate en cada momento de lo que tienes que hacer, sólo de eso y hazlo con excelencia. Alvin Toffler lo resumió así: «Tienes que pensar en las grandes cosas mientras haces las pequeñas, a fin de que éstas vayan en la dirección correcta».

4. **Cuando la vida es demasiado fácil, debemos tener cuidado o puede que no estemos preparados para afrontar los vientos que tarde o temprano llegan a todos.** Intoxicarse de comodidad suele pasar factura, sobre todo cuando ya se tiene una cierta edad y hay menos margen de maniobra. Nuestra vida es el resultado de nuestros hábitos, y cuanto antes se empiecen a cultivar hábitos estimulantes, antes se contará con un carácter más atractivo y sólido para hacer frente a lo que venga. Por eso, los padres siempre deben ser exigentes con sus hijos, para inculcar en ellos hábitos tales como la disciplina, la responsabilidad o la paciencia, ya que es a esas edades tempranas cuando mejor se trabajan e interiorizan las actitudes que dan forma e identidad a nuestra vida. En el diálogo de *La República*, el filósofo Platón recoge las palabras de Sócrates: «¿Te das cuenta

de que lo más importante es siempre el comienzo de cualquier cosa, especialmente en el caso de que sea a la vez joven y tierno? Pues es entonces principalmente cuando toma forma y adquiere la modelación que se quiere imprimir en ello».

5. **Es mejor encender una vela que maldecir la oscuridad.** Antes o después, la oscuridad planea por nuestras vidas, pero es importante no olvidar jamás que todos venimos preparados a este mundo para afrontar los desafíos de la vida. Todos tenemos recursos emocionales que olvidamos o que ni siquiera somos conscientes de ellos. Hay que identificarlos y utilizarlos. Además, con cada obstáculo que superas creces un poco y te vuelves más fuerte. Si el éxito hubiese que resumirlo en una única palabra, esa palabra sería «autorresponsabilidad». No huyas de tu vida. Autorresponsabilidad es poner el foco en uno mismo y no en las condiciones externas; no significa que todo dependa de uno —hay factores incontrolables— pero sí que uno nunca va a perder de vista su objetivo y va a encontrar alternativas para seguir avanzando. El éxito siempre es el resultado de cómo ejercemos nuestra libertad individual, una libertad que se expresa a través de nuestras decisiones, luchando por salir adelante o cayendo en la queja, las excusas y las culpas que conducen al estancamiento. Roosevelt apunta: «La libertad obliga a una gran exigencia de cada ser humano. Con la libertad viene la responsabilidad. Para la persona que no está dispuesta a crecer, la persona que no quiere llevar su propio peso, ésta es una perspectiva aterradora. —Y concluye—: A la larga, damos forma a nuestras vidas y damos forma a nosotros mismos. El proceso nunca termina hasta que morimos. Y las decisiones que tomamos son en última instancia nuestra propia responsabilidad».

6. **No te preocuparías tanto por lo que otros piensan de ti si te dieses cuenta de lo poco que lo hacen.**
A la gente lo que le preocupa es pagar sus facturas, su familia y amigos, y su ocio. Y sí, de vez en cuando dan un poco de cera a quienes no están delante, ya sean conocidos, políticos, deportistas o compañeros de trabajo. Pero no les va la vida en ello, salvo que estén en juego cuestiones personales, simplemente forma parte de la condición humana. Por tanto, no le des demasiada importancia a lo que otros dicen de ti, y aunque te lleguen ecos de que te ponen de vuelta y media, las críticas son aire. Una crítica es nada, una simple opinión. Lo que te hace daño es tu interpretación a esa crítica, tu discurso mental a lo que otra persona dice de ti. Eleanor Roosevelt apuntaba con gran agudeza: «Nadie te puede hacer sentir inferior sin tu consentimiento». Y añadía: «Haz lo que sientes en tu corazón que es correcto, porque serás criticado de cualquier forma. Serás condenado si lo haces, y condenado si no lo haces».

7. **La vida se hizo para vivirla, y la curiosidad debe mantenerse viva. Uno nunca debe, por cualquier motivo, dar la espalda a la vida.**
Cuando la curiosidad, las ganas de aprender y descubrir cosas nuevas se marchita, la vida empieza a convertirse en una losa. Dar la espalda a la vida, creer que uno está de vuelta de todo, nos conduce a un cierto pesimismo vital. La capacidad de asombrarse y entusiasmarse son signos de inteligencia y vitalidad. Es tanto lo que hay que aprender y tanto lo que hay por disfrutar, que perder la ilusión no parece muy inteligente. Nunca hay que dejar morir al niño que todos llevamos dentro. La seriedad nos vuelve tristes. Eleanor Roosevelt también decía: «El propósito de la vida es vivirla, saborear la experiencia al máximo, entusiasmarse sin temor por experiencias más nuevas y ricas. —Y añadía—: No dejes de pensar en la vida como una aventura. No tienes ninguna

seguridad al menos que puedas vivir con valentía, emoción, imaginación; al menos que puedas elegir un desafío».

8. **El odio y la fuerza no pueden estar en una parte del mundo sin tener un efecto sobre el resto.**
Y tampoco su contrario, el amor. De una u otra manera, todo está cosido y unido a través de una especie de red invisible. El universo es un campo de energía en el que todos estamos inmersos y conectados: todos somos uno y cada uno somos todos. Podríamos decir que cada persona es un iceberg (agua helada) que flota sobre el agua. Si ese iceberg (agua helada) se disolviese sería lo mismo sobre lo que flota, es decir, agua. Hay una esencia que nos une a todas las personas. Todo lo que hacemos en sus diferentes formas —pensamientos, palabras, gestos o miradas— tiene una proyección en esa red invisible. El mundo es lo que es porque nosotros hemos decidido que así sea. Tampoco subestimes el poder de las pequeñas acciones, aquellas que produces en tu círculo de influencia, porque lo pequeño con constancia y paciencia acaba convirtiéndose en algo grande. Grandes empresas comenzaron en un garaje y grandes revoluciones se iniciaron con un grupo reducido de personas. La gota de agua perfora la roca, no por su fuerza, sino por su constancia. Siempre tenemos en nuestras manos el poder de cambiar el mundo.

9. **No necesitamos más *vacaciones*, necesitamos más *vocación*.**
El clásico personaje de Mafalda dice en una de sus intervenciones: «Trabajar para ganarse la vida está bien, pero ¿por qué esa vida que uno se gana trabajando tiene que ser desperdiciada para ganarse la vida?». No se puede resumir mejor. No te conformes con un trabajo o con una profesión. Busca algo que te llame. Y si no lo has encontrado, sigue buscando. Cuando lo encuentres, brillarás y harás mejor la vida de los demás gracias a tu trabajo. Una voca-

ción es aquello que combina pasión y contribución. La pasión hace que disfrutemos; la contribución hace que seamos felices. Y ambas cosas, además, nos llevan al éxito, a conseguir lo que queremos. Todos deberíamos encontrar nuestro *Ikigai* —palabra tradicional japonesa— que hace referencia a aquello que hace levantarnos por la mañana con fuerza, algo así como nuestro propósito vital. Para los japoneses el *Ikigai* es el secreto de la felicidad para vivir más y mejor. Robin Sharma, autor de *Éxito* (Debolsillo, 2010), escribe: «El secreto de la felicidad es simple: averigua que es lo que te gusta y dirige todas tus energías en esa dirección».

**10. Mi experiencia ha sido que el trabajo es casi la mejor manera de empujarse a sí mismo fuera de las profundidades.**

Los golpes de la vida son inevitables, siempre acaban llegando. Cuando eso ocurre, es fácil entrar en un estado de tristeza que hay que controlar para que no se nos vaya de las manos. La mejor manera de tener una cierta actitud (positiva) es poniéndose a la tarea. No puedes esperar a sentirte bien para actuar (cosa muy común), eso es garantizar la inacción. Actúa y tu actitud cambiará. La acción crea inercia positiva en nuestra vida. Un dicho estadounidense sentencia: *Overthinking leads to negative thoughts* («Pensar demasiado lleva a los pensamientos negativos»). La mente es muy traicionera y hay que evitar que nos juegue malas pasadas. Una de las mejores formas para que eso no ocurra es estar en movimiento, porque cuando estamos trabajando la mente está ocupada y no se despista con otros temas menores. Además, si es posible trabajar en una causa a favor de terceros, mucho mejor. Entregarnos hacia los demás nos hace sentirnos útiles y eso mejora nuestra actitud. Nick Vujicic, al que tendremos aquí más adelante, decía: «Regala esperanza cuando a ti más falta te haga. A veces la mejor forma de salir de un bache es tratar de mejorar la existencia de otros».

# ELISABETH KÜBLER-ROSS

Elisabeth Kübler-Ross (1926-2004) fue una psiquiatra suizo-estadounidense que se licenció en la Universidad de Zúrich y desarrolló sus investigaciones en Estados Unidos. Fue una de las mayores expertas mundiales en cuestiones relativas a la muerte, personas moribundas y cuidados paliativos. Propone que se afronte la muerte con serenidad e incluso con alegría. En sus libros comparte las observaciones que durante muchos años pudo realizar al acompañar a enfermos terminales. Estudió en profundidad los procesos de duelo y gracias a su trabajo muchos moribundos han mejorado su calidad de vida en sus últimos días, y sus familiares y personas del entorno han aprendido cómo apoyar al enfermo y también a gestionar el dolor por su pérdida. Las conclusiones de sus investigaciones están plasmadas en numerosos libros que escribió, entre los que destacan: *Vivir hasta despedirnos* (Luciérnaga, 2018), *Conferencias. Morir es de vital importancia* (Ediciones Luciérnaga, 2015) o *Lecciones de vida* (Ediciones Luciérnaga, 2013). La doctora Elisabeth Kübler-Ross recibió 23 doctorados honoríficos y multitud de reconocimientos.

1. **Las personas más bellas que he conocido son aquellas que han conocido la derrota, el sufrimiento, la lucha, la pérdida, y han encontrado su manera de salir de las profundidades. Las personas bellas no suceden por casualidad.**
   Elisabeth Kübler-Ross nos da más datos. «Estas personas tienen una gratitud, sensibilidad y comprensión de la vida que los llena con compasión, dulzura, y una preocupación amorosa. —La psiquiatra insiste—: Tú no vas a crecer si te sientas en un hermoso jardín de flores, pero crecerás si estás

enfermo, si tienes dolor, si experimentas pérdidas, y si no te escondes bajo la tierra, tomando el dolor como un don para ti con un propósito muy específico.» También hay belleza en las caídas. El dolor bien digerido forma y esculpe personalidades más atractivas e integradas en la sociedad. El dolor asumido con madurez desarrolla la compasión hacia los demás y nos hace estar más receptivos y abiertos a todos, y también, por supuesto, a uno mismo, a aceptarnos y querernos como somos. Ella misma decía: «Si proteges el cañón de la tempestad, nunca podrás ver la belleza de sus formas». Y otra perla más: «Las personas son como las vidrieras, brillan cuando el sol está afuera, pero cuando la noche se instala su verdadera belleza se revela sólo si hay una luz desde dentro».

2. **Todos convivimos con la posibilidad de la muerte, pero para los moribundos se trata de una certeza. ¿Qué hacen con esa conciencia intensificada? Se arriesgan más porque ya no tienen nada que perder.**
El miedo nace del ego, de ese personaje que confunde lo que soy (esencia), con tres cosas: lo que tengo (dinero), lo que hago (trabajo) o lo que me valoran (reconocimiento). Cuando el ego desaparece, porque tomas conciencia de que tú eres digno con independencia de los abalorios y lentejuelas que te adornan, entonces el miedo se diluye. No hay nada que temer porque tampoco hay nada que perder. Tu valor como persona es independiente de cualquier realidad externa. Tu valor te pertenece porque es ajeno a las valoraciones u opiniones de otros. Kübler-Ross precisa: «Los pacientes que están al borde de la muerte dicen que han descubierto una increíble felicidad al comprender que no hay nada que temer, nada que perder. Es el miedo en sí lo que nos produce tanta desdicha en la vida. El miedo usa muchos disfraces: ira, protección, autosuficiencia. Debemos convertir el miedo en sabiduría».

3. **La muerte es una gran fuerza creativa. El más alto de los valores espirituales de la vida puede originarse a partir de la reflexión y el estudio de la muerte.**
La muerte nos enseña a vivir. «Los que aprendieron a conocer la muerte —dice Kübler-Ross— se convierten en nuestros maestros acerca de la vida.» Parece paradójico, pero así es. Eso es lo que nos transmiten los moribundos, cuáles son las claves de la vida. Ella misma señala: «Los moribundos siempre han sido maestros de grandes lecciones, porque cuando nos vemos empujados hacia el final de la vida es cuando la vemos con mayor claridad. Al compartir con nosotros sus lecciones, los moribundos nos enseñan mucho sobre el inmenso valor de la vida en sí». Nos recuerdan hacia dónde mirar y dirigirnos; a no perder el tiempo en cuestiones secundarias; y a poner el foco en lo importante. La psiquiatra escribe: «Los que han estado técnicamente muertos y han vuelto a la vida nos transmiten algunas lecciones claras y sencillas. Primero, aseguran haber perdido el miedo a la muerte. Segundo, dicen que ahora saben que la muerte sólo es desechar un cuerpo físico, muy semejante a quitarse un conjunto de ropas que ya no son necesarias. Tercero, recuerdan haber tenido una profunda sensación de integridad, de haberse sentido conectados con todo y con todos. Finalmente, nos cuentan que nunca estuvieron solos, que alguien estaba con ellos».

4. **La culpabilidad es quizás el más doloroso compañero de la muerte.**
Porque no hay posibilidad de volver al pasado, y por tanto, no hay posibilidad de modificarlo. Lo que no se hizo en su momento, ya no se puede hacer. Y eso duele. El arrepentimiento intensifica el dolor. La cercanía a la muerte nos permite estar más sensibles a las verdades de la vida. Esa sensibilidad permite distinguir lo esencial de lo accesorio. ¿Y cuáles son los arrepentimientos más comunes? Bronnie Ware es una

escritora australiana que trabajó durante muchos años en cuidados paliativos. Según escribe, las cinco lamentaciones más habituales antes de morir son:

- Primera. Ojalá hubiera sido valiente para vivir la vida que deseaba y no la que otras personas habían preparado para mí.
- Segunda. No debía haberle dedicado tanto tiempo al trabajo sino a mi familia.
- Tercera. Me gustaría haber mostrado más abiertamente mis sentimientos.
- Cuarta. No debería haber perdido la relación con los viejos amigos, me hubiera gustado estar más en contacto con ellos.
- Quinta. Tenía que haberme permitido a mí mismo ser más feliz.

La vida siempre nos pone delante señales para no dejar las cosas para el final. Es nuestra responsabilidad prestarles atención o mirar para otro lado. Kübler-Ross concluye: «A lo largo de la vida tenemos pistas que nos recuerdan la dirección a la que se supone debemos dirigirnos. Si te mantienes enfocado, entonces aprenderás las lecciones».

5. **Cuando usted aprende sus lecciones, el dolor desaparece.** El dolor existe —y persiste— por la resistencia a no aceptar lo que es. Además, es prolongar una realidad cuyas consecuencias son inevitables. Dicho con otras palabras: el agua de la presa que no se le da salida acaba desbordándose. Conviene recordar a Jung: «Lo que niegas, te somete; lo que aceptas, te transforma». Pero todo dolor está ahí para enseñarnos algo que necesitamos aprender. No es *casualidad* sino *causalidad*. También Kübler-Ross nos precisa en este punto lo siguiente: «No hay errores, ni coincidencias, todos los eventos son bendiciones dadas a nosotros para aprender. Aprende a ponerte en contacto con el silencio dentro de ti mismo y saber que todo en esta vida tiene un

propósito». La vida acostumbra a enseñarnos las lecciones que necesitamos aprender para crecer y aumentar nuestra conciencia.

6. **Cuando hemos vivido realmente nuestra vida, no queremos vivirla de nuevo. Es la vida que no hemos vivido la que lamentamos.**
«En nuestro corazón —dice Kübler-Ross— sabemos que nuestro destino es vivir intensamente, amar plenamente y tener grandes aventuras. Tal vez el sentimiento esté enterrado en lo más profundo de nosotros pero ahí está, esperando ser sacado por una acción o un acontecimiento, tal vez una palabra de alguien.» También apunta: «En lo más profundo, todos sabemos que hay alguien que estamos destinados a ser. Y podemos sentir cuándo nos vamos convirtiendo en ese alguien. Lo contrario también es verdad: sabemos cuándo algo no encaja y no somos la persona que estábamos destinados a ser». ¿Cómo saber si estamos conectados o no a la vida? Muy sencillo: prestando atención a cómo nos sentimos en cada momento. Si tus sentimientos son de incomodidad, intranquilidad, desazón o vacío, es que hay algo que no marcha; si tus sentimientos son lo contrario —de tranquilidad, alegría y de estar a gusto—, es que las cosas van bien. Y eso sólo es posible cuando se actúa desde la autenticidad, desde lo que uno piensa y siente. Vivir de cara a la galería sólo genera frustración interior aunque no lo parezca a la vista de los demás: «Todo lo que hacemos debemos hacerlo porque nos produce alegría y paz, desde el trabajo que tenemos hasta la ropa que usamos. Si hacemos algo para aparentar respetabilidad a los ojos de los demás, no estamos viendo el valor que hay en nosotros. Es sorprendente hasta qué punto vivimos mucho más por lo que deberíamos hacer que por lo que queremos hacer».

7. **Puesto que los asuntos inacabados son el mayor problema en la vida, también es el tema principal que abordamos cuando nos enfrentamos a la muerte.**
La psiquiatra sigue disertando sobre este tema de enorme importancia para todos: «Muchos de nosotros dejamos la vida con una gran cantidad de asuntos inacabados. Cuando hablamos de aprender nuestras lecciones, estamos hablando de deshacernos de asuntos inacabados». Los asuntos inacabados tienen que ver con las conversaciones pendientes; con los sentimientos no expresados; con los perdones no dichos (aceptados); con los riesgos no tomados por miedo; con los rencores acumulados; con la falta de tiempo para estar con quienes son importantes para nosotros; con la ausencia de silencio para no reunirnos a solas con nosotros mismos. Vivir es sólo para personas valientes, y ser valientes es, precisamente, afrontar los asuntos inacabados. Kübler-Ross concluye: «Sí, he tenido una buena vida pero ¿he sacado tiempo para vivir de verdad? Hay muchas personas que han existido, pero que realmente nunca vivieron. Y gastaron cantidades inmensas de energía en mantener ocultos sus asuntos inacabados».

8. **Éste es uno de los propósitos para los que sirve la pérdida en la vida: nos une. Nos ayuda a comprender a los demás de un modo más profundo.**
La pérdida de alguien cercano nos hace estar más sensibles, y por tanto, más abiertos a las verdades de la vida. Una de esas verdades es que no somos entes aislados, sino que los demás —de manera más o menos directa— también forman parte de nosotros y tienen similares anhelos, miedos, necesidades y carencias de diversa índole. Kübler-Ross escribe: «La muerte nos conecta con los otros como ninguna otra lección de vida podría hacerlo. Cuando nos une la experiencia de la pérdida, nos preocupamos por los demás y los percibimos de un modo nuevo y más profundo». Asi-

mismo señala sobre esta cuestión: «Cuando experimentamos una pérdida también experimentamos que los que amamos —y algunas veces incluso a los extraños— cuidan de nosotros en tiempos de necesidad. La pérdida es un agujero en el corazón, pero es un agujero que inspira amor y puede contener el amor de los demás. En muchos aspectos, si la vida es una escuela, la pérdida es una parte importante del currículum».

9. **Es sólo cuando comprendemos que tenemos un tiempo limitado —y que no tenemos forma de saber cuándo llegará— cuando vamos a empezar a vivir cada día al máximo, como si se tratara de la única vida que hemos tenido.**
La psiquiatra profundiza en esta cuestión: «A la larga perdemos todo lo que poseemos, nuestras casas, coches, empleos, dinero, nuestra juventud e incluso seres queridos. Sólo los tenemos en préstamo. Pero la aceptación de esta verdad no tiene por qué entristecernos. Por el contrario, puede proporcionarnos la capacidad de valorar mejor la infinidad de experiencias y cosas maravillosas que tenemos durante el tiempo que permanecemos aquí». Eso es lo que enseña la muerte, a vivir. Y añade: «No tendrás otra vida como ésta. Nunca volverás a desempeñar este papel y experimentar esta vida tal como se te ha dado. Nunca volverás a experimentar el mundo como en esta vida, en esta serie de circunstancias concretas, con estos padres, hijos y familiares. Nunca tendrás los mismos amigos otra vez. Nunca experimentarás de nuevo la Tierra en este tiempo con todas sus maravillas. No esperes para echar una última mirada al océano, al cielo, las estrellas o a un ser querido. Ve a verlo ahora». La conclusión es obvia: vive cada momento con intensidad, estés donde estés y con quien estés. Dale vida a la vida.

**10. La lección final que todos tenemos que aprender es la del amor incondicional, que incluye no sólo a otros sino también a nosotros mismos.**

Vivimos siempre con demasiadas expectativas sobre los demás. Vertemos en otras personas lo que creemos que deberían ser y eso nos aleja de ellos: «Nos han enseñado bien el "amor condicional", pero sólo podemos encontrar paz y felicidad en el amor cuando eliminamos las condiciones que ponemos a nuestro amor por los demás. Y generalmente a los que más amamos les imponemos las peores condiciones». ¿Y cómo podríamos hacernos una idea acerca del «amor incondicional»? Así lo explica Kübler-Ross: «Una de las pocas áreas donde realmente podemos encontrar "amor incondicional" es en nuestros hijos cuando son muy jóvenes. No les importa nuestro tiempo, nuestro dinero o nuestros logros. Simplemente nos aman. A la larga les enseñamos a poner condiciones a su amor cuando los recompensamos por sonreír, por obtener buenas calificaciones, y por ser lo que queremos que sean. Pero, aun así, podemos aprender mucho del modo en que los niños nos aman. Si amáramos a nuestros hijos un poco más incondicionalmente, durante un poco más de tiempo, tal vez crearíamos un mundo muy diferente para vivir».

# GARY VAYNERCHUK

Gary Vaynerchuk (1975) es un empresario estadounidense de origen bielorruso. Trabajaba en la tienda de vinos de su padre cuando decidió aprovechar internet para expandir el negocio a través de <WineLibraryTV.com> pasando a facturar de 1 a 60 millones de dólares al año en apenas cinco años. Su experiencia en el mundo online le llevó a crear VaynerMedia y VaynerX y aplicar sus conocimientos como consultor en social media y marketing digital a clientes como PepsiCo y Campbell, entre otros. También es un activo inversor-asesor en startups como Uber, Birchbox, Snapchat, Facebook o Twitter. Es conferenciante habitual en foros de emprendimiento, tecnología y negocios online, y autor de dos libros de referencia como son *Crush it! y The Thank You Economy* («Economía de muchas gracias») que han sido bestsellers en la lista de *The New York Times* y *The Wall Street Journal.*

1. **Más contacto significa más maneras de compartir información. En resumen, más boca a boca.**
   Y más boca a boca significa llegar a más gente, y llegar a más gente significa más probabilidades de que te compren. En cualquier tipo de negocio, y más aún en los negocios online, el volumen (masa crítica) es muy importante. Evidentemente, no se trata sólo de armar ruido sino de que te presten atención. Armar ruido por armar ruido no garantiza por sí mismo que los demás se fijen en ti. La clave está en conectar con las personas y ello pasa por conocer muy bien a nuestro *target*. Eso sólo está a nuestro alcance mostrando empatía por nuestro público e interactuando y preo-

cupándose por las personas que hay detrás. Tú no importas, importan tus clientes y sus necesidades. Estar por estar en redes sociales —Twitter, Instagram, Facebook o LinkedIn, entre otras— no es suficiente para ser efectivos. Dicho esto, si estás en medios sociales y te preocupas por tus destinatarios, cuanto más volumen de interacción, mejor, porque las posibilidades de compra se incrementan.

2. **Si quieres hacer algo para el resto de tu vida, no abandones a los cuatro meses. Sé tan paciente como ambicioso.** Muchas personas aseguran que «darían la vida» por su sueño, pero cuando uno observa cómo se comportan, se ve que su compromiso con esa causa no es tal. Mucho ruido y pocas nueces. Ningún reto ambicioso es *peccata minuta*. Eso quiere decir que hay que echar el resto hasta consolidar. No basta tener una buena idea y luego ofrecer un buen producto o servicio. Uno tiene éxito cuando el mercado te valida, cuando la marca está asentada en el mercado. Y construir una marca no se hace de un día para otro. Los procesos de generación de marca suelen ser lentos. Eso sí, cuando se consigue, todo va a otro ritmo, porque las personas, ante todo, compran marca. La buena fama vende. La gente, cuando toma una decisión de compra quiere estar segura de que lo que se les ofrece es lo que realmente necesita. Y la mejor manera de disipar cualquier desconfianza es contar con una marca consolidada. Esto exige constancia —trabajar cada día en una cierta dirección— y paciencia —hasta que hay una masa crítica de mercado que te reconoce— para ser un referente en un sector o industria. Robert Kiyosaki, inversor en bienes raíces, dice: «Comprometerse con uno mismo es la primera condición para el éxito. Si tiene un sueño dedíquese los años que sean necesarios para cumplirlo».

**3. Vuestros abuelos harían hoy mucho mejores negocios que vosotros.**

Aunque Gary Vaynerchuk es conocido como empresario en el mundo de internet, su ventaja competitiva se basa en las relaciones humanas y en la atención al cliente. Se apoya en la tecnología para volver a utilizar patrones clásicos, comportamientos que hacían que los negocios funcionasen un siglo atrás: «Ellos [los abuelos] se preocupaban por los contactos, prestaban mucha atención a la gente. Habría que volver a la economía del "Muchas Gracias", de las relaciones». Diríamos que el éxito de Vaynerchuk es que es un estudioso del comportamiento humano. Cuando te preocupas por los demás, la gente responde positivamente; cuando ignoras a los demás, ellos te ignoran a ti: «La razón por la que amamos a nuestros padres es porque nos amaron primero. Todas las empresas deberían tomar como referencia este consejo». Es fundamental ponerse en el otro lugar del mostrador, sabiendo siempre que quienes compran nuestros productos y servicios son personas, y como tales, les gusta sentirse especiales, únicos y bien atendidos. En definitiva, que te preocupas por ellos y te importan.

**4. En las próximas veinticuatro horas alguien te va a recomendar algo y eso te va a influir.**

Internet es uno de los grandes cambios en la historia y apenas tiene dos décadas de existencia a gran escala. Ha cambiado la forma en que nos expresamos y nos comunicamos. Nadie decía hace veinte años por teléfono que le gustaba el helado de chocolate. Hoy eso, y otras muchas cosas, se comunican por redes sociales. Es más, a la hora de buscar recomendaciones existe una «inteligencia social» que muchas veces es más precisa que la de cualquier experto de manera individual. Gary Vaynerchuk cuenta la siguiente anécdota a modo de ejemplo: «Hace unos días estaba en un cine. Delante de mí había un anciano de al menos cien años esperando en la cola de la taquilla sin saber qué película iba a ver. Sacó un *smartphone*, abrió TweetDeck y escribió algo. Dos minutos después volvió a consultar su teléfono y le dijo a su mujer que verían *La Red Social*. Ésa es la manera en que las recomendaciones dictan dónde gastamos nuestro dinero».

5. **Atención al cliente no es dar un servicio, es anticiparse.** Ésa es la verdadera atención al cliente. El fundador de <Wine library.com> cuenta una anécdota para explicar su concepto de «Economía de Muchas Gracias» (*The Thank You Economy*): «Un cliente nos compró una botella de vino de diez dólares. Miré en sus cuentas de redes sociales y vi que le gustaba mucho una banda de música independiente. Fui a eBay y compré un póster de 170 dólares de esa banda y se lo envié. Ni siquiera sé si ese cliente volvió a comprarnos vino. Lo que sí sé es que un amigo suyo hizo un pedido de 300 dólares por recomendación suya». Lo peor es ignorar a la gente, tratar a todos de la misma manera y reaccionar —a menudo, tarde— en lugar de ser proactivos. Dar primero y de manera inesperada es una de las mejores formas de fidelizar. Un cliente satisfecho es más leal, compra más, habla más favorablemente de los productos y servicios, presta menos atención a los competidores y es menos sensible al precio.

6. **El cambio ocurre aunque no nos demos cuenta. Si no estáis cerca de la gente e interactuáis con ella, el mundo cambiará y os pillará fuera.** No se puede vivir de espaldas a la realidad. Por eso, para anticiparse —quien da primero suele dar dos veces— es fundamental estar muy pegado al mercado y saber qué es lo que se cuece y por dónde van las tendencias, para poder poner los pies en el futuro antes de que éste llegue, y que cuando así ocurra estemos preparados. Hawkers, por ejemplo, es una empresa que supo anticiparse y hacer de la pu-

blicidad en Facebook —cuando su coste era reducido— su mejor arma para llegar a un público masivo. Hoy día la publicidad en Facebook es cada vez más cara y seguirá subiendo. La empresa de gafas de sol supo leer el mercado. Hay personas proactivas, reactivas y las que no se enteran de nada. Hay que intentar estar en el primer grupo, porque habitualmente ahí está la ventaja competitiva. Gary Vaynerchuk también apuntaba durante una conferencia: «Hace quince años muchos de nosotros dijimos que no utilizaríamos un teléfono móvil o nos cuestionábamos para qué servía Facebook. Ahora lo usamos todos. La misma gente que se cuestionaba esas cosas, ahora pregunta por el ROI en los medios sociales». Su filosofía se podría resumir en: observa cómo se comportan las personas; detecta patrones o nuevos hábitos y piensa cómo tu negocio puede adelantarse a cubrir esa nueva necesidad que está naciendo.

7. **Si tus intenciones son buenas, atraerás gente buena hacia ti.**
Los medios sociales no son sólo para comunicar sino para interactuar. Si interactúas y conectas con la gente puedes construir una marca más poderosa, y una marca más poderosa te dará más beneficios: «Creo que cuando interactúas con la gente, haces que pasen cosas. El contenido es la segunda parte después del compromiso con las personas. Mi éxito no fue sólo saber de vinos sino preocuparme por mi audiencia». No importa tu negocio sino lo que tu negocio puede hacer por los demás. Si tus intenciones están enfocadas en ayudar a los demás, los demás se acercarán a ti y confiarán en ti. Y eso te dará beneficios. Eso es vender, relacionarse honestamente con otras personas para ofrecerles algo de valor para ellas. Un cliente le decía a un vendedor cierta vez: «Puede ser que yo no sea la persona más interesante pero sí la que más me interesa». Conviene no olvidarlo.

8. **Cualquier persona que está obsesionada con el SEO ha perdido ya, y punto. No se puede subestimar la capacidad de las personas para detectar una táctica sin alma.** Ante todo, preocúpate de servir. La finalidad de la vida consiste en añadir valor a la vida de la gente. Gary Vaynerchuk explica: «Mi tienda vende más que las grandes cadenas nacionales de vino. ¿Cómo crees que lo hacemos? Siempre digo que nuestro éxito no se debió a los cientos de vídeos sobre el vino que se hicieron virales sino a las horas que pasé después de las grabaciones hablando con la gente a través de las redes, hacer conexiones y construir relaciones». Y precisa más: «La razón por la que fui capaz de hacer crecer mi negocio es que todos los días, después de producir treinta minutos de televisión, pasé quince horas al día para responder a todas las personas por correo electrónico y Twitter». A la hora de construir relaciones, la gente falla en el seguimiento. Y ese seguimiento, que no es otra cosa que atención, interés y preocupación por los demás, marca la diferencia. Es trabajo duro y constante sin ver un retorno inmediato. Pero da sus frutos. Si sólo te preocupas por el dinero y la rentabilidad a corto plazo fracasarás. Gary Vaynerchuk es muy directo: «Cuando oigo a la gente debatir el ROI de los medios sociales, me doy cuenta por qué muchos negocios fracasan. La mayoría de las empresas no están corriendo el maratón sino un esprint. No están preocupados por el valor de vida y la retención. Están preocupados por los objetivos a corto plazo».

9. **Si le caes bien a la gente escuchará cualquier cosa que tengas que decirles.** Hay pocas cosas que causen tanto repelús en la gente como la arrogancia. Y ésta fue una de las cosas que precisamente descubrió Gary Vaynerchuk y que le sirvió para hacer crecer su negocio. Trabajando en la tienda de vinos de su padre, observó que a medida que una persona se volvía más

experta en vinos también crecía su soberbia, marcaba distancia con el resto de personas y no interactuaba con ellas. Ahí se dio cuenta de que había una necesidad de un experto que fuera humilde y enseñara a los menos duchos como iguales. Así nació <WineLibraryTV.com>. Gary comenzó a hacer unos vídeos que colgaba en YouTube donde ilustraba a las personas de manera muy pedagógica acerca de los diferentes vinos, y así comenzó a vender vinos en su blog. El resto es historia: 60 millones de dólares en ventas al año.

10. **Si vives para los fines de semana y vacaciones, algo está muy mal en tu vida. Tu propósito de vida está roto.**
El arte de descansar forma parte del arte de trabajar. Es fundamental equilibrar los tiempos de deber y placer porque eso nos hace más útiles a la hora de aplicar las energías al trabajo, pero si vives pensando en los fines de semana o las vacaciones, tu futuro no es muy prometedor, no sólo a nivel profesional (resultados) sino a nivel personal (satisfacción). El escritor Walter Riso decía: «Si no ardes por algo o alguien, si nada te sacude el alma, si apenas te llega el entusiasmo, vas mal, algo te detiene. Vives a medias». Tienes que encontrar tu motivo personal (por qué o causa), aquello que es importante para ti y te hace levantarte por la mañana más allá de un mero intercambio de servicios, de una relación mercantil o contractual, porque eso es lo que te hará marcar una diferencia en la vida de los demás, ganar más y ser más feliz: «Las personas más extraordinarias del mundo —nos recuerda Vishen Lakhiani— no tienen una profesión. Lo que tienen es una vocación».

# GRANT CARDONE

Grant Cardone (1958), empresario e inversor en el mundo inmobiliario, es experto en ventas con fama internacional y autor de varios bestsellers de *The New York Times*. Sus libros y seminarios han influido positivamente en miles de personas y organizaciones alrededor del mundo. Son frecuentes sus apariciones en medios de comunicación como Fox, CNBC, CNN, Bloomberg, *The Huffington Post* o *The Wall Street Journal* entre otros. Tiene también su propio programa de televisión, *Turnaround King*, centrado en cómo dar un giro a los negocios que pasan por dificultades económicas y que vuelvan a la senda del crecimiento. Grant Cardone cree que las compañías y las personas sólo pueden ser exitosas a través de las ventas. Entre sus libros más conocidos destacan: *La Regla de Oro de los negocios* (Aguilar, 2016) o *Vendes o vendes* (Aguilar, 2013). Además, otros títulos como: *Sell to survive* o *Be Obsessed or Be Average*. En 2016 la revista *Forbes* le incluyó en el 25 Marketing Influencers to Watch in 2017.

1. **No importa quién eres o a qué te dediques, siempre vendes algo.**
   Todo es una venta: una entrevista de trabajo es una venta; conseguir financiación para un proyecto es una venta; hacer un evento y conseguir que vaya la gente es una venta; cuando discutes con tu pareja si vas al cine o al teatro es una venta; cuando interactúas con tu hijo para que haga los deberes y que no se salga con la suya es una venta. E igual con el resto de las cosas. Saber vender influye en todos los roles de la vida: como padre, hijo, amigo, novio, empleado

o empresario. Siempre tendrás que venderle algo a alguien para avanzar: un ascenso, tu salario, tu plan de viaje de vacaciones, dónde ir a cenar. La conclusión está clara: si quieres tener éxito en la vida, en cualquier parcela, aprende a vender.

2. **Saber vender es, primero, una cuestión de supervivencia; y segundo, de calidad de vida.**
Puesto que todos vendemos algo —nuestro trabajo, productos, servicios o cualquier otra cosa—, para tener oportunidades, tenemos que saber vender. Y para que nos vaya muy bien, tenemos que ser grandes vendedores. Tu calidad de vida depende de tu capacidad de vender: cuanto mejor sepas vender, más ganarás y mejor vivirás. Saber vender proporciona buena calidad de vida. Si quieres ser rico, aprende a vender. A una persona que sabe vender no le puede ir mal en la vida. Temporalmente, su empresa o la empresa para la que trabaja, le podrá ir mal, pero acabará recuperándose, porque todas las empresas viven de lo mismo: de vender. Sin vendedores, el mundo dejaría de girar. Aprende a vender y nunca te faltará trabajo, porque serás indispensable para los demás. Todos debemos saber vender para tener una vida de altura. Vender no es un trabajo (profesión), es un estilo de vida, una habilidad que te vale para todo. Cardone dice: «Respirar, comer, beber, hacer ejercicio no son profesiones para la mayoría de nosotros, pero sí requisitos fundamentales para poder vivir. Lo mismo ocurre con las ventas».

3. **Sólo existen dos posibilidades: o vendes a alguien o alguien te vende a ti.**
En cualquier interacción con otra persona está implícita una venta. Vender es influir para conseguir un determinado resultado. Vender es convencer a alguien de algo. Siempre estamos vendiendo, a veces de manera consciente y

otras muchas veces de manera inconsciente. En cada ocasión que tratamos con otra persona, tanto en el ámbito personal como profesional, está implícita una venta. Si no convences, no vendes; si no vendes, no ganas, ni creces, ni avanzas, ni nada. Desde que te levantas hasta que te acuestas, quieres que las cosas pasen de una determinada manera, y eso tiene que ver con tu capacidad de persuasión. Tu pobreza (falta de resultados) no es otra cosa que la consecuencia a tu escasa capacidad para convencer. También apunta el empresario: «De algo sí estoy seguro: ninguna persona puede obtener poder, estatus o dinero sin la habilidad para persuadir a otros. Saber cómo comunicarte y convencer a los demás es un recurso que debes poseer. No hacerlo es una deficiencia». No saber persuadir (vender) sale caro.

4. **La diferencia entre la mediocridad y la grandeza es el compromiso.**
La mayoría de la gente no consigue lo que quiere porque no hace lo suficiente para conseguirlo; y no hace lo suficiente porque no está comprometido con los resultados. Grant Cardone explica: «Cuando tenía veinticinco años estuve cinco años trabajando como vendedor, mientras buscaba ocupación en otra carrera profesional. No me había comprometido con las ventas y la falta de compromiso acarrea falta de resultados. Apenas era igual de bueno que el promedio de los vendedores. Yo era mediocre porque no tenía compromiso. Y no tenía compromiso porque no obtenía resultados. Y como no obtenía resultados no me gustaba mi trabajo. Ése era el círculo vicioso en el que me encontraba». Es así de sencillo: si no estás comprometido con tus resultados no habrá resultados; si no hay resultados es que no estás comprometido con ellos. Hacer realidad tus sueños depende de tu compromiso. Y compromiso es entregarte por completo a algo: *hacer lo que haga falta el tiempo que haga falta*. Los profesionales (comprometidos) sobreviven; los afi-

cionados (no comprometidos) desaparecen. Si quieres tener éxito en cualquier cosa, debes comprometerte al ciento por ciento con ello.

5. **El problema no es la falta de ventas, el problema eres tú.** Tu nivel de ingresos es proporcional a tu nivel de desarrollo personal. Tu nivel de éxito sólo puede crecer hasta el nivel al que crezcas tú. Lo mismo pasa con las ventas. Tu falta de ventas es la consecuencia a tu falta de preparación, la consecuencia a quién eres: «Después de muchos años de ser un mediocre, un día decidí que las ventas no eran el problema, el problema era yo. En ese momento me comprometí y aprendí todo lo que necesitaba saber sobre ventas. Decidí ser diferente al vendedor promedio. Ése fue el momento en que todo cambió para mí. De pronto, mi energía cambió, mi forma de vestir cambió, mis acciones y hábitos cambiaron. A partir de entonces, el pasto de mi jardín se empezó a volver más verde. Ésa es la magia del compromiso». Aprende más para ganar más. No se puede ganar más dando menos o lo mismo. Osho, maestro espiritual, lo expresó con gran agudeza así: «Para crecer, simplemente mira un árbol. A medida que el árbol crece hacia arriba, sus raíces crecen más profundamente hacia abajo. Hay un equilibrio: cuanto más se eleva el árbol, más profundas son sus raíces. No puede existir un árbol de cincuenta metros de altura que tenga raíces pequeñas; no podrían sostener un árbol tan grande. En la vida, crecer significa profundizar en ti mismo: es ahí donde están tus raíces».

6. **Vender es el acto de dar, no de recibir; el acto de servir, no de pedir.**
En cualquier negocio, debes estar dispuesto a servir a las personas, no sólo a venderles. Los negocios existen para ayudar a las personas a que su vida sea mejor. Los mejores vendedores son los que mejor saben servir. Para vender no

necesitas trucos ni engaños, más bien necesitas estar dispuesto a ayudar a la persona que tienes enfrente. El dinero (negocio) es la consecuencia de un trabajo bien hecho (valor). Si mejoras la vida de los demás, el mercado te retribuirá. Si la mejoras mucho, te retribuirá mucho. El éxito consiste en tener vocación de servicio. Vender no es vender; vender es ofrecer soluciones a la gente. Vender es resolver problemas. Vender es aportar valor a la vida de los demás: más calidad, mejores precios, mayor rapidez, más atención personalizada o cualquier otra cosa. Piensa en ellos, no en ti. ¿Quieres mi atención? ¿Quieres que me fije en ti? ¿Quieres que te escuche? Es fácil, sólo tienes que contestar a esta pregunta: ¿Cómo vas a ayudarme a mejorar mi vida?

7. **Los clientes no obstaculizan las ventas, lo hacen los vendedores. Que ocurra o no una venta no depende del comprador sino del vendedor.**
Un vendedor siempre consigue una decisión de un cliente: no comprar, pensárselo/consultarlo o comprar. Pero depende de ti y no de él que su decisión sea la de comprar. Si la necesidad es grande (*pain*) y su confianza en tu remedio (*gain*) es plena, la decisión será comprar. Y si eso no ocurre, la ecuación no está despejada. Antes de hacer cualquier transacción, todos queremos tener certeza acerca del resultado final. No hay nada peor que alquilar una casa de vacaciones y llevarte sorpresas desagradables; o comprar un coche de segunda mano y que dé problemas al usarlo; o ir a un restaurante y que la calidad o el servicio no sean los adecuados. Nuestra misión como vendedores es diluir cualquier tipo de miedo o duda para que la resistencia a la hora de comprar sea la mínima. El éxito está en la anticipación, y se puede anticipar casi cualquier respuesta/objeción de un comprador. La gente quiere confiar en ti, pero debes ayudarla a que lo haga. Busca testimonios, aporta hechos y evidencias, trabaja la visibilidad, empaqueta bien los productos y servicios.

8. **Para vender hay que saber de productos, pero sobre todo, de personas.**
Son las personas las que compran los productos, por tanto, tu trabajo es *vender cosas a las personas, no personas a las cosas*. Si comprendes a las personas, encontrarás la respuesta correcta. La base de una buena venta es la información, y la información se obtiene escuchando, observando y preguntando. Haz preguntas para conocer a tu cliente, sus expectativas y necesidades. Al cliente no le importas tú, le importa él. Por otro lado, las personas se dejan influir por personas que les causan confianza más que por grandes productos. Más importante que lo que se vende es quién lo vende. La gente no confía en algo, confía en alguien. La falta de confianza te costará muchas ventas. Primero gánate a la gente y luego habla de negocios. Y no quieras ir demasiado rápido, ten paciencia, la confianza no es una cuestión de dos días. No traiciones jamás tu integridad. Tu reputación lo es todo. Si el mercado percibe (y sabe) que no mientes, que no engañas, que eres coherente, que respetas tu palabra, en definitiva, que eres una persona de fiar, tienes mucho ganado. Tu cercanía y trato humano también te ayudarán a vender. Es muy difícil que alguien que no te cae bien te venda algo.

9. **Los vendedores mediocres siempre tienen excusas de por qué no venden.**
La crisis, el producto, la zona de operación, el poco margen de negociación o cualquier otra variable. Si quieres tener éxito y ser un ganador, nunca justifiques un fracaso. Acepta tu responsabilidad y aprende. Sólo hay un camino hacia el éxito: hacerte cargo de ti mismo. O te responsabilizas de tu vida y de tus resultados, o te vuelves vulnerable y caes en manos de terceros y del entorno. Las personas autorresponsables están fuertemente orientadas a las soluciones; las personas no-autorresponsables están fuertemente orientadas a

las excusas; y el problema de buscar excusas es que si uno las busca siempre las encuentra. Tú eres el problema, tú eres la solución. Todo empieza y termina en ti.

10. **El precio (casi) nunca es el problema.**
Si se hiciese una encuesta amplia entre todos los vendedores del mundo, nos encontraríamos con que la gran mayoría cree que la principal razón por la que se pierde una venta es el precio. Esto es un mito muy extendido, pero es falso casi siempre. Grant Cardone lo explica: «Si la gente no te compra, te aseguro que casi nunca se trata del dinero, ni salirse de presupuesto, sino que a ti te faltó hacer o decir algo que los convenciera. Si todo recayera en el precio, explícame por qué hay filas de gente comprando café que fácilmente podría hacer en sus casas por menos de la mitad del dinero (caso Starbucks); o por qué tanta gente compra entradas para ver los partidos de fútbol cuando podría verlos por televisión sin coste alguno; o por qué alguien decide comprarse un deportivo cuando podría viajar en transporte público con menos gasto y en la mitad de tiempo. Acuérdate cuántas veces has gastado con gusto más de lo que podías. Acuérdate cuántas veces te has salido de presupuesto simplemente porque te encontraste con algo que ni siquiera buscabas pero te pareció irresistible. Recuerda, prácticamente nunca se debe al precio».

# GUSTAVO ZERBINO

Gustavo Zerbino (1953) es uno de los supervivientes del accidente aéreo ocurrido en Los Andes en 1972, cuando viajaba con su equipo de Rugby, los Old Christians, a jugar un partido en Santiago de Chile. Durante el trayecto el avión se estrelló a 4.000 metros de altura muriendo trece personas en el accidente, tres más durante la noche y otros más en los días siguientes. Durante setenta y dos días tuvieron que sobrevivir en condiciones inhumanas —temperaturas extremas, escasez de comida, falta de oxígeno, densidad de nieve— hasta que finalmente fueron rescatados, sobreviviendo dieciséis de los cuarenta y cinco pasajeros del avión. Aquella historia, conocida como «el milagro de Los Andes», fue llevada a la gran pantalla con el título de *¡Viven!* y se han escrito diferentes libros sobre aquel episodio como *La sociedad de la nieve* (Debate, 2009). Gustavo Zerbino es hoy el consejero delegado de Cía. Cibeles y representante de Merck Sharp & Dohme, laboratorio líder en investigación de especialidades farmacéuticas. Es, además, presidente de la Cámara de Especialidades Farmacéuticas de Uruguay, que reúne a los laboratorios multinacionales instalados en el país. Asimismo, es conferenciante en las áreas de gestión de la adversidad, liderazgo y motivación. En sus charlas explica su experiencia y enseñanzas en la montaña como ejemplo de superación personal para la vida y la empresa. Colabora asiduamente con universidades y empresas de primer nivel en México, Estados Unidos, España, Chile, República Dominicana, Puerto Rico, Colombia, Argentina, El Salvador, Panamá, Brasil, Venezuela, Suiza y Uruguay, entre otros.

1. **La creatividad se desarrolla con la intención. Si quieres algo y le pones pasión, con el tiempo vas a aprender cómo se hace.**
A menudo, la falta de resultados en nuestras vidas no es una consecuencia a nuestras escasas capacidades —el aprendizaje siempre está a nuestro alcance—, sino más bien a que tenemos la sensación de que los logros anhelados están fuera de nuestro alcance. Tus creencias acerca de quién eres y tus posibilidades condicionan toda tu vida, a menos que seas consciente de ello y las cambies. Uno siempre establece sus objetivos y aspiraciones en función de la imagen que tiene de sí mismo. Cada persona vive de acuerdo al patrón de sus creencias (limitaciones) mentales. Gustavo Zerbino, al que tuve ocasión de entrevistar, me lo explicaba de esta manera: «Nadie sobrevive veinticuatro horas a 40 grados bajo cero y a más de 4.000 metros de altura con ropa ligera durante setenta y dos días. Nosotros lo hicimos y era porque en la montaña todo era desconocido para nosotros. Uruguay es un país donde nunca nevó. No teníamos información previa. Eso fue lo que nos salvó. No éramos consciente de lo que vivíamos allí, no éramos conscientes de nuestros límites y todos los límites se nos quedaron pequeños». En definitiva: no tenían creencias limitantes incrustadas en su inconsciente acerca de sus posibilidades, sobre lo que era o no era posible. Todo cambio verdadero empieza cuando mejoras el concepto que tienes de ti mismo.

2. **El liderazgo no puede ser patrimonio exclusivo de una persona sino de cada uno de los miembros de la organización que en su rol son la persona más importante.**
El concepto de liderazgo está desvirtuado, y a menudo se asocia a estatus o poder. Estar al frente de un equipo es un ejercicio continuo de responsabilidad y compromiso con el equipo y con los resultados. La verdadera esencia del liderazgo es la vocación de servicio, porque un líder no es nadie

sin su gente que es quien hace que todo ocurra. La misión de un líder es crear las mejores condiciones para que el equipo rinda al máximo nivel. En *Leadership is an Art* («El liderazgo es un arte»), Max de Pree escribe: «La primera responsabilidad de un líder es definir la realidad. La última es dar las gracias. En el medio, el líder es un sirviente». Nuestro protagonista explica cómo fue el liderazgo en las montañas: «En las organizaciones, el movimiento de energía y cambio tiene que estar en todos los engranajes de la cadena. En la cordillera cada uno cumplió su papel según sus posibilidades: los que tenían las piernas rotas y no podían caminar ayudaban con las manos para coser, hacer agua o acariciarte los pies que estaban congelados; los que habíamos estudiado algo de medicina pusimos nuestros conocimientos al servicio de los enfermos; y el que era ingeniero construyó una radio». Queda claro que el liderazgo existe y está presente en todos y cada uno de los rincones de una organización.

3. **Hay un antes y un después de aquella experiencia. Lo más importante es la pasión que pongo en todo lo que hago.** Cuando la vida de una persona ha pendido de un hilo —se ha debatido entre la vida y la muerte—, y finalmente ha conseguido salir adelante, todo se ve de otra manera y se empieza a disfrutar la vida con mucha más intensidad. Cada momento es único y especial, y uno aprende a estar imbuido en ese momento sin más. Gustavo Zerbino nos lo explica desde su experiencia personal en las montañas: «En la cordillera cada minuto era el último y teníamos que dar el ciento por ciento de nuestro potencial físico, mental y espiritual. En esa situación vives con mucha pasión. Por desgracia, en nuestro día a día vivimos el 80 por ciento del tiempo preocupados por el pasado y el futuro. Hay que vivir el único momento en el que podemos tomar acción, el presente. El pasado y el futuro son dos estados que nos paralizan. El primero nos angustia porque no lo aceptamos; el

segundo nos produce intranquilidad porque no lo controlamos. El hombre escapa al presente porque le tiene pánico». El presente —que es lo único real y cierto— nos exige estar atentos, permeables, dispuestos, flexibles, receptivos, en definitiva, a asumir nuestra responsabilidad. Si uno consigue eso, tiene mucho ganado.

4. **No importa lo que ocurre, sino qué voy a hacer con eso que me ocurre. A partir de ahí asumo la responsabilidad y el compromiso de darlo todo en cada situación.**
Lo que siempre depende de mí es cómo vivo la vida, cómo enfrento todo lo que me ocurre. La vida es, sobre todo, una cuestión de actitud. Y de ello puede hablar mucho Zerbino, porque en las montañas, hubo muchos momentos críticos que pusieron a prueba la actitud del grupo, para hundirse o salir adelante. Uno de ellos ocurrió dos días después del accidente, cuando varios aviones pasan cerca de ellos y mueven las alas, lo que les hace pensar que han sido vistos, y en breve serán rescatados. Ninguna ayuda, sin embargo, llega al lugar. El décimo día después del accidente escuchan por una radio que habían construido que se ha suspendido su búsqueda. Uno de los supervivientes, Fernando Parrado, tras conocer la noticia, se dirige al resto del grupo y les dice:

—Tengo que daros una buena noticia. Han abandonado la búsqueda.

La perplejidad del grupo es manifiesta:

—¿Y por qué es buena noticia?

Parrado entonces responde:

—Porque eso significa que saldremos de aquí por nuestra cuenta; vamos a salvarnos solos.

5. **El éxito de la supervivencia en condiciones tan extremas en la montaña tuvo mucho que ver con nuestra cultura.**
La cultura no es otra cosa que un sistema de valores que guían nuestros comportamientos, y es determinante en

cualquier grupo, porque cuando se comparten unos mismos valores es mucho más fácil la armonía, unir fuerzas, remar en la misma dirección y construir en positivo. Cuando no se comparten esos valores, y cada uno tira para un lado, los conflictos y la gresca están garantizados. Zerbino nos desvela algunas claves más de este punto tan determinante en aquel episodio: «Tuvimos muchas cosas a favor, la más importante, la cultura. Veníamos del mismo país, íbamos al mismo colegio, practicábamos la misma religión, jugábamos al mismo deporte, teníamos la misma escala de valores, en definitiva, nos conocíamos. A partir de esos ingredientes tú puedes construir una organización basada en la confianza. Éramos deportistas de un juego como el rugby en la que cada jugador tiene su lugar en el campo: el grande, el alto, el gordo, el pequeño, el rápido, el fuerte, y entre todos armas un organigrama; es como el arcoíris donde todos los colores se complementan, la diversidad enriquece al grupo». Sólo cuando todo el mundo comulga con unos mismos valores, es posible construir algo sólido y duradero.

6. **Una de las cosas que aprendí en la cordillera es a no vivir una realidad virtual, esos patrones de conducta instalados en nuestra mente que nos hacen responder automáticamente frente a los acontecimientos.**
La mente es un instrumento muy poderoso que podemos utilizar a nuestro favor entrenándola positivamente, y es entonces cuando se logran cosas que parecen imposibles. A menudo, sin embargo, somos víctimas de los pensamientos negativos que nos boicotean: «no soy capaz», «no soy bueno», «no me lo merezco», «otros son mejores», «no se puede». La mente hay que aprender a controlarla para no quedar atrapado en las garras de sus apetencias y caprichos. Zerbino nos comenta: «En la cordillera tuvimos que destruir todos nuestros sistemas de creencias. Todos los límites

que eran inalcanzables los dejamos pequeños. Lo primero es tener el deseo sincero de lograr algo; y segundo, hacer lo que se requiere sin excusas. Vivimos en una sociedad donde las excusas nos evaden de tomar decisiones y de esta manera quitarnos responsabilidades de en medio». No hay más: *qué* quiero conseguir y *cómo* conseguirlo. Nuestro protagonista dice: «La sociedad vive con una angustia permanente porque la falta de información y certezas nos produce ansiedad. Hay que tirar hacia delante sin contar con todos los datos. Luego, esa decisión podremos mejorarla y profundizarla, pero tenemos que ir avanzando sin temor a equivocarnos».

7. **En situaciones de crisis la comunicación es determinante. Hay que hablar mucho. Cuando no hay diálogo se generan muchos conflictos y resentimientos.**
Damos por supuesto cosas que no son ciertas y las relaciones se enturbian. Además, muchas veces tenemos una dependencia excesiva de aprobación de los demás y eso nos genera muchas insatisfacciones. Los malentendidos se resuelven hablando, no hay otro camino. Si algo no te gusta o no te parece bien, tienes que decirlo. De igual modo, si quieres algo, tienes que pedirlo también. Es así de sencillo, aunque nos cueste entenderlo y ponerlo en práctica. Gustavo Zerbino revela cómo no hacerlo provoca presiones de complicada digestión: «Desempeñamos muchos roles que van contra nuestros valores y principios y eso nos produce una gran insatisfacción. La incongruencia produce un gran vacío. No somos máquinas. Si tienes la necesidad de estar con un hijo que te precisa lo que tienes que hacer es comunicarlo, porque para estar en la empresa pensando en lo que le pasa a tu hijo es mejor no estar; habla con tu hijo y luego ven y haz lo que tienes que hacer porque estás comprometido. Cada cosa tiene su momento y en cada momento hay que dar el máximo. Si estoy con mi familia no

puedo estar pensando en el proyecto de la empresa y viceversa. Eso no es vivir, es durar. Estar fuera de la realidad. Por este motivo la gente termina mal: úlceras, infartos, psicofármacos y otras muchas cosas. Les cuesta estar aquí y ahora. No tolera la realidad. La aceptación de la realidad es para mí el principio básico para vivir y no durar».

8. **Hay que ser sincero con uno mismo y preguntarnos qué es lo que queremos en lugar de ser el reflejo de lo que hacen los demás.**
La felicidad nace siempre de la autenticidad, de ser fiel a uno mismo. Todo arranca de ahí, de hacer las cosas que uno siente de verdad; otra cosa nos deja poco llenos. Zerbino sigue con su explicación: «Un día de joven me di cuenta que cuando lograba cosas que a los demás les producían placer a mí no me llenaban. El placer no está en lograr sino en ser. En la vida primero hay que *ser*, después *hacer* y, finalmente, *tener*». Un *ser* que implica no traicionarse a uno mismo y practicar la integridad y honestidad en todos los órdenes de la vida; un *hacer* que responde a dar el máximo compromiso y entrega en todo lo que se hace sin excusas ni quejas; y un *tener* —que también es importante— que es la consecuencia lógica de lo primero y lo segundo.

9. **El verdadero liderazgo está en la acción. Lo único que produce resultados en la vida son las acciones.**
El genio no es el que tiene las ideas —todos tenemos ideas y no pocas— sino el que las lleva adelante. Zerbino precisa: «El liderazgo lo encontramos en el ejemplo. No tenemos que decir lo que hay que hacer sino hacerlo y poner aquello que falta. Si falta confianza, yo tengo que confiar en mi gente; si falta alegría, yo tengo que estar alegre. Esto es lo que deberían hacer todos los líderes: ser ejemplo, acción y atracción. No hay que predicar, sino hacer». Quizás, por eso, también Peter Drucker afirmaba: «El fundamento del

liderazgo es la credibilidad. Nadie sigue tu técnica. Te siguen a ti: a tu mensaje y la personificación del mensaje». Todo individuo que aspire a ser considerado un líder, debe ser proactivo e ir un paso por delante marcando el camino. Cualquier otra cosa carece del fundamento de la credibilidad tan necesaria para gobernar equipos y empresas.

10. **Las cosas más increíbles en la montaña las hicimos por amor. Con amor no hay nada imposible.**
El clásico *Omnia vincit Amor* («el amor todo lo vence») siempre es actual y nunca pasa de moda. Zerbino cuenta: «Quien pone amor en lo que hace va a ser la persona más feliz del mundo y encima le van a pagar por hacer lo que le gusta. Además, uno se siente libre, no tiene miedo a hacer el ridículo y admite los fallos con normalidad y naturalidad. —Y añade—: Siempre comienzo mis conferencias diciendo que nuestra historia no es el milagro ni la tragedia de Los Andes sino una historia de amor. En San Juan 15, 13, se dice: "No hay amor más grande que aquel que da la vida por los amigos". Esto lo escribió Numa Turcatti en su mano el último día antes de morir pesando 25 kilos. —Y concluye—: El liderazgo está basado en el amor y en el respeto; luego, el líder tiene que identificar las necesidades de su gente y satisfacerlas. Para eso tienes que tener una sensibilidad hacia el ser humano, desprenderte de la soberbia, la arrogancia y la prepotencia, que es lo que hoy prima, y practicar la humildad, la buena voluntad y la honestidad».

# HELEN KELLER

Helen Keller (1880-1968) fue una escritora, oradora y activista política sordociega estadounidense. A los diecinueve meses de nacer, sufrió una grave enfermedad que le provocó la pérdida total de la visión y la audición. Su incapacidad para comunicarse desde temprana edad fue muy traumática para ella y su familia. Cuando cumplió siete años, sus padres decidieron buscar una instructora, Anne Sullivan, que se encargó de su formación y logró un notable avance en su educación. Llegó a la universidad y fue la primera persona sordociega en obtener un título universitario. Desde su juventud se convirtió en una activista política y filántropa destacada, promoviendo el sufragio femenino y los derechos de los trabajadores. En 1924 se apartó de la actividad política para centrarse en la lucha por los derechos de las personas discapacitadas. Por sus logros, el presidente estadounidense Lyndon B. Johnson le otorgó en 1964 la Medalla Presidencial de la Libertad. Y desde 1980, por decreto de Jimmy Carter, el día de su nacimiento es conmemorado como el «Día de Helen Keller». Su vida ha sido motivo de diferentes producciones artísticas en cine, teatro y televisión como *The Miracle Worker*. Luchadora incansable, escribió varios libros entre los que destacan *La historia de mi vida* (Renacimiento, 2012) y *Luz en mi oscuridad*.

1. **El optimismo es la fe que conduce al logro. Nada puede realizarse sin esperanza.**

   Y añadía: «Cada optimista se mueve junto con el progreso y los acelera, mientras que cada pesimista mantiene al mundo en un punto muerto. Ningún pesimista ha descubierto nunca el secreto de las estrellas, o navegado hacia una tierra sin descubrir, o abierto una nueva esperanza en el corazón humano». Ser optimistas es ser valientes, porque el optimismo lleva a la acción; y además, es clave para afrontar cualquier reto ambicioso porque el camino está siempre salpicado de obstáculos. Cualquier problema puede transformarse en una oportunidad si uno es capaz de hallar argumentos para que la esperanza encuentre sentido. La esperanza siempre ofrece posibilidades y nos estimula. Es un catalizador. Sólo cuando eso ocurre uno es capaz de llevarse al límite y darlo todo. Elaine Fox, en *Una mente feliz* (Temas de Hoy, 2012), también sitúa al optimismo donde le corresponde: «La predisposición al optimismo no sólo consiste en mostrarnos felices y contentos, sino que más bien guarda relación con el hecho de albergar esperanza en el futuro, un convencimiento de que las cosas van a salir bien y una fe inquebrantable en que podemos lidiar con todo aquello que nos depara la vida».

2. **Una vida feliz no consiste en la ausencia sino en el dominio de las dificultades.**

La vida son problemas, siempre. Cuando no son de un tipo, son de otro. A veces son personales y otros profesionales. A veces con tu pareja y a veces con tu jefe, con un cliente o con un proveedor. Si no tienes problemas es que no haces nada, y eso es lo peor de todo. Por tanto, sólo hay una alternativa, enfrentarlos para crecer y que se vuelvan más pequeños. Los problemas encogen a medida que ganamos conocimiento y experiencia de vida. Los problemas te vuelven más inteligente si logras resolverlos. Y si no lo haces, se agrandan. Porque crecen los miedos y las inseguridades, además de otros daños colaterales. Es un efecto dominó. Robert Kiyosaki, autor de *Padre rico, padre pobre* (Punto de Lectura, 2009), cuenta como su padre rico le dijo cierta vez: «Tener un problema económico es como tener un dolor de muelas.

Si no atiendes el problema te sientes mal, y si te sientes mal te irritas con facilidad y no trabajas bien. Si no atiendes el dolor tendrás complicaciones médicas porque en tu boca pueden reproducirse los gérmenes. Un día pierdes tu empleo. Si no tienes trabajo no puedes pagar la renta. Si no resuelves el problema de la renta te quedarás en la calle, sin casa, enfermo, y aún tendrás el dolor de muelas». La gente pobre —no sólo financieramente, sino a todos los niveles— es la que tiene más problemas que soluciones. La gente rica, lo contrario.

3. **No soy la única, pero aun así soy alguien. No puedo hacer todo, pero aun así puedo hacer algo. Y justo porque no lo puedo hacer todo, no renunciaré a hacer lo que sí puedo.** A veces olvidamos que lo grande nace de lo pequeño; que el todo está formado por las partes; que la excelencia es la suma de detalles; o que un equipo es la integración de complementariedades. Manel Estiarte fue un conocido jugador español de waterpolo, ganador de la medalla de oro en los Juegos Olímpicos de Atlanta 1996 y premio Príncipe de Asturias del Deporte en 2001. Él, como otros muchos, también obvió esto. En una ocasión decía: «Un equipo no está completo si el líder sólo cuenta con los *cracks*. Sin los humildes no se llega a ninguna parte. Cuando no eres un líder auténtico, por muy alto que te encuentres, eres incapaz de apreciar lo que tienes alrededor y que, sin embargo, es imprescindible para que te puedas mantener arriba: esa persona que por la mañana te acondiciona la piscina, coloca las corcheras, las porterías, el recepcionista; todo eso que finalmente resulta gris, porque trabaja en la penumbra para que tú puedas recibir en toda su intensidad la luz de los focos. ¡Qué lástima que no supe apreciar tantos detalles! ¿Qué era para mí, entonces, un masajista sino alguien que existía exclusivamente para que yo estuviera en forma? ¿Iba a dar los buenos días al chico que estaba pasando el aspira-

dor por el fondo de la piscina?». Quizás, por eso, Helen Keller apuntaba también: «Lo que mueve el mundo no son los potentes brazos de los héroes, sino la suma de pequeños empujones de cada trabajador honrado».

4. **Todo se reduce a esto: la forma más fácil de ser feliz es hacer el bien.**
Hacer el bien nos hace sentirnos bien, y además redunda en beneficio de los demás, con lo cual todo el mundo gana. Hacer el bien es de personas inteligentes, no sólo desde un punto de vista profesional —ayudar a otros es un activo— sino también personal por la tranquilidad interior que produce. Quien no obra bien —lo que no quieras para ti, no lo quieras para otros— siempre está con la mosca detrás de la oreja por lo que le pueda venir encima. Son personas que están tensas, que todo lo ven como un juego de suma cero —lo que gano yo es lo que pierdes tú— y que no saben contemplar la vida con plenitud y abundancia. El karma existe, y nuestras palabras y acciones hacia los demás, en sentido positivo o negativo, vuelven hacia nosotros de la misma manera y con la misma intensidad. Somos imanes que atraemos lo que proyectamos. La palabra «karma» significa acción, y toda decisión (movimiento/acción) que hacemos, desde las palabras que decimos hasta las miradas que proyectamos, da lugar a acciones evolutivas (suman) o destructivas (restan) en nuestra vida.

5. **Añoro cumplir una tarea grande y noble, pero mi principal obligación es cumplir pequeñas tareas como si fueran grandes y nobles.**
Todo trabajo realizado con compromiso, atención a los detalles y vocación de servicio es un arte que influye de manera decisiva en la calidad final de cualquier producto o servicio. ¿No es fantástico cuando uno llega a un hotel y el recepcionista le recibe con una sonrisa? ¿No es fantástico

cuando uno entra en un restaurante y se le atiende cálidamente? ¿No es fantástico cuando una telefonea a un *call center* y se le responde de manera educada? Recepcionista, camarero o telefonista pueden parecer a primera vista trabajos sencillos, pero no es así. Son arte. Martin Luther King afirmaba: «Si un hombre está llamado a barrer las calles debería barrer las calles igual que pintaba Miguel Ángel, componía Beethoven o escribía Shakespeare. Debería limpiar las calles tan perfectamente que los moradores del cielo y la tierra se detuvieran para decir: "Aquí vivió un gran barrendero que hizo bien su trabajo"». Además, la vida funciona según la «ley del crecimiento»: todo lo que haces dibuja tu futuro para bien o para mal, así que la mejor manera de tener futuras oportunidades es aprovechando las oportunidades presentes.

6. **Cuando una puerta de felicidad se cierra, otra se abre, pero muchas veces miramos tanto tiempo la puerta cerrada que no vemos la que se ha abierto para nosotros.** Las oportunidades abundan en todos los sitios todos los días. Pero se exige actitud para apreciarlas y aprovecharlas. Y ello implica saber cerrar etapas, soltar lastre, pasar página y mirar hacia delante. La vida funciona también según otra ley que es «la ley de la intención y el deseo»: lo que capta nuestra atención controla nuestra vida. Si pones tu atención en el pasado (lo negativo), no dejas que llegue a tu vida todo lo bueno que está esperándote. Vives anclado en tiempos pretéritos y avivas esas llamas cada vez que te recreas en lo que fue. Ya sabes: *a lo que te resistes, persiste*. Por el contrario, cuando decides decir «hasta aquí hemos llegado» y empezar a caminar sin mirar atrás, se abren ante ti otras posibilidades y realidades sorprendentes. Helen Keller lo expresaba así: «Mantén tu rostro hacia la luz del sol y no verás la sombra».

7. **¿Por qué contentarnos con vivir a rastras cuando sentimos el anhelo de volar?**
La vida te da lo que le pides (a nivel inconsciente). Y luego nos sorprendemos de lo que obtenemos. Cada persona se convierte única y exclusivamente en aquello que se da el permiso de ser. No consigues lo que te mereces sino lo que crees que te mereces. La cuestión no es poder, sino creer que uno puede. Nos convertimos en lo que creemos. Es nuestra responsabilidad, por tanto, asumir el liderazgo de nuestra vida. Nadie lo va hacer por nosotros. Modifica la idea que tienes de ti mismo, ponte en valor y tu vida empezará a cambiar. Napoleon Hill en su clásico *Piense y hágase rico* (Obelisco, 2014) recoge las siguientes estrofas poéticas: «Le discutí un penique a la Vida, y la Vida no me dio más, por mucho que le imploré durante la noche cuando contaba mis escasos bienes. Porque la Vida es un amo justo que te da lo que le pides, pero cuando has fijado el precio, debes aguantar la tarea. Trabajé por un salario de jornalero sólo para descubrir perplejo, que cualquier paga que hubiera pedido a la Vida ésta me la hubiese concedido de buen grado». Con lo que te conformas, obtienes. ¿Por qué conformarte con menos de lo que deseas?

8. **El mundo está lleno de sufrimiento, pero rebosa de personas que lo han vencido y en su lucha descubrieron algo valioso.**
Lo que sucede, conviene. Está ahí para enseñarte algo. Aprender o no depende de ti. Nietzsche, en una de sus obras capitales, *La gaya ciencia* (Tecnos, 2016), lo resumió de manera impecable: «Quiero aprender cada vez mejor, a ver lo necesario de las cosas como bello, así seré de los que vuelven bellas las cosas. ¡Amor fati! Que ése sea en adelante mi amor. No quiero librar batalla a lo feo. No querer que nada sea distinto. No sólo soportar lo necesario, y menos aún disimularlo, todo idealismo es mendacidad frente a lo

que es necesario, sino amarlo». Con independencia de las circunstancias, crecer o no es una decisión personal. Tu actitud siempre te pertenece. Es tuya y nadie te la puede arrebatar.

9. **La seguridad es más que nada una superstición. La vida es una aventura atrevida o no es nada.**
La vida para ser vida tiene que tener reto —cada uno en su dosis— porque de otro modo se vuelve insípida. Y cualquier reto implica cierto riesgo; y riesgo es sinónimo de valentía; y la valentía está asociada inevitablemente a las derrotas. No siempre las cosas salen bien. Las cicatrices también tienen su encanto y dan forma e identidad a quiénes somos. Si te atreves, siempre creces, aunque duela. Si no te atreves, retrocedes, aunque no quieras. No hay término medio. La seguridad suele aportar una calma apacible que poco a poco se torna en aburrimiento, estancamiento y frustración. El cantautor Joaquín Sabina decía: «Uno se conoce a sí mismo y sabe lo fácil que es resultar herido, sobre todo si uno se emplea a fondo. A mí me gusta comer de verdad, beber de verdad, besar de verdad, hablar de verdad, enamorarme de verdad, y cuando pones tanto en todas esas cosas, lo más normal es que salgas lleno de cicatrices. Son pruebas de que has vivido».

10. **La felicidad es el final perfecto y fruto de la obediencia a las leyes de la vida.**
La pobreza —la falta de resultados en cualquier parcela— no es otra cosa que el desconocimiento de las leyes mentales y espirituales que rigen la vida. El mundo es abundancia, hay mucho de todo para todos. La escasez no existe en el universo. Somos nosotros los que somos escasos (mentalmente). Lo que nos separa de la riqueza (resultados) es nuestra propia actitud mental. De lo que se trata es de aprender y aplicar eficazmente los principios y pautas espi-

rituales que ordenan el universo para que esa abundancia se refleje en nuestra vida. Los principios (leyes) siempre funcionan, y si no funcionan es que no se están aplicando bien. La eficacia en la respuesta (resultados) depende de la eficacia en la ejecución (actitud mental). ¿Cuáles son esas leyes que determinan la abundancia?:

1. Ley de la potencialidad pura: no existen límites a lo que se puede crear. Los límites —limitaciones mentales— son tuyos.
2. Ley del dar y recibir: la vida es un espejo, recibes lo que das: si quieres amor, da amor; si quieres amistad, regala amistad.
3. Ley del mínimo esfuerzo: cuando estamos conectados con la vida, todo fluye, todo está bien, todo es como debería ser. La frustración procede de la no-aceptación.
4. Ley del karma: toda acción (pensamientos, palabras, miradas...) genera consecuencias del mismo sentido. Nada es neutro.
5. Ley de la intención y el deseo: en lo que te concentras, se expande; en lo que pones tu atención, cobra vida.
6. Ley del desapego del resultado: sólo existe el Ahora. El futuro (resultado) es la consecuencia de todos los momentos presentes.
7. Ley del *dharma*: cualquier persona tiene un propósito y es importante para el resto de la humanidad. Nuestra misión es descubrir ese propósito.

# HOWARD SCHULTZ

Howard Schultz (1953) es un empresario estadounidense, presidente y consejero delegado de Starbucks Coffee Company, una franquicia de café centrada en la experiencia del cliente que cuenta con más de 17.000 establecimientos en 50 países. Starbucks había nacido en 1971 en el histórico mercado de Pike Place de Seattle (Estados Unidos), como una pequeña tienda de venta de cafés de importación. En 1982 Schultz –que había trabajado en Xerox y Hammarsplast– se incorporó al negocio como director de operaciones y marketing, y ese mismo año, durante un viaje a Italia, descubrió los famosos *espresso* y todo el entramado cultural que rodeaba el consumo del café en el país alpino. Su idea fue reproducirlo en Estados Unidos, pero no convenció a sus superiores y en 1987 junto a otros inversores compraron la firma por 3,8 millones de dólares. A partir de ahí la compañía experimentó un crecimiento sin precedentes, aunque también pasó por serias dificultades entre 2006 y 2008, de las que supo reponerse y reinventarse gracias al liderazgo de Schultz. Ha recibido numerosos galardones entre los que destacan el Horatio Alger Award, que se concede a aquellos que han sabido sobreponerse a las dificultades y alcanzar el éxito; el Botwinick Prize en ética empresarial que concede Columbia Business School; o el John Wooden Global Leadership Award de la UCLA Anderson School of Management. Ha sido también incluido en el «Time 100», como una de las personas más influyentes del mundo. Es autor del libro *El desafío Starbucks* (Punto de Lectura, 2012), en el que cuenta su filosofía de vida y empresa, y cómo Starbucks ha llegado a convertirse en una compañía mundialmente conocida.

1. **El cliente no es una transacción, sino una conexión.** Haz un cliente, no una venta. Es lo perdurable. Los negocios son personas, y las personas no son ordenadores, sino individuos de carne y hueso que padecen, sienten, lloran y se emocionan: «En Starbucks no vendemos café —dice Howard Schultz— sino experiencias maravillosas». Y eso te diferencia del resto. Si sólo vendes café eres más vulnerable, porque el café es un producto, y los productos son más fácilmente copiables y sustituibles. Si ofreces una experiencia, eso ya no resulta tan sencillo de replicar. Los datos dicen que las causas por las que se pierden los clientes son:
   - 1 por ciento. Se mueren.
   - 3 por ciento. Se cambian de residencia.
   - 5 por ciento. Se hacen amigos de otro competidor.
   - 9 por ciento. Precios más bajos.
   - 14 por ciento. Mala calidad de los productos.
   - 68 por ciento. Indiferencia y mala atención.

   Los malos clientes se pierden por precio; los buenos clientes se pierden por servicio. Tal vez, un buen servicio no es el único factor para ir a un sitio, pero lo que sí es seguro es que un mal servicio es un factor para dejar de ir.

2. **El éxito y el crecimiento pueden ocultar fallos.** El problema de los resultados es que son la consecuencia del pasado. Una empresa puede tener beneficios hoy y estar creciendo a buen ritmo, y al mismo tiempo estar haciendo mal las cosas, porque eso no se ve de manera inmediata, sino *a posteriori*. Por eso, la expansión nunca debe ser a lo loco, sino meditada y controlada. A Starbucks le sucedió esto tiempo atrás. Tras un crecimiento vertiginoso, los resultados se resintieron tocando fondo en 2008. El propio consejero delegado lo explicaba: «Habíamos quedado atrapados en un círculo vicioso que celebraba la velocidad de las ventas en lugar de lo que vendíamos: calidad del producto y conexión con el cliente». Crecer por crecer, sin res-

petar la filosofía, misión y sentido estratégico de la empresa, suele pasar factura. Schultz señala: «Sé fiel a tus valores que son tu fundamento». Y todo hay que decirlo, cuando una empresa va viento en popa, es fácil que a uno se le vaya la cabeza y que esos valores pierdan su sentido original.

3. **La ejecución de una idea debe ser tan buena como la idea misma.**
Ideas tenemos todos, todos los días. Algunas fantásticas y otras no tan buenas, pero ambas cosas son indiferentes si no se hace algo con ellas. Con las ideas hay tres posibilidades:
   - No hacer nada: es la opción habitual del fanfarrón, que habla mucho, o del cobarde, que no se atreve por miedo.
   - Hacer algo, pero hacerlo mal: hay buena voluntad y ganas, pero pueden fallar los conocimientos, las habilidades o la experiencia.
   - Hacer algo y hacerlo bien: aquí radica el éxito, en el liderazgo; en la capacidad de llevar una idea adelante movilizando a la gente y salvando todo tipo de inconvenientes entre medias.

   Las ideas están sobrevaloradas, por sí mismas no valen nada. Para que tengan sentido, como señala Schultz, «han de ser relevantes para nuestros negocios, viables, experimentadas, integradas en los canales del mismo y asimiladas por nuestros *partners* —empleados— en Seattle y en los demás establecimientos».

4. **Ignorar o esconder un problema es convertirse en parte del problema. Liderazgo es reconocer que la empresa va mal y decirlo sin filtros a las personas.**
Los buenos (malos) líderes quedan siempre al descubierto en los momentos difíciles. Todas las empresas, antes o después, pasan por periodos de crisis. Si encima se viene de una época boyante, esos periodos duelen más. Cuando lle-

gan, uno puede mirar a otro lado o coger el toro por los cuernos aplicando tres pasos: primero, un diagnóstico para identificar las causas de la situación; segundo, proponiendo medidas a esa situación; y tercero, aplicando esas soluciones con firmeza y rigor para darle la vuelta a la compañía. A veces, será necesario contar con ayuda externa —por ejemplo, consultores— para ver las cosas con más perspectiva y frialdad. Y en cualquier caso, la celeridad es fundamental, porque cada día que pasa y no se actúa las cosas suelen ir a peor. Como decía Arnold H. Glasow: «Una de las pruebas del liderazgo es la capacidad de reconocer un problema antes de que sea una emergencia». Por desgracia, no abunda.

5. **Debes encontrar algo que ames profundamente y que te apasione, y estar dispuesto a sacrificar muchas cosas para alcanzarlo.**

Sobre el papel es fácil de comprender, una ecuación de dos variables: pasión y compromiso. La excelencia nunca es fruto de la casualidad ni de la pereza, sino de ofrecer un valor al mercado de manera consistente. La marca —la reputación que tiene una empresa en el mercado— es la mejor garantía para seguir generando beneficios, pero construir una marca es una labor dura: hay competencia, obstáculos, crisis y otros inconvenientes. Además, una vez alcanzada una reputación, hay que consolidarla. Seguir trabajando duro para que el polvo no la haga perder brillo. Si te acomodas, pierdes. Por eso, debes sentir pasión por aquello que haces, porque es difícil ser un referente en algo —y menos con carácter sostenible— si uno no siente pasión por lo que hace. En casos así, lo más normal es estar en medio del pelotón y no en cabeza de carrera. Steve Jobs era de la misma opinión que Schultz. Hablando de su empresa decía: «Cuando decides construir algo tan grande como Apple tienes que renunciar a vivir otras vidas que también te gustarían».

6. **Hay que tener la curiosidad de ir más allá y después ir a por ello.**
El éxito siempre procede de ofrecer algo valioso al mercado que los demás no están ofreciendo. La innovación (diferenciación) es la esencia del nacimiento de toda empresa. Y eso implica asumir riesgo. Y si uno quiere ganar a lo grande, también debe apostar a lo grande. Schultz lo dice claramente: «Un emprendedor no puede limitarse a jugar sobre seguro. Su mentalidad tiene que ser, necesariamente, la de asumir un gran riesgo. Si teme que, en un determinado momento, se le vaya a estigmatizar por un fallo, estará cometiendo una equivocación dramática». Un empresario se mueve siempre en aguas de incertidumbre, y más aún hoy día en un entorno VUCA (Volátil, Incierto, Complejo y Ambiguo) como en el que estamos inmersos. Los grandes empresarios siempre han desafiado el *statu quo* preguntándose «¿por qué no?» y luego han tenido el coraje y la valentía de ir a por ello sin pensárselo demasiado.

7. **No podemos esperar que los demás sigan nuestra visión si no la compartimos, si no la comunicamos.**
El liderazgo siempre se produce a través de las emociones, porque son las emociones las que nos movilizan y las que nos mantienen en el camino. Por tanto, no basta con dar datos o informar sin más, sino de lo que se trata es de seducir y entusiasmar. Y en ese rol de la comunicación, el poder de la palabra hablada juega un papel esencial. Para un líder (o defensor de una causa), la palabra hablada sirve para acentuar, entusiasmar, contagiar y prender al equipo. Aunque cada medio de expresión tiene su contexto, puestos a comparar entre la palabra escrita y la hablada, la segunda gana por goleada: «Cuando miramos a los ojos de quien habla, cuando escuchamos su tono de voz, cuando detectamos su vulnerabilidad, su inteligencia o su pasión, eso tiene una mayor capacidad de asombrar, fortalecer o motivar». Los líderes son

personas apasionadas con la visión y apasionadas de compartir esa visión al resto del equipo, porque la ven como una forma de mejorar el mundo. Y cuando eso sucede, la magia ocurre. Así Schultz también señala: «Cuando te rodeas de personas que comparten contigo un compromiso apasionado en torno a un propósito común, todo es posible».

8. **No puedes construir una organización si no vas a rodearte de personas que tienen experiencias y conocimientos más allá de los tuyos.**
La uniformidad empequeñece y la diversidad engrandece. Eso significa que hay que aprender a escuchar, a tratar bien a la gente —porque dependes de ellos—, a comunicarles y hacerles partícipes de la visión de la compañía, de sus valores y de que son parte importante en el destino de la organización para lograr un compromiso pleno y auténtico. Las personas que tienen un desempeño excelente en su trabajo son aquellas que van más allá de las fronteras formales y técnicas de su puesto, y eso sólo es posible cuando uno siente que es parte de algo más grande que su trabajo. El compromiso y su consecuencia, la excelencia, solamente son posibles bajo esas condiciones. Schultz precisa: «La gente quiere ser parte de algo más grande que ellos mismos. Ellos quieren ser parte de algo de lo que realmente se sientan orgullosos, entonces lucharán y se sacrificarán por ello porque creen en ello».

9. **Crece con disciplina. Equilibra tu intuición con rigor. Innova alrededor de tu *core business*. No aceptes el *statu quo*. Encuentra nuevas formas de ver. Nunca esperes la gran oportunidad. Ensucia tus manos. Escucha con empatía y comunica con transparencia.**
Veamos punto por punto:
   - Crece con disciplina: sabiendo lo que haces. No crezcas en función de tu ego, con el objetivo de ser el más grande. Es peligroso.

- Equilibra intuición con rigor: estudiando y analizando las posibles alternativas antes de tomar una decisión. La intuición es necesaria, pero nunca es fruto de la pereza.
- Innova alrededor de tu *core business*: añade valor a tu negocio continuamente. Busca siempre cómo dar más. Mejora como hábito.
- No aceptes el *statu quo*: porque eso te hará estar en la media, y lo mediano nunca gana.
- Encuentra nuevas formas de ver: la creatividad no es algo opcional, porque la diferenciación nace de ahí. Y para ello hay que ensanchar la mente. Antes de juzgar, acepta posibilidades.
- Nunca esperes la gran oportunidad: porque probablemente no aparezca. Las grandes oportunidades, a menudo, surgen después de haber trabajado mucho.
- Ensucia tus manos: para entender y conocer de primera mano el terreno que pisas. Schultz dice: «Los líderes no pueden ser meros espectadores».
- Escucha con empatía: con sincera intención de comprender a los demás, ya sean clientes, socios o empleados. Sólo así es posible que una relación sea fértil, estando abierto al otro y con disposición a cambiar de opinión si es preciso.
- Comunica con transparencia: si los demás perciben que les estás engañando habrás perdido su confianza. Y si pierdes la confianza, lo pierdes todo. Sin confianza no lograrás el compromiso de tu gente; sin confianza no lograrás nada.

**10. En la vida puedes culpar a un montón de gente y revolcarte en la autocompasión, o puedes cogerte a ti mismo y decirte: «tengo que ser responsable de mí mismo».**

Todos alguna vez hemos caído en la tentación de culpar a terceras personas de nuestros (malos) resultados. Lo que también es cierto al ciento por ciento es que esa actitud, que nos hace sentir mejor por encontrar a alguien o algo como diana de nuestras frustraciones, no soluciona nada. Y el tiempo corre. Y cada día no aprovechado es un día perdido para crecer y alcanzar nuestras metas. Sólo desde la autorresponsabilidad se puede liderar la propia vida. Otra cosa es estar demasiado expuesto al viento que sopla en cada momento. Toma el timón de tu vida y nunca justifiques un fracaso. Las víctimas se enamoran de las excusas, siempre están centradas en todo lo demás menos en ellas mismas, y así es complicado salir de cualquier hoyo. Ángel Gabilondo, en su obra *Puntos suspensivos* (Círculo de Tiza, 2015), reflexiona sobre este aspecto: «Hay algo que esperamos que los demás hagan por nosotros. Tal vez mucho, incluso demasiado. Podría ocurrir también que nos cueste reconocer lo que los demás hacen o hicieron, pero en todo caso, enredados en invocar lo que a ellos les corresponde, quizás olvidemos los pasos que nadie da en nuestro lugar. Asumir lo que nos atañe, saber que nadie, por muy próximo o entregado que sea, vivirá nuestra vida, es comprender la intemperie a la que estamos convocados. De lo contrario, todo acaba adoptando formas más o menos sofisticadas, más o menos justificadas, de la excusa. Comprenderlo nos libera de toda una retahíla de infecundas evasivas para afrontar nuestra suerte».

# INMA SHARA

Inmaculada Lucía Sarachaga Menoyo (1972), Inma Shara, es una directora de orquesta española. Se formó en los conservatorios superiores de Bilbao y Vitoria, donde finalizó sus estudios de composición e instrumentación con excelentes calificaciones. Prosiguió sus estudios de dirección de orquesta en el Real Conservatorio Superior de Música de Madrid y recibió diferentes becas para continuar su formación. Ha dirigido las orquestas sinfónicas españolas más importantes, y entre sus compromisos musicales se incluyen colaboraciones con algunas de las mejores orquestas del mundo como la London Philharmonic Orchestra, la Orquesta Filarmónica de Israel, la Orquesta de la Suisse Romande, la Orquesta Sinfónica Nacional Checa, la Orquesta Sinfónica Nacional Rusa, la Royal Philharmonic Orquestra o la Orquesta Sinfónica Nacional de Taiwán, entre otras muchas. También es conocida por su faceta de entrega y compromiso a la sociedad a través de la música. Ha dirigido múltiples conciertos para diversas organizaciones sin ánimo de lucro, y ha recibido asimismo muchos reconocimientos como el premio a la Excelencia Europea por su proyección internacional y su aportación a la música clásica, o el de Embajadora Honoraria de la Marca España, concedido por el Foro de Marcas Renombradas. Es autora del libro *La batuta invisible* (Conecta, 2014), en el que relata su experiencia hasta llegar a directora de orquesta y su experiencia liderando equipos humanos.

**1. Ser frágiles no es ser vulnerables ni supone pérdida de autoridad. Es aceptar la condición humana para**

**emprender la aventura más maravillosa: la superación.**

Sólo lo que aceptamos lo podemos transformar. Aceptar nuestra vulnerabilidad, paradójicamente, nos hace fuertes. Ser vulnerables es ser valientes y ser valientes ayuda siempre a crecer. La vulnerabilidad es síntoma de humildad, de que no lo sabes todo y tienes que seguir mejorando. Es el camino para avanzar. Lo contrario también ocurre. Eckhart Tolle, al que teníamos páginas atrás, precisa: «Lo que el ego no sabe, por supuesto, es que sólo abandonando la resistencia, haciéndote vulnerable, puedes descubrir tu verdadera y esencial invulnerabilidad». Asimismo, ser vulnerables —sin ponerse una careta— nos lleva a ser claros y abiertos con la gente, y eso siempre inspira respeto. Mostrarse vulnerable también genera cercanía y sirve para conectar mejor con los demás. La vulnerabilidad es uno de los bienes más menospreciados en el mundo de la empresa, cuando su efecto es justo el contrario. La escritora Madeleine L'Engle decía: «Cuando éramos niños pensábamos que cuando fuéramos mayores ya no seríamos vulnerables. Pero crecer es aceptar la vulnerabilidad. Estar vivo es ser vulnerable».

2. **No se puede generar vida si no se está impregnado de vida.**

Es una de las frases que más le gusta repetir a Inma Shara de uno de sus principales referentes, el director de orquesta norteamericano Leonard Bernstein. La mejor manera de impactar es siendo quien eres. La autenticidad (naturalidad) siempre es seductora. Ser auténtico suena creíble y la credibilidad siempre vende. Cuando eres, convences. Tu propia historia y tu propio ejemplo son, sin duda, tu mejor arma para generar un buen impacto en otros. La pasión crea pasión; el amor crea más amor; la confianza atrae confianza. Comunica de acuerdo a quién eres y a lo que sientes y comunicarás con emoción. La única manera de ser único es siendo auténtico. Dicho de manera resumida: hablarás con pasión y emoción en la medida que vivas con pasión y emoción. La mejor manera de *parecer* es *ser*. Si quieres comunicar seguridad, debes trabajar para ser una persona segura. Es la mejor forma de convencer, impactar y ser feliz. El cantante Antonio Vega, con una sensibilidad desbordante, nos dejaba esta reflexión que lo aclara todo: «Cuando tú eres dueño de lo que estás contando, cuando es un trozo de tu vida, cuando es parte de tu historia, es verdad y es real. Y eso se manifiesta, y eso la gente lo nota. Pero cuando algo te viene dado, cuando no es tu historia, por mucho que tu técnica interpretativa sea excelente, por muchas tablas que tengas, si no es tuyo jamás va a serlo. Y cuando no lo es, no lo es y se nota, no puedes ocultarlo. Porque, precisamente, los mismos elementos que hacen creíble ciento por ciento una historia en alguien, son los mismos elementos que la hacen increíble en otro. ¿Qué ocurre? Aquel que no es dueño de su propia historia se está constantemente delatando. No puede evitarlo. Está utilizando el lenguaje expresivo para delatarse».

3. **Desde la infancia tracé en un cuaderno una hoja de ruta profesional. Para cada año me marcaba unos objetivos que debía ir superando ineludiblemente.**
Y añade Inma Shara: «Con mucha dedicación, esfuerzo e ilusión, fui cumpliendo punto por punto estos objetivos hasta lograr mi sueño: ser directora de orquesta». El éxito no es casual; el fracaso tampoco. No tener un plan de vida es dejar que nuestra vida sea un accidente. No planificar es planificar el fracaso. Alan Lakein, autor de *How to Get Control of Your Time and Your Life*, decía: «Planificar es traer el futuro al presente para poder hacer algo al respecto ahora». Una persona con mentalidad ganadora está enfocada en tres cosas: *qué* quiere conseguir, *cómo* conseguirlo, y *medir* para mejorar. Primero, tener claridad de objetivos; segundo, ac-

ciones concretas que permitan concentrar todas las energías en una determinada dirección sin dispersarse ni perder el tiempo; y tercero, contar con indicadores de medición para corregir y ajustar.

4. **Una parte importante de la dirección de orquesta, quizás la más desconocida, es liderar a un grupo humano. Y cada persona es un mundo.**
Da igual a lo que uno se dedique (cocina, tecnología, automóvil, moda...), cuando se está al frente de un equipo, el éxito viene determinado por la capacidad de liderazgo. Y el mayor error que se puede cometer al liderar es caer en la estandarización. El liderazgo no admite soluciones empaquetadas porque no hay dos personas iguales, y eso hace, precisamente, que en las relaciones humanas el conflicto sea algo habitual. La directora de orquesta dice: «Aparte de un buen músico, el director tiene que ser un buen gestor de recursos humanos. Por todos es conocido que, cuando se habla de un grupo de personas, surgen las opiniones enfrentadas, las fricciones o los desacuerdos. Se rompe la armonía que hay que recuperar. Ésta es nuestra condición humana, hay que asumirlo. Al final, una orquesta es eso, seres humanos, un organismo vivo». La vida y las personas son como son, no como nos gustaría que fuesen, y en nuestra habilidad y destreza para gestionar y reconducir lo que ocurre con serenidad estará nuestro éxito. Ni la rigidez ni el autoritarismo suelen ser la mejor praxis cuando se dirige personas, al menos como estrategia sostenible. Inma Shara también lo apunta: «Creo que es mejor influir que mandar». Ése es el sentido de la *batuta invisible.*

5. **He vivido por y para la música, que es mi pasión y mi obsesión.**
La vida recompensa de manera extraordinaria a quienes se entregan de manera extraordinaria. Compromiso a medias,

resultados a medias. Inma Shara, desde su posición, lo aclara aún más: «El camino hasta llegar a ser director de orquesta es largo y requiere muchas horas de esfuerzo y dedicación, aunque pienso que no es muy diferente a otras profesiones que se quieran vivir con verdadera intensidad». Da igual la profesión de la que hablemos. Preguntemos a Ferran Adrià, Cristiano Ronaldo, Plácido Domingo o a cualquier otro referente en su sector. Son personas entregadas a su profesión (pasión), y precisamente por eso han llegado donde han llegado y se han convertido en quienes se han convertido. Pasión y obsesión van siempre unidas, aunque duela. El precio no es gratuito y hay que sufrir el (duro) proceso. La directora concluye: «Es necesario poseer una intensa, casi infinita, pasión por la música. Una pasión que se funde y se confunde con lo obsesivo. Así, el aspirante no caerá en el desánimo, afrontará las dificultades sin barreras y obtendrá grandes satisfacciones de la grandeza de la música y lo sublime de la misma».

6. **Qué bonita ignorancia tenemos al principio, qué frescura y qué ilusión por aprender.**
La ignorancia suele ser atrevida, y el atrevimiento siempre es necesario para conseguir logros inspiradores. Sara Blakely, la fundadora de Spanx, decía a raíz de su inesperado éxito: «No te dejes intimidar por lo que no sabes. La ignorancia puede ser tu mayor fortaleza y la llave para hacer las cosas de manera diferente a los demás». Cuando uno es joven (ingenuo) y tiene poco que perder, la capacidad de asumir riesgo es grande. A medida que se cosechan éxitos, esa capacidad languidece. Por eso, a las grandes marcas, casi sin excepción (hay excepciones), les cuesta mucho innovar —a pesar de sus discursos innovadores— porque están más preocupadas por no perder (miedo al fracaso) que de ganar (deseo de éxito). Como decía el escritor francés Bernard Werber: «La derrota es innovadora

y la victoria es conservadora». Ni tanto ni tan calvo, diríamos. El reto, para todos, es buscar un cierto equilibrio entre la frescura del principiante y el rigor y precisión del experto.

7. **El director de orquesta, como un directivo de empresa, tiene la idea global de lo que quiere, pero muchas veces no conoce los caminos más óptimos para obtener ese fin.** Quien está más cerca de la realidad es, a menudo, quien mejor la conoce. Y eso implica humildad para saber escuchar. Es difícil hacerlo cuando uno cree que está por encima del bien y del mal. Inma Shara lo explica: «Cada músico tiene mucha más experiencia en su instrumento que el propio director de orquesta. Durante los ensayos siempre pregunto si me he explicado bien y si se me entiende desde el punto de vista técnico. Además, se agradecen sugerencias. En ocasiones hay mejores caminos para conseguir el objetivo planteado que los que el director ofrece». Quizás, por eso, no es casual que la directora cite a Herbert von Karajan, un referente musical, quien apuntó frases como: «El arte de dirigir es saber cuándo hay que abandonar la batuta para no perturbar a la orquesta».

8. **Las críticas son frecuentes en el mundo de la música. Con el tiempo aprendes a interpretarlas y traducirlas, y a quedarte con las que aportan algo positivo y son constructivas.** Estar en el primer plano de cualquier profesión no es moco de pavo, porque las críticas (envidias) se dirigen inevitablemente hacia quienes destacan. Muchas de ellas no tienen que ver con realidades objetivas sino más bien con aspectos subjetivos. Es lo que hay. El escritor Arthur Conan Doyle, creador del personaje de Sherlock Holmes, apuntaba: «La mediocridad no conoce nada superior a sí mismo, pero el talento reconoce inmediatamente al genio». Abunda lo pri-

mero y escasea lo segundo. Hay cosas que dependen de uno y otras no. Y las críticas (envidias), a menudo producto de las insatisfacciones y frustraciones personales, no es algo sobre lo que se pueda influir al ciento por ciento. Están ahí y hay que lidiar con ellas. Lo mejor, casi siempre, es ignorar y no echar más leña al fuego, quedándose con lo que aporte y sume.

9. **Creando un buen ambiente se gestiona mucho mejor el tiempo y los recursos se optimizan. Las buenas relaciones dan como resultado confort laboral.**
Lo contrario es como poner palos a las ruedas, con lo que ello significa como es evidente. Por eso, señala Inma Shara, «se deben establecer puentes afectivos con las orquestas más allá de lo puramente profesional». Sólo cuando así sucede, la comunicación —clave en las relaciones humanas como el respirar en los individuos— fluye y se puede avanzar de manera más acelerada y sólida: «El público respira esa comunicación interna que se crea entre la orquesta y el director. La comunicación interna se impone como una herramienta vital. Hoy día se subraya la importancia de la inteligencia emocional de equipo, donde los puentes afectivos son indispensables, para hablar de esta profesión como arte por excelencia». En todo equipo y relación, los conflictos son algo normal, y sólo con una actitud constructiva y de apertura es más fácil disolverlos y salir fortalecidos: «Las orquestas pasan por momentos de dificultades en lo que a gestión de recursos humanos se refiere. No es extraño encontrarse con conflictos humanos, bien por discrepancias entre criterios, rivalidades entre egos o reivindicaciones de diversa índole. Gestionar los talentos no es una asignatura sencilla, ya que la frontera entre el talento y el egocentrismo no está muy delimitada, en ocasiones es muy frágil y difícil de definir. Gestionar estos marcos de comportamiento humano requiere grandes dosis de generosidad, pa-

ciencia y bonhomía, incluso de autocrítica, para priorizar el objetivo final, que es dar lo mejor al público. En estas situaciones es cuando ejercer un liderazgo amable se convierte en la herramienta más idónea y eficaz».

10. **El concierto, el acto musical y social, es sólo la punta del iceberg del minucioso trabajo del director.**
Lo mismo sucede en el resto de disciplinas: teatro, deporte o conferencias. La presentación ante el gran público es sólo el último eslabón —importante, desde luego, pero uno más— de una larga cadena. En el caso de un director de orquesta, hay mucho trabajo en solitario antes de los ensayos con la orquesta previos al concierto: análisis, estudio, memorización e interiorización de la partitura. Sólo si ese trabajo se ha hecho bien, el resto podrá seguir su curso de manera óptima. Lo contrario también ocurre. La calidad de una conferencia depende del tiempo invertido en su preparación; el resultado de un examen suele ser la consecuencia a las horas de estudio dedicadas; el desempeño en un partido de tenis del nivel de compromiso de los entrenamientos. No hay atajos en el trabajo. Los resultados, que siempre saltan a la vista para bien y para mal, son la consecuencia a nuestro grado de preparación.

# JACK MA

Jack Ma (1964) –Ma Yun en mandarín– es un empresario chino, fundador y Presidente Ejecutivo de Alibaba Group, el mayor *e-commerce* a nivel mundial. La empresa nació en 1999, cuando en un viaje a Estados Unidos le fue imposible encontrar en los bares norteamericanos su cerveza china favorita, la Qingdao. Su objetivo era estrechar el mundo comercialmente, y que los productos chinos estuviesen en cualquier rincón del planeta. El nombre de Alibaba se lo dio por ser conocido a nivel global. Durante los tres primeros años apenas tuvo ingresos, y hoy día, Alibaba y Aliexpress mueven el 80 por ciento del comercio electrónico en China y cuenta con 24.000 empleados. En 2015 generó ventas por valor de 463.000 millones de dólares, superando a otros gigantes como Ebay y Amazon. El «Forrest Gump de los negocios» –como se le conoce a Jack Ma– fue el primer empresario chino en aparecer en la portada de *Forbes*, y es considerado el chino más rico del mundo tras la oferta pública de venta de Alibaba Group en la bolsa de Nueva York. Su patrimonio asciende a más de 20.000 millones de dólares y se han escrito diversos libros sobre su vida y gestión como *Alibaba y Jack Ma* (Indicios, 2016).

1. **Siempre tendrás una oportunidad de triunfar si no te rindes.**
   La historia del fundador de Alibaba es un ejemplo de resiliencia. Por dar algunos datos, Jack Ma fue rechazado para entrar en Harvard en diez ocasiones. Después de graduarse, intentó buscar trabajo y le rechazaron en más de treinta sitios. Y en KFC (Kentucky Fried Chicken), de 24 candida-

tos que optaban para un puesto en el restaurante de comida rápida, 23 fueron contratados y tan sólo él rechazado, según dice por «su baja estatura y por su escaso atractivo físico». También fue descartado para ser policía. Pero no se vino abajo. Jack Ma siempre ha tenido como héroe al personaje de Forrest Gump —su película favorita que ha visto cientos de veces— quien a pesar de todas las circunstancias adversas «siguió corriendo». En la cinta, en un momento dado, el protagonista (Tom Hanks) dice: «Hoy fue cruel y mañana será más cruel. Pero el día siguiente será hermoso». La vida no golpea siempre. A veces da duro y otras veces ofrece oportunidades. Es cuestión de estar preparado y esperar. Aguanta, resiste, no dejes de pedalear y te llegará la tuya. No lo dudes. Jack Ma apunta: «Lo más importante que debes tener es persistencia. Darse por vencido es la mayor de las derrotas». Y añade: «Si un día escribo un libro sobre Alibaba será sobre los 1.001 fracasos que tuve».

2. **No importa lo que hagas, independientemente del éxito o el fracaso, la experiencia es una forma de éxito en sí misma.**
Todo reto, con independencia del resultado final, siempre suma. Se ganan contactos, conocimientos, experiencia, agilidad y otras muchas cosas. Podríamos decir que detrás de un gran fracaso hay muchos pequeños éxitos. Antes de fundar Alibaba, Jack Ma invitó a su casa a 24 amigos para hablarles de su proyecto. Después de discutir con ellos alrededor de un par de horas, el veredicto fue el siguiente: 23 de las 24 personas le dijeron que abandonara la idea. Su explicación: «No sabes nada acerca de internet y no tienes el capital para llevar a cabo el proyecto». Sin embargo, uno de sus amigos le dijo: «Si quieres hacerlo, debes intentarlo. Si las cosas no salen como esperabas, siempre puedes volver a lo que estabas haciendo antes». En otra ocasión, Jack Ma diría: «El mundo está lleno de estúpidos, no hay que dejar-

se desanimar. Las oportunidades están ahí, donde los demás no las ven».

3. **Si no conoce todo acerca de sus competidores, o si los subestima o no los ve como una amenaza, entonces usted ya ha perdido la batalla.**
Como en un partido, importa lo que tú haces y lo que hace el contrario. Relajarse pasa factura. Menospreciar a los demás también. Es algo muy común en el mundo empresarial, en particular, y en la vida, en general: subestimar a la competencia. Poner el foco en lo negativo de otros obviando sus aspectos fuertes. Esa actitud nos pone en una situación de desventaja aunque no veamos sus efectos de manera inmediata. Concentración, mejora continua, orientación al cliente o seguimiento de los competidores son armas para no descuidarse y seguir en el candelero. Jack Ma dice: «Si su competidor es peor que usted o demasiado débil, de todas formas hay que tratarlo como si fuera fuerte. De la misma forma, si su competidor es mucho más fuerte, no tenga miedo de él». Los demás no son tan buenos (malos) como pensamos, ni nosotros tampoco somos tan buenos (malos) como pensamos. Ni subestimar tanto a otros que nos lleva a perder la intensidad y tensión necesarias; ni sobrevalorar tanto a otros que nos lleve a paralizarnos.

4. **En su camino hacia el éxito se dará cuenta de que las personas exitosas no se lamentan ni se quejan.**
Todos tenemos el derecho a estar «tocados» emocionalmente, a sentirnos tristes algunos días, a estar confundidos o a tener dudas acerca del futuro. Es algo normal. Pero cuando eso se convierte en hábito es peligroso, porque nuestros hábitos modelan nuestros comportamientos y se hacen fuertes. Por eso, cuando la negatividad se repite, hay que ser proactivos para contrarrestarla. Atajarla sin contemplaciones. ¿Cómo? Lee biografías inspiradoras, escucha

música estimulante, ve algún vídeo o documental que te sirva de acicate, haz una llamada o queda a tomar un café con esa persona que siempre suma y te inspira. Jack Ma señala: «A veces puede darse el gusto de lamentarse, no existe nada malo. Pero si se deprime regularmente y con frecuencia se queja de la vida, entonces esto se parecerá al alcoholismo. Mientras más bebe, más difícil será de parar». Así funcionan los hábitos.

5. **Las oportunidades están donde hay problemas y gente quejándose.**
   Si hay un problema o una queja es debido a que al cliente no se le está dando algo que quiere, y por tanto, hay un potencial nicho de mercado a explorar. No tiene sentido crear nada si no es fruto de la frustración de encontrarte con cosas que no te gusta cómo funcionan, que los demás no hacen bien. Aplica la «teoría de la frustración» al emprendimiento y cosecharás beneficios. Lo que un aspirante a emprendedor debe preguntarse es: ¿qué me frustra?, ¿qué frustra a los consumidores?, ¿qué no está funcionando? Y si crees que puedes solucionarlo, entonces tienes un negocio y las posibilidades de ganar dinero.

6. **Las peores cualidades de un emprendedor son: ser arrogante, no saber evaluar una situación y no tener visión de futuro.**
   Analicemos estos tres aspectos que hay que evitar:
   - La arrogancia conduce al precipicio, porque a menudo viene envuelta de los siguientes ropajes: no escuchar, ser autosuficiente y despreciar a la competencia.
   - No saber evaluar la situación, conduce a tomar decisiones equivocadas. Si fallas en el diagnóstico, fallas en la solución. Y si te equivocas en la solución, fracasas.
   - La incapacidad para ver el futuro te lleva a estar en medio del pelotón y a quedarte obsoleto. Ser reactivo

nunca permite estar en una situación de liderazgo, sólo ser uno más, y así simplemente se sobrevive.

7. **Si usted no es rico antes de los treinta y cinco años es porque no se lo merece.**
Y lo mismo es aplicable al resto de áreas de la vida. En cualquier parcela, si las cosas no marchan como a ti te gustaría es porque hay algo que no sabes o no estás haciendo bien. Y por tanto, es necesario cambiar algo al respecto. Jack Ma señala: «Tengo un principio que aplico: tu actitud hacia el trabajo y las decisiones que tomas son más importantes que tu capacidad». También dice: «Los deberes de un empresario son: ser diligente, trabajador y ambicioso». Ser diligente implica tomar decisiones acertadas; ser trabajador implica que cuanto más te esfuerzas, más suerte tienes; y ser ambicioso es lo que te lleva a conseguir cosas grandes. Este último punto es esencial. Tu ambición determina el potencial de tu futuro: «Eres pobre porque no tienes ambición». Lo demás se aprende.

8. **Los pobres fallan debido a un comportamiento común: su vida entera se basa en esperar y esperar y esperar.**
Las mentes pobres tienen algunas cosas en común: «Aman preguntar o investigar en Google, escuchar a los amigos que están tan desesperados como ellos, piensan más que un profesor universitario y se mueven menos que un ciego guiando a otro ciego. Sólo hay que preguntarles qué quieren hacer con su vida, y no son capaces de responder. Mi conclusión es que en lugar de esperar a que las cosas cambien, ¿por qué no actúas y haces que las cosas cambien?; en lugar de sólo pensar en ello, ¿por qué no hacer algo al respecto? —Y concluye—: Al mundo no le importa lo que dices sino lo que has hecho».

9. **Es imposible complacer a las mentes pobres.**
Quejas, excusas, culpas o lamentaciones son comportamientos típicos de las mentes pobres. También: dudar de

todo, ser desconfiados y ser excesivamente prudentes. Y claro, así es complicado hacer algo interesante y que la vida te premie. En una entrevista, Jack Ma decía respecto a la gente con mentalidad de escasez (mentes pobres):

- Dales algo gratis, y piensan que es una trampa.
- Diles que es una pequeña inversión, y van a decir que no ganarán mucho.
- Invítalos a invertir en su mente, y te responden que lo harán cuando tengan dinero.
- Invítalos a invertir en grande, y dirán que no tienen dinero.
- Invítalos a probar cosas nuevas, y te dirán que no saben cómo hacerlo.
- Invítalos a un negocio tradicional, y dirán que es difícil de hacer.
- Diles que es un nuevo modelo de negocio, y van a decir que es una estafa.
- Diles que inicien un nuevo negocio, y van a decir que no tienen experiencia.

**10. Lo primero es el cliente; lo segundo, los empleados; y sólo después, los accionistas.**

Jack Ma añade: «Es el cliente el que nos da el dinero y los trabajadores los que innovan. Antes de la OPV para salir a bolsa, muchas personas me dijeron que querían acciones de Alibaba como inversores a largo plazo. Cuando llegó la crisis, los accionistas huyeron; mis clientes y mis empleados, se quedaron». Y si te he visto, ni me acuerdo. La orientación al cliente —para satisfacerle— y la orientación al empleado —para que sea productivo e innove— son los dos pilares de cualquier negocio. Y los resultados (beneficios) son la consecuencia. Sin las mejores personas no puedes tener la mejor empresa. Jack Ma dice: «Reunir dinero es difícil, pero contratar gente es aún más complicado». Y da algunas pautas: «Las habilidades de los empleados deben ser mejores que las del jefe. De lo contrario, usted ha contratado a las personas equivocadas». Y también: «Haga que sus empleados lleguen al trabajo alegres. Estamos aquí para disfrutar de la vida y hacer que la vida de los demás sea mejor».

# JAMES ALTUCHER

James Altucher (1968) es un empresario, inversor y escritor de éxito. En su trayectoria ha montado más de veinte empresas, de las cuales sólo tres han tenido éxito. Ha pasado de millonario a la quiebra y de la quiebra a millonario en varias ocasiones. Llegó a Nueva York a mediados de los años noventa en busca de fortuna y se hizo rico en Silicon Valley. Por aquel entonces compró un apartamento de 2 millones de dólares –más otro millón en mejoras– y viajaba en helicóptero sólo para jugar al póker. Invirtió en startups en la burbuja tecnológica y lo perdió todo. De 2001 a 2004 fue también Daytrader, y llegó a mover entre 40 y 50 millones de dólares al día en el mercado bursátil, hasta que volvió a fracasar. Entonces encontró su maná escribiendo libros de autoayuda con listas de consejos. Se le conoce como «el rebelde de la autoayuda». Ha publicado más de 16 libros, el más conocido *Choose yourself* («Elígete a ti mismo»), con medio millón de copias vendidas. También ha escrito: *Reinvent Yourself* («Reinvéntate a ti mismo»), *40 Alternatives to college* («40 alternativas a la universidad») o *El poder del No* (Conecta, 2017). La gente se identifica tanto con sus libros porque la ayudan a entender que no están solos y que aquello que les ocurre también les ha pasado a más personas.

1. **Las excusas son absurdas, te quitan la energía «hoy» y continúas con los problemas «mañana».**
James Altucher cuenta la siguiente historia: «En una ocasión se me pasó por la cabeza iniciar mi propio negocio, pero no tenía dinero. Busqué formas de comenzar mi negocio sin dinero, pero no tenía oficina. Busqué la forma de

hacer de mi casa mi propia oficina, pero no tenía clientes, y además era demasiado tímido como para hacer llamadas en frío en la captación de clientes. Surgieron nuevos problemas como no tener el equipo adecuado ni contactos. Incluso si se me pasaba por la cabeza escribir un libro, rápidamente caía en la cuenta de que no tenía una editorial que me apoyara. Probablemente no tuviera talento, y por tanto, es mejor que emprenda otro». Las excusas condicionan toda nuestra vida y además no es difícil encontrarlas. Somos amantes de las excusas. ¿Y cuáles son las excusas más comunes? No tengo tiempo, no soy bueno, soy demasiado mayor (joven), no tengo dinero o no es el momento. Si quieres, tú también puedes usarlas para quedarte tranquilo y dormir a pierna suelta. Ya sabes: puedes tener resultados o excusas, pero no las dos cosas al mismo tiempo. Las excusas son un autoengaño en toda regla para no asumir nuestra responsabilidad.

2. **No importa quién seas, no importa lo que hagas, no importa quién sea tu audiencia: el 30 por ciento lo amará, el 30 por ciento lo odiará y al 30 por ciento no le importará.** Siempre ha sido así y no parece que se vislumbren cambios en el horizonte. Cuanto antes se acepte esta realidad, menos sufrimiento y más felicidad. Altucher lo tiene claro: «Preocúpate sólo por tu propia felicidad, la cual no tiene por qué verse limitada por la estupidez de nadie, a menos que tú lo permitas. Pasa más tiempo con la gente que te ama y no dediques ni un segundo al resto. La vida será mejor así». ¿Para qué dedicar tiempo y energía a aquello que no suma en lugar de dedicársela a lo que sí? Norman Vincent Peale, personaje de este libro, decía: «Nunca reacciones emocionalmente a las críticas. Analícense para determinar si están justificadas. Si es así, corríjase lo que sea necesario. De lo contrario, siga con sus negocios».

3. **Sigue la regla 5/25 de Warren Buffett.**
El inversor Warren Buffett siempre aporta reflexiones interesantes, y para Altucher ésta es una de las más útiles:
   - Haz una lista de las 25 cosas que quieres hacer en la vida.
   - Ahora haz el top 5, las cinco más importantes.
   - Céntrate en esas 5, lucha por ellas y no vuelvas a pensar en las otras 20.

   Liberar energía es muy recomendable para dedicar todas las fuerzas a las cosas más importantes. El exceso de metas nos dispersa y bloquea. Un ejemplo de esto es la conocida «paradoja de la elección», o *por qué más es menos*, del psicólogo Barry Schwartz. En su libro con el mismo nombre cuenta como en un supermercado se puso a un grupo de personas delante de una selección extensa de mermeladas (24) y a otro frente a una selección más limitada (6). Los resultados demostraron que mientras un 30 por ciento de los consumidores que sólo pudieron tener acceso a 6 mermeladas acabaron llevándose un tarro, sólo un 3 por ciento de los del primer grupo compraron. La conclusión es obvia: a partir de un número de alternativas, el cerebro se bloquea y le cuesta decidir y centrarse. Racionalmente creemos que más es mejor, pero la evidencia empírica demuestra que no es así. El exceso de alternativas lleva a la duda, a la confusión, a la parálisis, a la dispersión. En definitiva: pocas metas, motivadoras y dándolo todo en ellas.

4. **Evita el «sesgo de compromiso».**
*Es mejor perder que perder más*. No siempre es posible ganar, pero al ser humano le cuesta mucho asumir pérdidas porque es reconocer que se ha equivocado. Para evitar esto, seguimos «comprometidos» con una situación. Por ejemplo, si una relación —del tipo que sea: comercial, de pareja o amistad— no está funcionando y las perspectivas no son halagüeñas, no pongas más tiempo y energía en ella. Lo mismo

pasa con las inversiones o los proyectos empresariales. La tiranía de la inercia y la comodidad de no tomar una decisión difícil —asumir que nos hemos equivocado—, nos perpetúa en una situación que, con toda seguridad, irá a peor. El razonamiento perverso nos dice que como hemos invertido tiempo, energía y dinero en algo, debemos seguir peleando —ése es el «sesgo de compromiso»— pensando que las cosas mejorarán. Pero no suele ser así. Hay que aprender a dar por finalizadas las cosas. El hecho de que estés en un proyecto o relación hace un día, un mes o diez años, no significa que debas seguir si realmente sientes que eso no va a prosperar, independientemente del tiempo, energía y dinero invertido.

5. **Planta muchas semillas.**
Si no haces nada, nada es lo que ocurrirá; si haces cosas, algo ocurrirá; si haces muchas cosas, seguro que te va mejor. Para Altucher, el éxito consiste en plantar muchas semillas, porque el 1 por ciento de las semillas se convertirá en el 50 por ciento de las flores. Son puras matemáticas. ¿Qué puedes hacer? Envía un correo electrónico solicitando consejo a alguien, haz un sitio web para tener visibilidad, escribe un artículo, ofrécete voluntario a dar una charla, lee libros, queda con alguien a tomar un café, ve vídeos en la red, date de alta en redes sociales o asiste a conferencias. Lleva la iniciativa. Nunca sabes qué semilla brotará, y a veces, el éxito llega de donde menos esperas. Así que planta semillas todos los días. Haz cosas.

6. **Haz un poco cada día.**
Si quieres escribir un libro, no te obsesiones con su entrega. Escribe una página cada día y haz esa página de manera excelente. Al final de la semana tendrás siete páginas, y al cabo de un mes treinta. Continúa con esa marcha y tendrás el libro acabado. John Wooden, conocido entrenador de baloncesto universitario, decía: «Cuando mejoras un poco

cada día, al final ocurren grandes cosas. Cuando mejoras tu forma física un poco cada día, al final se produce una gran mejora en tu forma física. No mañana, ni al día siguiente, pero al cabo del tiempo has hecho un notable progreso. No hay que buscar mejoras rápidas y espectaculares, sino mejoras pequeñas, día a día. Ésa es la única forma en que ocurren, y cuando lo hacen, permanecen». Es un consejo sencillo, pero que poca gente pone en práctica. Además, los pequeños pasos desactivan los miedos que producen las grandes gestas y nos permiten ganar seguridad en cada paso que damos, y así seguir dando otros más.

7. **Confía en tu cuerpo y en tu inconsciente.**
En todo lo que hagas y con todas las personas que conozcas, presta atención a cómo te sientes. No subestimes a tu intuición, ese GPS interno que no es otra cosa que la sabiduría que procede del inconsciente fruto de todos los conocimientos y experiencias adquiridos. Kim Kiyosaki, que aparece también en estas páginas más adelante, apunta: «Pienso que la intuición juega un papel clave en el mundo de las inversiones. Yo la escucho constantemente. No es lo único que uso para decidir pero siempre estoy verificando lo que siento en el estómago. Hago mi tarea, reúno mis datos y verifico conmigo misma. Si todo está alineado avanzo. Los mayores errores que he cometido, no sólo en mis inversiones sino en la vida, han sido cuando no he confiado en mí. Las veces en que no soy fiel a mí misma, cuando voy en contra de lo que es congruente con mis pensamientos y creencias, son las que me han ocasionado más problemas».

8. **Los negocios son sólo un vehículo para transformar las ideas en tu cabeza en algo real y tangible que realmente mejore la vida de los demás.**
Nunca estarás satisfecho del todo si sólo te fijas en ti mismo. Busca el significado y el impacto en la vida de los de-

más y tu vida tendrá sentido. Y ganarás dinero también. Pero la rentabilidad es sólo la consecuencia a lo anterior. Altucher dice: «He entrevistado a cerca de 150 personas de éxito, y una vez más, el dinero para ellos fue sólo un subproducto». Además, si quieres lograr algo sólido y duradero, tienes que construir sobre pilares sólidos. Y eso implica constancia y paciencia: «Crear algo único, hermoso y valioso es muy difícil. Es muy especial hacerlo. No sucede rápido. No busques dar el pelotazo rápido. Pocos lo consiguen. El éxito es algo de largo plazo, aunque en el camino, encontrarás muchos pequeños éxitos que celebrar».

9. **«Elígete a ti mismo» es no depender de las tendencias. Construye tu propia plataforma y ten confianza en ti mismo en vez de en un sistema de falsos jueces. Define el éxito bajo tus propios términos.**
Las reglas que imponen otros existen mientras tú las aceptas. La mayoría de las veces (casi nunca) no puedes cambiar las reglas, pero sí crear tus propias reglas. Puedes trabajar por una nómina para una multinacional o crear un negocio online desde cualquier lugar del mundo, ¿por qué no? Puedes trabajar de 9 a 14 horas y de 16 a 19 horas de lunes a viernes o puedes estar trabajando como *freelance* un domingo y estar de ocio el miércoles, ¿por qué no? Puedes irte de vacaciones en Semana Santa o verano o cuando los demás vuelven, ¿por qué no? El futuro no está predeterminado; el futuro no existe, simplemente se crea (lo creas). Pero para ello tienes que tener la determinación de asumir la responsabilidad de tu vida, y por tanto de los resultados —buenos y malos— sin culpar a nadie. Altucher concluye: «Nadie puede decirte qué hacer. Cada segundo te define. Sé quien eres, no otra persona o quienes los demás quieren que seas». Y añade: «El drama es para el teatro y no para tu vida. En un buen drama, a menudo el héroe muere. No seas el héroe de un drama».

10. **Lo que necesita hacer es construir la casa en la que vivirá estableciendo una base sólida en cuatro áreas: salud física, emocional, mental y espiritual.**

De manera más concreta:

- Física. Se mide por la energía que tienes para enfrentar el día. Tienes que cuidarte: mejor sueño, mejor dieta, más ejercicio. Cómo te sientes influye en todos tus comportamientos, y por tanto, en lo que consigues o no consigues. Bajos niveles de energía van acompañados de peores resultados.
- Emocional. Nuestra calidad de vida depende mucho de la calidad de nuestras relaciones: relaciones tóxicas nos dejan anímicamente tocados y relaciones sanas nos cargan de energía. Y las relaciones, como todo, se fortalecen o debilitan según la atención que les prestemos.
- Mental. La mejor forma de tener una buena idea es generar muchas ideas. La capacidad de producir ideas es como cualquier otro músculo. Si no caminas durante dos semanas, después te cuesta más trabajo. Lo mismo ocurre con el músculo de las ideas: «Anoto diez ideas al día. No tienen que ser ideas de negocios. Tampoco buenas ideas. Pueden ser ideas locas. Las mejores ideas vienen de las ideas locas».
- Espiritual. Basada en la gratitud creativa. La gratitud desactiva de la mente cualquier tipo de negatividad y nos hace sentir bien. Gratitud es sinónimo de abundancia. Altucher explica: «Todos los días practico lo que yo llamo la gratitud creativa. Es un tipo de gratitud con desafío. No caigas en la trampa de la "porno-gratitud", la gratitud fácil en la que estamos agradecidos por nuestros hijos y tener un techo donde cobijarnos. Cada día debo encontrar cinco cosas nuevas para ser agradecido».

# J. K. ROWLING

Joanne Kathleen Rowling (1965), quien escribe bajo los seudónimos J. K. Rowling, Newt Scamander, Kennilworthy Whisp y Robert Galbraith, es una escritora y productora de cine británica, conocida por ser la creadora de la saga de libros *Harry Potter* que ha ganado múltiples premios y ha vendido más de 450 millones de ejemplares en todo el mundo. Rowling es igualmente famosa por haber pasado de pobre a multimillonaria en sólo cinco años. La *Sunday Times Rich List* de 2008 estimó la fortuna de Rowling en 560 millones de libras, lo que la situó como la duodécima mujer más rica en el Reino Unido. La revista *Forbes* ubicó a Rowling en el cuadragésimo puesto en su lista de las celebridades más poderosas de 2007, y la revista *Time* la seleccionó como «Personaje del Año», resaltando la inspiración social, moral y política que le ha dado a los personajes de Harry Potter. Es conocida su labor como filántropa, apoyando a instituciones de caridad tales como Comic Relief, One Parent Families y Multiple Sclerosis Society of Great Britain.

**1. Es importante recordar que todos tenemos «magia» dentro de nosotros.**

Y añadiríamos que esa «magia» nunca desaparece. La «magia» es potencialidad pura que cuando se encuentra al servicio de un propósito grande desprende toda su dinamita. Para que esa «magia» se manifieste es necesario buscar (encontrar) inspiración. Todos la necesitamos. Pero lo primero es protegerse de la negatividad. Ya nos flagelamos bastante cada uno de nosotros como para echar más leña al fuego con las malas intenciones de terceros. Hay que crearse una especie de burbuja para resguardarse de toda esa gente pesimista, quejica y que piensa en pequeño que nos rodea. Y segundo, hay que acercarse a libros, vídeos y personas que nos transmiten inspiración con sus vidas y palabras. Es importante recordar que ante la luz, la oscuridad se disuelve. Por muy negras que sean las circunstancias, la oscuridad pierde toda su fuerza en el momento en que la luz hace acto de presencia. Hay que buscar anclajes y puntos de apoyo para que esa «magia» salga al exterior. La escritora británica nos recuerda: «No necesitamos magia para cambiar el mundo, llevamos todo el poder que necesitamos dentro de nosotros».

2. **Las palabras son nuestra fuente más inagotable de magia. Capaces de infligir daño y de poner remedio.**
Por eso, cuida lo que te dices a ti mismo y lo que dices a los demás. Las palabras dan forma a la realidad. Las palabras curan y destruyen. Inspiran o limitan. Dañan o sanan. Unas palabras de compasión en los momentos de duelo; unas palabras de aliento en los periodos de sequía; unas palabras de impulso en situaciones de miedo hacen un gran bien a quien las recibe. Lo que se dice y cómo se dice pueden cambiar la actitud mental del receptor, y por ende, su comportamiento posterior. Y algo que es importante subrayar: las palabras positivas y negativas no funcionan de manera simétrica. Se ha demostrado científicamente que son necesarios cinco cumplidos seguidos para borrar las huellas perversas de un insulto. El impacto del lenguaje negativo es mayor en nuestras vidas que el del lenguaje positivo. Antes de abrir la boca, piénsalo. El autocontrol es esencial.

3. **Cualquier cosa es posible si tienes suficiente valor.**
La decisión más difícil es empezar. El resto es perseverancia. Parece sencillo, y lo es, que no fácil. Valor es la capacidad de empezar seguida de la capacidad de perseverar. Es decir, de ser valientes para dar el salto y de ser resilientes para no des-

fallecer. Cada día que se trabaja enfocado en un objetivo uno se acerca más a él, porque uno se vuelve más inteligente, sabe más de lo suyo —por qué y cómo suceden las cosas— y por tanto, puede actuar con mayor diligencia. Si tienes valor, si actúas, puedes adquirir conocimientos, experiencia, desarrollar relaciones y enmendar cualquier situación. Si no hay valor, nada es posible. Sin valor, la vida carece de sentido. Nietzsche decía: «Atreverse es perder pie momentáneamente. No atreverse es perderse a uno mismo».

4. **Si no te gusta leer es porque aún no has encontrado el libro adecuado.**
Nadie puede salir indiferente a un buen libro. Un buen libro te cambia por dentro, para bien. Un buen libro te remueve. Un buen libro te hace cuestionarte cosas; contemplar otros ángulos de vista; te da claves para mejorar; te permite comprender los *porqués*; o te descubre los *cómos*, y mucho más. Y lo más importante: un buen libro te empuja a seguir buscando, profundizando y leyendo. En definitiva, a amar la lectura. Si buscas y estás dispuesto a dejarte enseñar, aparecerá el libro adecuado en el momento preciso. Como se suele decir: no eliges los libros, los libros te eligen a ti. Además, un libro es un lugar al que se puede volver una y otra vez de manera ilimitada y en diferentes momentos de nuestra vida. Garrison Keillor, autor y humorista, decía elegantemente: «Un libro es un regalo que puedes abrir una y otra vez». No se agota. Menudo regalo, ¿no?

5. **Son nuestras decisiones las que muestran lo que podemos llegar a ser, mucho más que nuestras habilidades.**
Las habilidades valen de poco si no se hace algo con ellas. Y en cualquier caso se pueden adquirir con estudio y práctica si pasamos a la acción. Somos nuestras decisiones. Y nuestras decisiones no son sólo aquellas que tomamos fruto del papel, el lápiz y la reflexión. Estamos continuamente tomando

decisiones: si hacemos o no una llamada; si pedimos o no ayuda; si preguntamos o no preguntamos algo a alguien; si vamos o no a un evento; si dejamos otro día que pase sin hacer algo o nos ponemos en marcha; si leemos o no un libro. Cada decisión —quedarse en el sofá también es una decisión— configuran silenciosamente nuestro futuro para bien (mal). Cada decisión cuenta. Rowling precisa: «Todos tenemos luz y oscuridad en nuestro interior. Lo que importa es lo que tomamos en cuenta a la hora de actuar; eso define quienes somos realmente». También dice: «"Destino" es la palabra que usamos para describir decisiones que tomamos en el pasado que tuvieron consecuencias dramáticas».

6. **La grandeza inspira envidia, la envidia engendra rencor y el rencor produce mentiras.**
Debes saberlo para que no te pille por sorpresa y te afecte. Decía el cantautor estadounidense Jackson Browne que «la envidia es el homenaje que la mediocridad le rinde al talento». Si eres un referente, si destacas, si te van bien las cosas, te van a sacudir. No te lo tomes como algo personal, aunque casi siempre los ataques son personales, es el precio que tienes que pagar por hacer bien tu trabajo. A las personas no les gusta que les recuerden sus carencias, que dejen en evidencia sus limitaciones —casi siempre por falta de arrojo y pereza— así que la mejor manera de disimular su realidad es hablar mal de los demás. Nunca entres al trapo, es lo que más les molesta. Lo dice la escritora británica: «La indiferencia y la frialdad, a veces, causan mucho más daño que la adversidad declarada».

7. **Tenemos que elegir entre lo que es correcto y lo que es fácil.**
Cada vez que haces lo cómodo y fácil en lugar de lo correcto y necesario estás dando forma a tu identidad y personalidad para mal. Se siembran actos y se recogen hábitos, bue-

nos (virtudes) o malos (vicios), que van determinando poco a poco nuestra vida para mejor (peor). Los buenos hábitos nos convierten en personas poderosas; los malos hábitos nos convierten en personas débiles. Tus hábitos y tu mentalidad definen tu nivel de éxito. Tú decides a qué quieres jugar, si al juego de la «mediocridad» o al juego del «ganador». Es tu responsabilidad decidir y es tu responsabilidad actuar. Rowling señala: «No creo en el destino. Creo en el trabajo y la suerte. Y a menudo, la segunda es consecuencia de la primera».

8. **El fracaso implicó deshacerse de todo lo innecesario. Dejé de fingir ser algo que no era y comencé a dedicar todas mis energías a terminar el único trabajo que me importaba.**
El fracaso (tocar fondo) bien asimilado lleva a poner blanco sobre negro. A dejar de sobrevivir para empezar a vivir. A desechar todo lo que no suma y nos incomoda. A poner tierra de por medio y decir «no» a todo lo que no somos y no queremos. Y a empezar a actuar desde la autenticidad, desde lo que sentimos y creemos, sin máscaras ni caretas. Sólo desde ahí es posible triunfar. Cuando se deja que la singularidad —única e irrepetible de cada persona— se manifieste, es posible hacer algo memorable. Se puede ser grande de miles de maneras, tantas como personas, pero todas ellas están condicionadas a dar lo mejor de uno mismo, y eso sólo es posible cuando uno hace lo que siente desde dentro. Rowling —que cuando comenzó a escribir *Harry Potter* se había quedado sin empleo, estaba divorciada y con una hija— explicaba al respecto en una entrevista que tocar fondo le había permitido reconstruir su vida, porque ya no tenía nada que perder —fruto del ego— y eso le había llevado a sacar todo lo que tenía en su interior. Como apunta Alejandro Jodorowsky: «Para llegar a lo que somos, debemos eliminar lo que no somos».

9. **No importa cómo nacemos sino en lo que nos convertimos.**
Tus circunstancias actuales determinan dónde comienzas, pero no dónde terminas. Bill Gates lo expresó así: «Si naciste pobre, no es tu error. Pero si mueres pobre, sí es tu culpa». El éxito no es otra cosa que una consecuencia de la persona en quien uno se transforma con el tiempo. Somos el resultado de nuestro desarrollo personal, y contamos en nuestro poder con la herramienta más potente para coronar cualquier cima: nuestra capacidad de aprender. Sólo si inviertes en ti mismo y no te abandonas, las oportunidades aparecerán en tu vida. Tus conocimientos, habilidades, relaciones y experiencia definen tu vida. Por tanto, cuanto más inviertas en esos cuatro aspectos, mejor te irá. A medida que tú creces, tus resultados (dinero, metas, relaciones) también crecen.

10. **No es bueno dejarse arrastrar por los sueños y olvidarse de vivir.**
No valores tus logros sólo por lo que has conseguido, sino por lo que has dejado por el trayecto para verlos hechos realidad. La vida es un difícil equilibrio entre el corto y el largo plazo; entre la vida personal y la profesional; entre el ocio y el negocio. Y ese equilibrio no es nada fácil de alcanzar porque la vida tiende al caos. Por eso, saber enfocarse, organizarse y ser productivo, son claves esenciales para poder llegar, si no a todo, sí a mucho más de lo que tal vez llegamos sin dañar parcelas de nuestra vida que con el tiempo se pueden volver en nuestra contra y con poco margen para la mejora. La realidad es que existe sólo una verdad, el presente, y por tanto, debemos ser capaces de valorarlo y exprimirlo con intensidad. Thich Nhat Hanh, maestro zen, señala: «Tenemos que aprender a vivir felizmente en el momento presente, a tocar la paz y la alegría que están disponibles ahora».

# JOHN DAVISON ROCKEFELLER

John Davison Rockefeller (1839-1937) fue un empresario, inversor y filántropo estadounidense. Fue el fundador y presidente de la Standard Oil, una gigantesca compañía que llegó a controlar la extracción, refinamiento, transporte y distribución de más del 90 por ciento del petróleo de Estados Unidos. Durante un periodo de más de cuarenta años, Rockefeller consolidó a la Standard Oil como la compañía petrolera más grande del mundo, revolucionando la industria en muchos aspectos. Fruto de su capacidad para hacer negocios, llegó a tener el monopolio en el negocio del petróleo, lo que no le causó pocos problemas. Rockefeller también fue uno de los filántropos más destacados de su época. Sus aportaciones alcanzaron los 550 millones de dólares. De éstos, el 80 por ciento fue a parar a cuatro organizaciones: la Fundación Rockefeller, la General Education Board, el Instituto Rockefeller para la Investigación Médica (hoy Universidad Rockefeller) y la Laura Spelman Rockefeller Memorial (absorbida por la Fundación Rockefeller en 1929). Fue el fundador de la Universidad de Chicago, que acumula casi un centenar de premios Nobel. En sus últimos años inició la construcción del Rockefeller Center, el cual nunca pudo ver terminado y que continuaría su hijo, convirtiéndose en el que sería el mayor centro empresarial del país y que hoy día sigue siendo una referencia como complejo inmobiliario de negocios en Manhattan.

1. **El que trabaja todo el día no tiene tiempo de ganar dinero.**
Cuando uno intercambia trabajo por dinero, sus ingresos están limitados a las horas disponibles y a su presencia física, dos variables finitas. Hay otra fórmula más interesante: que el dinero esté trabajando mientras uno no está trabajando. Rockefeller descubrió esta lección —que todos los millonarios aplican— desde muy joven. Cuando era apenas un chaval ganaba algunos centavos vendiendo piedras de colores a sus compañeros de colegio. Pronto no tardó en ahorrar 50 dólares. Un día un granjero de los alrededores necesitaba esa suma para saldar su deuda y Rockefeller se la prestó a un interés del 7 por ciento. Fue un gran descubrimiento para él ver cómo al cabo de un año su capital había crecido. Más tarde escribiría: «Decidí hacer trabajar al dinero en lugar de trabajar yo por dinero». Años después, ya más veterano, también diría: «¿Sabes lo que más me complace? Ver los dividendos de mis inversiones».

2. **¡Aprenda a hacer hablar a las cifras! Ellas le dirán duras verdades y le revelarán el futuro.**
Identificar las causas te permite cambiar los efectos. Por eso, es indispensable saber en qué y cuánto se gasta en cada concepto así como de dónde provienen los ingresos y su cuantía, para poder diseñar estrategias más eficaces y eficientes con el fin de eliminar aquello que aporta menos valor y crear nuevas alternativas financieras más atractivas. Para Rockefeller las cifras estaban dotadas de un poder misterioso y eran cien veces más elocuentes que las palabras. Todas sus ganancias se contabilizaban en una libreta que él denominó «Registro A» y venía a ser una especie de autobiografía. Su primer empleo lo obtuvo en 1855 en Hewitt & Tuttle, corredores y comerciantes en productos agrícolas. Al final de su jornada repasaba las operaciones financieras del día tratando de descubrir en qué podría haber obtenido

mejores ganancias. Ese análisis y diagnóstico riguroso que hacía Rockefeller desde joven es esencial para adoptar medidas más rentables. En definitiva: revisa y perfecciona tus métodos. Y después, sigue revisando y perfeccionando tus métodos. Pregúntate continuamente: ¿cómo puedo reducir mis gastos? ¿Cómo puedo tener mejores márgenes en mis productos y servicios? ¿Cómo puedo desarrollar nuevos canales de comercialización?

3. **No temas a los grandes gastos, teme a los ingresos pequeños.**
Es uno de los principios que rigen el mundo del dinero. Los grandes gastos no son grandes si van acompañados de ingresos altos. La mejor manera de tener una mayor calidad de vida es facturando más. Algo parecido sucede con la deuda. Mucha gente teme al pasivo ajeno, pero hay deuda buena y deuda mala. La deuda mala es la que se destina a gasto y nos empequeñece; la deuda buena es la que se destina a inversión y nos hace más grandes: permite pagar los intereses y además generar un beneficio. No es arriesgado tener deuda, lo que es arriesgado es ser un imprudente en su utilización. La gente con mentalidad pequeña siempre está pensando en cómo gastar menos; la gente con mentalidad grande, si bien piensa en cómo minimizar gastos, sobre todo se enfoca en cómo ingresar más.

4. **La regla de oro de los negocios es la expansión.**
Lo primero de todo es tener un producto que satisfaga una necesidad; segundo, un modelo de negocio que ayude a vender; y tercero, un plan de apalancamiento que permita el crecimiento. Este último punto es el que convierte a empresas (negocios) normales en empresas (negocios) grandes y conocidas a gran escala. Cómo llegar a mucha gente —al mayor número posible de nuestro *target*— sólo es posible a través de un plan de expansión que es lo que marca la dife-

rencia y que puede estar basado en el crecimiento en nuevos países, o en alianzas estratégicas, o en la concesión de licencias, o en franquicias, o en la búsqueda de afiliados o en cualquier otra modalidad. Sin expansión no hay posibilidad de ser grande. El apalancamiento es lo que te permite hacer mucho con poco, conseguir más con menos. Y no es otra cosa que utilizar el dinero, recursos, plataformas o sistemas de terceros para generar ingresos. Quizás, por eso, el conocido inversor Robert Kiyosaki siempre dice: «No te levantes para trabajar, levántate para encontrar apalancamiento».

5. **La aptitud para manejar a las personas es un producto que se compra como el azúcar y el café, y esta aptitud yo la pago más que cualquier otra del mundo.**
«¡Hombres claves en puestos claves!», fue el lema que siguió al pie de la letra para crear su imperio financiero. Sin duda, supo rodearse de personas competentes, con la lealtad y actitud adecuadas. En cierta ocasión, durante una investigación sobre las actividades de la Standard Oil, un testigo dijo a las autoridades al respecto: «Jamás conocí a un grupo de hombres más sagaces y capaces de hacer negocios. No creo que sea posible hacerles dar el brazo a torcer ni por decreto legislativo ni por ningún otro procedimiento. ¡Es imposible! ¡Siempre ganarán!». También, al referirse a sus colaboradores, Rockefeller aseguraba: «Es más probable que contrate a una persona llena de entusiasmo que a una persona que lo sabe todo». Esa actitud y predisposición hacia el trabajo es la que hace ser perseverante ante las dificultades, no dejar de aprender para seguir mejorando, trabajar en equipo de manera más armónica y, en definitiva, tener «mentalidad ganadora». Sin equipo, ningún logro grande es posible. La capacidad de elegir a las personas para los puestos directivos que van a impregnar con su actitud y valores al resto de la organización, es clave para el éxito.

6. **La amistad basada en un negocio es mejor que un negocio basado en la amistad.**
Muchos negocios nacen de la amistad entre varias personas, sin embargo, los negocios no son un cuento de hadas —sino más bien todo lo contrario— y cuando los conflictos y los problemas hacen acto de presencia, muchas amistades se van al traste para siempre. Por el contrario, aquellos negocios que se montan entre socios y son capaces de sortear las adversidades, muchas veces acaban terminando en amistad. Porque los momentos difíciles, si se saben gestionar, sirven para fortalecer las relaciones. Por el contrario, las amistades más bonitas pueden —y suelen— acabar mal si los problemas no se resuelven y gestionan oportunamente. El grado de madurez de una relación depende de su capacidad para gestionar los momentos de tensión, tanto de éxito, el triunfo a veces emborracha, como de fracaso.

7. **Convierte cualquier catástrofe en una nueva oportunidad.**
Todos los grandes triunfos van acompañados de reveses por el camino. La diferencia entre las personas corrientes y los ganadores, es que estos últimos saben convertir cada derrota en una victoria. A Rockefeller también le ocurrió. Cuando fundó la Standard Oil en 1870 había numerosos competidores. Poco a poco fue adquiriendo el resto de refinerías hasta que en 1878, de los 36 millones de barriles de producción diarios en Estados Unidos, su compañía refinaba el 95 por ciento. Aquel poder que acumuló le causó muchas antipatías por parte del gobierno y los medios de comunicación norteamericanos, siendo víctima de continuos ataques. El trust que se había constituido legalmente en 1882, fue disuelto por el gobierno después de una lucha encarnizada, dando lugar a 39 pequeñas sociedades. Aquel contratiempo, no hizo sino aumentar su fortuna, ya que las sociedades independientes aumentaron su valor por cuatro. En Wall Street, los corredo-

res de bolsa decían: «¡Oh, misericordia Providencia, danos otra disolución del trust!». Lo que parecía la peor de las catástrofes acabó convirtiéndose en la mejor de las bendiciones.

8. **Cada día es una oportunidad. Pero atención: el orgullo precede a la caída. Nada de apresurarse. Ningún paso en falso. Tu futuro depende de cada día que pasa.**

   Si trabajas cada día con diligencia no te puede ir mal en la vida. Antes o después, las cosas acabarán funcionando. Rockefeller siempre decía: «¿Ves un hombre afanoso en su trabajo? Será igual que los reyes». El código que regía su forma de trabajar era: orden, disciplina y un registro fiel del debe y el haber:

   - Primero, orden, que es lo que permite saber qué hacer en cada momento. Su método y organización eran sus principales virtudes.
   - Segundo, disciplina para ceñirse al guion sin caer en las tentaciones. Esa disciplina la aprendió de su padre. Cuando inició su primer negocio en solitario, su progenitor le prestó mil dólares, pero no se ablandó y le exigió un interés del 10 por ciento anual. Rockefeller declararía: «Esa pequeña exigencia me hizo bien, aunque yo no apreciaba para nada esa política paterna que consistía en hacerme zancadillas para ver si mis capacidades financieras estaban a la altura».
   - Tercero, un registro fiel del debe y el haber. Saber en qué y cuánto se gasta y en qué y cuánto se ingresa. Su madre Eliza le inculcó su moral calvinista. Siempre le decía: «¡A derroche desvergonzado, vergonzosa pobreza!».

9. **Nadie nunca sospecha qué va a ser de su vida, sin embargo, siempre debes saber que naciste para algo más grande.**

   Pensar en grande o no, es algo que depende enteramente de

ti. Tus pensamientos te pertenecen. En tu mente, tú eres tu dueño. Y los pensamientos son cosas. Los pensamientos dan forma y vida a nuestra realidad. Los pensamientos crean prototipos mentales que nos llevan a actuar de una u otra manera, y por tanto, a conseguir o no conseguir ciertas cosas. La conclusión es evidente: piensa en grande si quieres convertirte en alguien grande, porque lo contrario también ocurrirá. ¿Por qué conformarse con algo menor? ¿Por qué renunciar a algo que deseas? ¿Por qué poner grilletes a nuestros anhelos? Rockefeller también decía: «No tengas miedo de renunciar a algo bueno por algo excelente». Así piensan las personas con «mentalidad ganadora», así piensan las personas que llegan más lejos.

10. **Gánate una reputación y trabajará para ti.**
Tu reputación precede a todo lo que te sucede en la vida. La sabiduría popular suele decir: «Cría fama y échate a dormir». Es una forma exagerada de transmitir una idea, pero que tiene mucho de cierto y que es algo esencial para cualquier empresa o *freelance*: tu marca es tu principal activo. Tu marca es tu reputación. *Tu vida es tu marca y tu marca es tu vida.* Una marca no es otra cosa que una promesa de valor, y eso significa que cuanto mejor es tu marca, menos vendes y más te compran. Tu marca trabaja para ti y ya no tienes que hacer tantos esfuerzos de comercialización, porque estarás presente en la mente de las personas a la hora de recomendar tus productos o servicios. Es como tener un ejército de comerciales trabajando para ti pero sin pagarles un sueldo. Ahora bien, esa reputación no es fruto de un accidente, sino de aportar valor de manera consistente al mercado. Después, hay que seguir estando en el candelero —si te relajas, pierdes— pero hay velocidad de crucero, el desgaste es menor y todo se vuelve más fácil. Sigues generando ingresos pero con menor consumo de energía: tiempo y esfuerzo. El viento sopla a tu favor.

# JORGE VALDANO

Jorge Alberto Valdano Castellanos (1955), es un exfutbolista y entrenador argentino. Como jugador, su primer equipo fue Newell's Old Boys, y en España jugó en el Alavés, Zaragoza y Real Madrid, club con el que ganó dos copas de la UEFA. Con la selección argentina fue campeón del mundo en el Mundial de México 86 junto a Diego Armando Maradona. En el banquillo desarrolló toda su carrera en España, dirigiendo al Tenerife, Real Madrid y Valencia. Desde 2000 hasta 2004 fue el director deportivo del Real Madrid; y entre 2009 y 2011 afrontó una segunda etapa en la gestión del club merengue, como director general y adjunto a la presidencia. Fue socio fundador de la empresa Make a team, creada para trasladar enseñanzas del mundo del deporte a la gestión empresarial. En la actualidad ejerce de comentarista y articulista para diversos medios de comunicación como la Cadena SER (España), TV Azteca y el diario *Récord* (México) y también imparte conferencias por distintos países. Es autor de numerosos libros de *management* como *Los 11 poderes del líder* (Conecta, 2013) o *Liderazgo* (Aguilar, 1999) y también de fútbol como: *Fútbol: el juego infinito* (Conecta, 2016) o *Los cuadernos de Valdano* (Aguilar, 1997), entre otros muchos.

1. **Los afectos son importantísimos para el equilibrio. Y cuanto más dura es la vida, más importante es el afecto.** Los refugios afectivos no son algo opcional, sino una cuestión de pura supervivencia para el caos al que nos somete muchas veces la vida. En los momentos en los que todo tiembla alrededor es fácil estar desorientado, que la confianza en uno mismo —que es lo más importante que tene-

mos las personas— se resienta y que empecemos a dudar de nuestras capacidades y posibilidades. Es en nuestro círculo de familiares, amistades y conocidos donde vamos a recuperar la autoestima, a ver las cosas con más objetividad y a recibir ayuda y apoyo emocional. Las relaciones son una fuente de energía y de salud indispensable para cualquier persona, que se deben cuidar y mimar a diario, para que cuando haga falta estén disponibles para echarnos una mano. No es casual que el psicólogo norteamericano David Myers en su obra *The Pursuit of Happiness* («La búsqueda de la felicidad») escriba: «Las personas, con independencia de que sean jóvenes o viejos, hombres o mujeres, ricos o pobres, de Oriente o de Occidente, cuando se les pregunta qué es lo que más felices les hace, cuatro de cada cinco responden que las relaciones con las personas que quieren». Las relaciones dan sentido a la vida. Tu calidad de vida depende de la calidad de tus relaciones: en los momentos dulces, porque dan más sabor a esos momentos; en los tristes, porque rebajan la intensidad emocional del dolor.

2. **Muy pocas cosas clarifican mejor el camino que tener clara la meta.**

   Tener un fin nítido en mente permite aplicar todas las energías hacia ese objetivo, con lo fructífero que ello resulta al no desgastar nuestros recursos en cuestiones menores. Quien sabe lo que quiere y el precio que está dispuesto a pagar, siempre encuentra caminos y recovecos para meter la cabeza y encontrar alternativas para avanzar en esa dirección. Todo son ventajas cuando uno sabe hacia dónde va y descarta el resto de alternativas sin rechistar para focalizarse al ciento por ciento hacia ese fin. El propio Valdano diserta sobre esta cuestión: «El objetivo como diana a la que apuntar, el faro que orienta el esfuerzo, como corolario al trabajo bien hecho, como elemento integrador, como impulsor del optimismo, como reductor de la incertidumbre, como fortalecedor de la confianza».

3. **Pocas palabras hay tan importantes como la confianza, porque cuanto mayor es la confianza, menor es el miedo.** El atrevimiento siempre es fruto de la confianza; por eso, de una u otra manera, todo en esta vida debe estar orientado a ganar confianza en uno mismo, ya que todos nuestros movimientos corporales son fruto de nuestros estados mentales. A mayor miedo, más parálisis; a mayor confianza, más acción. Y la mejor manera de ganar confianza en uno mismo es a través del desarrollo personal, porque cuantos más recursos contamos en nuestra mochila fruto del conocimiento y la experiencia, más seguros nos sentimos a la hora de afrontar retos ambiciosos. Crecer, como profesional y como persona, es siempre el camino más seguro para que el miedo pierda fuerza evitando así que nos arrincone: «El miedo es un gran castrador del sentido de la aventura, imprescindible para cualquier proyecto que aspire al éxito. Por miedo dudamos, no nos atrevemos y, finalmente, no hacemos para no ser sancionados por un posible error». Y en ese camino de crecimiento personal siempre es bueno tener a alguien —un *coach*, por ejemplo— que nos empuje a dar un paso más, ya que las personas casi siempre prefieren optar por la alternativa más cómoda a la necesaria. Así lo refleja el exjugador de fútbol: «Sin duda, la confianza es el mayor potenciador del talento. La confianza suelta las piernas, ensancha los pulmones, estrecha las relaciones con los compañeros, empuja a la buena suerte y dispara el talento. Sólo la confianza (que se tiene de uno mismo y se recoge del medio) lleva el talento hasta el límite».

4. **Un entrenador debe saber de fútbol y, sobre todo, de seres humanos.** Tiene sentido, porque como bien añade: «Esto se puede trasladar a cualquier actividad en donde alguien tenga la responsabilidad de liderar un grupo de personas. De modo que hay que saber de finanzas y seres humanos, de torni-

llos y seres humanos, o de cítricos y seres humanos». El punto de encuentro de cualquier actividad directiva son las personas, porque son ellas quienes hacen que las cosas ocurran. Gobernar individuos, sin embargo, no es tarea sencilla, porque cada persona es irrepetible. Quizás, por eso también Valdano señala: «Un directivo tiene que convertirse en un especialista de cada uno de los seres humanos que tiene alrededor. Cada persona es un enigma que se debe descifrar». El reto hoy día es mayor, porque «las relaciones son cada vez más frías y menos carnales. Algunos soportes como internet o intranet ayudan muchísimo a una buena comunicación con gente que está en otro continente pero nos alejan de la gente que está en la oficina de al lado». Un ejecutivo debe evitar ser víctima de la pereza y hacer un esfuerzo serio y continuo de estar en permanente contacto con su gente para conocerlos y entenderlos mejor. No puedes gestionar (bien) a quien no conoces. Conocer bien a alguien —sus deseos, miedos e inseguridades— es estar en mejores condiciones para poder liberar todo su potencial.

5. **El imperio último del líder se mide observando lo que deja como herencia. Ahí es donde se comprueba si su influencia fue constructiva (Mandela) o destructiva (Atila).** No podemos hablar de liderazgo dejando al margen los valores. No podemos hablar de resultados (liderazgo técnico) sin conocer el camino recorrido hasta alcanzarlos (liderazgo ético). Los resultados son necesarios, pero se necesita algo más. Un líder es aquel que influye positivamente en su entorno: hace mejor a las personas y hace mejor a la sociedad. El corto plazo muchas veces oculta lo que el medio y largo plazo revelan. Por eso, la grandeza de un líder se comprueba con el paso del tiempo; con la serenidad que da mirar a la realidad con distancia y perspectiva, y sin el apasionamiento propio de la inmediatez y el cortoplacismo. La cre-

dibilidad real de un líder, más allá de las apariencias, viene definida por su legado social. El propio Valdano dice: «La credibilidad es la consecuencia y la recompensa de una trayectoria impecable desde una perspectiva ética. Ganar también debe ser un triunfo moral. No hay grandeza sin ética. Si en cualquier profesión es difícil discutir con el éxito, en el mundo del fútbol resulta imposible. El que gana disimula todos los defectos y no necesitará ningún esfuerzo para que sus trampas, de producirse, sean consideradas como una prueba más de la singular inteligencia del entrenador. Pero aquellos que necesitan pruebas fehacientes de practicidad para darle valor a las cosas harían bien en atender los beneficios de la ética a medio y largo plazo».

6. **Aquello que iguala a todos los líderes es la autenticidad.** Líderes los hay de todos los colores: tímidos, extrovertidos, que visten bien (mal), que hablan mejor (peor), con mayor (menor) sentido estético o cualquier otra tipología que se nos ocurra. Pero hay un punto de encuentro a todos ellos: lideran desde la convicción. Jorge Valdano explica este aspecto: «En 1995 colaboré en un libro que titulamos *Liderazgo*. La idea era encontrar un común denominador. La experiencia nos llevó a la desesperación. Ya había abandonado toda esperanza de alcanzar una conclusión cuando descubrí que aquello que los igualaba era la autenticidad. Ninguno impostaba a la personalidad, sino que lideraban desde una profunda convicción, desde una seguridad casi enfermiza en su patrón de mando. Los grandes líderes creen en sí mismos por encima de cualquier receta, y desde esa fuerza interior transmiten y contagian. Claro que se puede copiar algún patrón de conducta, pero siempre que sea coherente con nuestra sensibilidad. De lo contrario, hay que aplicar la magnífica frase de Spencer Tracy: "Actuar está muy bien siempre que no te pillen haciéndolo"».

7. **Toda decisión, aunque sea algo trágica, tranquiliza mucho.**
«Los indecisos viven pobres y amargados», escribe Napoleon Hill en *Burlar al diablo* (Lectorum, 2016). A veces (muchas), no se trata de tomar la decisión correcta, sino de tomar alguna decisión. No hay nada peor que la indecisión permanente. Es moverse un día sí y otro también en tierra de nadie. Dar vueltas en círculo. Decidir siempre es de valientes, y algo muy poderoso, porque una vez que uno ha decidido una opción deja de preocuparse por otras alternativas y puede concentrar todas las energías hacia ese objetivo sin dispersarse. Cuando uno da continuamente vueltas a la cabeza sobre una cosa y otra, al final no hay movimiento, y sin acción no puede ocurrir nada mágico en la vida, porque la acción es lo que conecta nuestros sueños (plano mental) con la realidad (plano físico). El inmovilismo es aliado de la mediocridad. Quizás, por eso, Oscar Wilde decía: «El aplazamiento es el asesino de la oportunidad».

8. **El talento siempre ha necesitado de energía, y no existe mejor energético que la pasión.**
El talento se basa en la exigencia; la exigencia se nutre de energía; y la energía bebe de la pasión. Ponerle emoción a las cosas que hacemos es ponerles vida, hacerlas mejor. La pasión siempre es ambiciosa —aspira a más—, facilita enfocarse, desactiva la *perecitis* y es además contagiosa consiguiendo que otros se adhieran con ilusión a los proyectos. La pasión crea pasión. Por el contrario, la desconexión emocional entre el hombre y la tarea a desarrollar es fulminante para la consecución de objetivos valiosos. Valdano reflexiona sobre esta cuestión también: «La pasión hace no sólo aceptables, sino agradables, todos los sacrificios a los que obliga el deporte de alta competición. La pasión contiene amor a la tarea, y esa emoción se las ingenia para convertir en reto las largas sesiones de entrenamientos; en tole-

rable, la disciplina de eso que hemos dado en llamar "entrenamiento invisible"; en seductores, los sueños que anticipan días de gloria».

9. **El ejemplo es un buen modo de transmitir, cómo no, pero necesita de la palabra para acentuar su valor.**
Las palabras siguen siendo insustituibles para el ejercicio del liderazgo, «porque a través de ellas bajamos hasta el fondo de los problemas, pero también vagamos por matices que la simple práctica suele esconder». La palabra es una compañera necesaria de la acción, porque completa a la misma. Hay tantos líderes como personalidades, pero sin una comunicación eficaz, donde la palabra juega un papel central, es imposible transmitir, contagiar y convencer. El poder de la palabra enfatiza, suaviza, reta, impulsa, y cuando los conflictos —la salsa de la vida— surgen en el devenir de las relaciones y los proyectos, resuelve muchos malentendidos. La comunicación es el gran instrumento que tenemos los individuos para conectarnos, y aunque nos comunicamos de muchas maneras, entre todas ellas, la palabra ocupa un lugar prioritario.

10. **El talento necesita exigencia, porque los seres humanos crecemos al nivel de las dificultades que vamos encontrando.**
La vanidad del éxito es uno de los mayores peligros del talento porque conduce inexorablemente a la distracción y al acomodamiento. Sólo la exigencia devuelve el talento al punto de partida, donde el hambre y las ganas de seguir conquistando cotas permiten seguir creciendo centímetro a centímetro. La exigencia fortalece virtudes, pule defectos y asegura la mejora continua, que es el primer desafío de cualquier persona con mentalidad ganadora. La siguiente historia nos sirve de ejemplo. Cuando Rafal Nadal ganó con once años el Campeonato Nacional de Tenis sub-12,

estaba eufórico. Su tío y entrenador, Toni Nadal, conocedor de que el triunfo produce atontamiento, no lo estaba tanto. Así que llamó a la Federación Española de Tenis haciéndose pasar por periodista, y pidió la lista de los últimos veinticinco ganadores del campeonato. Entonces, delante de la familia, leyó todos los nombres en voz alta y le preguntó al joven Rafa si alguna vez había oído hablar de ellos. Sólo cinco habían alcanzado un nivel decente como profesionales y sus nombres le sonaban. Toni Nadal fue contundente: «¿Te das cuenta Rafael? Tus probabilidades de llegar a ser un profesional son de una entre cinco. Así que no te emociones demasiado por la victoria. Aún te queda mucho camino por recorrer, y es un camino difícil. Que lo recorras con éxito depende de ti».

# KEITH FERRAZZI

Keith Ferrazzi es un escritor, formador, conferenciante, fundador y consejero delegado de la firma de consultoría Ferrazzi Greenlight. Se hizo mundialmente conocido a raíz de su libro *Nunca comas solo: claves del networking para optimizar tus relaciones personales* (Profit Editorial, 2015). Ferrazzi está considerado como un «maestro de la agenda» y también como un «artista del *networking*». En su libro explica y desarrolla el método que sigue para crear y gestionar una red de contactos de manera rigurosa, basado no sólo en la necesidad sino en el placer de establecer relaciones sinceras, generosas y de *win/win* a largo plazo. Keith Ferrazzi también es autor del libro *3 personas para cambiar tu vida* (Planeta, 2010).

1. **Tenéis que hacer algo más que aceptar la generosidad de los demás, tenéis que ir y pedirla.**
La vida es un proceso constante de dar y recibir, de pedir ayuda y de ofrecerla. Los demás necesitan ayuda y tú también necesitas ayuda. No tienes que avergonzarte por ello. La gente insegura y débil así lo cree, y por eso queda estancada o avanza muy despacio. La gente con mentalidad ganadora, en cambio, pide ayuda cuando lo necesita y sube peldaños. Cuando necesites algo, pídelo, de otro modo no te extrañes ni te quejes de que no te lo den. El millonario y filántropo Percy Ross decía en una ocasión: «Tiene que pedir. En mi opinión, pedir es el secreto más potente y olvidado para alcanzar el éxito y la felicidad». Lo más curioso es que, a menudo, cuando uno solicita ayuda se sorprende de la buena aceptación de la gente. Hay mucha gente dis-

puesta a echarte una mano, porque pedir ayuda es también una forma de reconocimiento a la otra persona, y eso nos gusta a todos.

2. **Hacer un favor no es una obligación sino una oportunidad.**
   El verdadero *networking* consiste en ayudar a que otros tengan éxito. Contribuye: ofrece tu tiempo, experiencia y contactos a los demás. Cuando ayudas a los demás, ellos suelen ayudarte a ti. Si quieres construir relaciones fuertes ayuda a otras personas a conseguir sus objetivos y ellos te ayudarán cuando tú lo necesites. Keith Ferrazzi dice: «Cuando doy charlas a estudiantes universitarios, siempre me preguntan: "¿Cuál es el secreto del éxito?". "¿Qué reglas desconocidas existen para triunfar?" Les gustaría que mi respuesta estuviera bien envuelta y llevara un bonito lazo encima. Yo a su edad quería lo mismo. Y les digo: "Así que queréis la llave mágica. Bien. Resumiré la clave del éxito en una palabra: generosidad"». Ser generoso es la mejor estrategia en la vida. Si te guías por la generosidad, te ocurrirán cosas buenas. Y cuando hagas algo por los demás no lleves la cuenta. No mires el marcador. No esperes nada a cambio. Por algún lado, la vida te premiará. El karma de los negocios funciona.

3. **El mejor momento para establecer relaciones es cuando no necesitamos nada.**
   Keith Ferrazzi añade: «La mayoría de las personas comienzan a entablar relaciones cuando necesitan algo, pero el peor momento para crear una red social es cuando estamos desesperados». Primero, porque se da la sensación de ser una persona que se mueve exclusivamente por interés; segundo, porque nos lleva a actuar movidos por la ansiedad para recuperar el tiempo perdido y las prisas nos pueden obligar a poner en compromiso a otras personas forzando que se rompan las relaciones. El *networking* se basa en la

confianza, porque la confianza es la materia prima de la que están hechas las relaciones personales. Y la confianza se cuece a fuego lento. Sólo con el tiempo podemos ganarnos la confianza de alguien. En las relaciones personales no hay que querer correr demasiado. Es mucho mejor sembrar, que ir de caza. *Networking* supone pensar con visión y la mayoría no piensa con visión, sino en la inmediatez. Hay personas que queman el césped. El *networking* se trabaja cuando no hace falta, para cuando haga falta que esté trabajando para ti. Así es mucho más fácil que las cosas fluyan y se vayan consolidando.

4. **Haz seguimiento o fracasa. Cuando conozcas a alguien con quien desees establecer relación, haz el esfuerzo de que no quedes olvidado.**
No se trata de establecer relaciones, sino de estar en contacto. ¿Para qué vas a dedicar tiempo a conocer gente si luego no te vas a preocupar de conectar e interactuar con ella? Las relaciones son como un jardín, si no se riega se seca. La calidad de la red de contactos sólo será buena si se tiene la habilidad necesaria para conservarla fresca. Ferrazzi subraya este aspecto como un factor clave del *networking*: «El seguimiento es el martillo y los clavos del *networking*. Un buen seguimiento te coloca por delante del 95 por ciento de la gente. La mayoría de la gente no hace seguimiento o lo hace muy mal. Al construir una red, recuerda: sobre todo, no desaparezcas nunca. Debes esforzarte en permanecer visible y activo en tu red de amistades y contactos». Para ello hay que estar en contacto, verse, quedar y llamar. Y una herramienta muy útil es «dar toques constantemente, y más toques, y más toques. Es un saludo rápido y desenfadado. Yo hago docenas de llamadas al día. La mayoría de ellos son simples saludos que dejo en el contestador de mis amigos». Simplemente se trata de que la gente sepa que estás ahí, que no te olvidas y que te acuerdas de ellos.

5. **En la vida, para conseguir tus metas no bastan tu inteligencia, ni tu talento, ni tu capacidad de trabajo. Todo eso es importante, pero de poco te sirve si no comprendes que no puedes triunfar solo.**
Pocas verdades tan irrebatibles. Para conseguir tus metas necesitas cuatro cosas: conocimientos, habilidades, herramientas y personas que te apoyen y ayuden. Por eso es tan importante el *networking*. Las personas que han creado instintivamente una sólida red de relaciones siempre han creado negocios de éxito. El sentido común en este caso es de cajón: cuanta más gente conozcas, más oportunidades tendrás y más ayuda recibirás, sobre todo, en los momentos difíciles de tu carrera, que tarde o temprano acabarán llegando. La experiencia no va a salvarte en tiempos difíciles. Tampoco el trabajo duro ni el talento. Si necesitas un puesto de trabajo, dinero, consejos, ayuda o esperanza, sólo existe un lugar seguro donde encontrar esas cosas, y es en tu círculo de amistades.

6. **A quién conoces determina la efectividad de lo que sabes.**
Con independencia de cuáles sean tus metas, saber relacionarte te ayudará en cualquier circunstancia. Saber relacionarse es útil en todas las áreas de la vida, tanto en el ámbito personal, para cuestiones propias, como en el ámbito profesional, para crecer, mejorar y subir peldaños. Si tu inteligencia social es escasa, aprende a relacionarte o te será complicado avanzar en la vida. Y a la hora de relacionarse, mucho más importante que la cantidad de gente que conoces (aspecto *cuantitativo*) es la calidad (aspecto *cualitativo*), esto es, el nivel de influencia de las personas que conoces. Hay muchas cosas que se resuelven con una simple llamada si la persona que telefonea es la adecuada y tiene autoridad. Tu red de contactos es la mejor y más creíble expresión de quién eres y qué tienes para ofrecer. Nada puede compararse con eso. Además, el *networking* es importante porque vivimos en un

sistema de burocracias y las burocracias crean barreras. Esas barreras se eluden conociendo a las personas adecuadas.

7. **Las «llamadas en frío» son para los idiotas. Convierten a las personas más competentes en neuróticos. Yo nunca llamo a alguien en «frío». He creado estrategias para asegurarme que todas las llamadas son en «caliente».** Contactar, vender y llamar a personas forma parte del día a día de todos. Pero la forma de llegar a las personas condiciona y genera resultados muy diferentes. Lo más recomendable es que alguien te ponga en contacto con alguien y mencionar su referencia. Lo primero que debes demostrar es tu credibilidad. Nadie te atenderá bien ni te comprará nada si no inspiras confianza. Un amigo en común, aunque sea solamente un conocido, te diferenciará instantáneamente de los demás individuos que andan en busca de la misma persona que tú. Es la técnica más útil para vencer la resistencia a la hora de contactar con alguien. El propio Keith Ferrazzi lo expresa con estas palabras: «Si llamas de parte del presidente del Gobierno, te garantizo que el "Señor Inaccesible" te contesta al teléfono y escucha lo que tengas que decir». La tarea, por tanto, antes de contactar con alguien, es buscar entre nuestra red de contactos a alguien que nos lleve hasta la persona que intentamos localizar. Conviene recordar que entre tú y cualquier persona del mundo sólo te separan seis nodos —la conocida Teoría de los Seis Grados— y hoy día con las redes y medios sociales se ha reducido mucho.

8. **Escuchar es una habilidad crucial para el *networking*. Interésate por lo que les interesa a los demás.** Si el *networking* consiste en ayudar a otros a conseguir sus objetivos y que les vaya mejor, eso implica que tienes que preocuparte por conocer a la otra parte. Para ello es esencial observar y escuchar con detenimiento. Si conoces las pasiones, las necesidades y los intereses de una persona,

puedes hacer más por conectar con ella y formar parte de su vida. El propio Ferrazzi señala: «La base de cualquier relación son los intereses comunes. Las pasiones compartidas unen mucho a la gente». Las relaciones tienen mucho que ver con el interés que muestras por los demás. Publio Syro lo decía así: «Nos interesan los demás en la medida en que se interesan por nosotros». Una compañía telefónica de Nueva York realizó un detallado estudio de las conversaciones por teléfono y comprobó cuál es la palabra que se usa con mayor frecuencia en ellas. ¿Te la imaginas? El pronombre personal «yo». Fue empleado 3.990 veces en quinientas conversaciones telefónicas: yo, yo, yo, yo... Cuando miras una fotografía donde apareces, ¿a quién miras primero? William Winter apuntaba: «La expresión del "yo" es la necesidad dominante de la naturaleza humana». La clave de las relaciones está en cómo llevarse bien con los demás, cómo gustarles y cómo persuadirles. Y para ello tenemos la escucha como herramienta perfecta, porque entonces podremos satisfacer mejor sus aspiraciones.

9. **Una red de relaciones es como un músculo, cuanto más se usa y se pone a disposición de los demás, más grande y fuerte se hace.**
En la vida hay dos tipos de personas, las que tienen mentalidad de «escasez» y las que tienen mentalidad de «abundancia». La diferencia es importante, porque mientras las personas del primer grupo *sobreviven*, las segundan *viven más y mejor*. La gente con mentalidad de «escasez» se mueve por el mundo con la idea de que todo en el planeta es un juego donde lo que uno gana lo pierde otro. La gente con mentalidad de «abundancia», por el contrario, no piensa en quién se lleva el trozo más grande de la tarta sino en hacer la tarta más grande para ganar más todos. En el mundo del *networking* es fácil notar quiénes están en el primer grupo o en el segundo. La gente con mentalidad de «escasez» es ci-

catera y egoísta con su red de contactos y los considera un búnker. La gente con mentalidad de «abundancia», por el contrario, es propensa a ayudar a los demás, son buenos conectores y saben que lo que das siempre vuelve a ti multiplicado aunque por el camino uno se lleve alguna que otra decepción.

10. **Cada persona que conoces es una oportunidad de ayudar y ser ayudado.**
«Todo hombre que conozco es superior a mí en algún sentido. En ese sentido, aprendo de él», decía Ralph Waldo Emerson. Por tanto, cualquier persona es una oportunidad para desarrollar y estrechar relaciones que te impulsen; cada interacción es una oportunidad para generar valor. Tienes que considerar lo de conocer gente nueva como un reto y una oportunidad. Debe ser algo divertido. De cada persona que conozcas hazte tres preguntas: qué puedes aprender de él, qué te puede aportar y qué le puedes aportar. No minusvalores a nadie. Hay gente que su vida es discreta pero brillante. No te dejes deslumbrar por los fuegos artificiales y el confeti. Cualquier persona puede ser un vehículo y conector en tu vida, a veces en lo profesional, y otras, en lo personal. Para ello es bueno tener una actitud positiva hacia los demás. La gente con buena actitud tiene mejor suerte. La gente siempre actuará de acuerdo a tu actitud. Si es negativa, espera reacciones negativas. Si es positiva, espera reacciones positivas. Tu actitud precede a todo lo que te pasa en la vida. Por muy bueno que seas en algo, si no caes bien es difícil conectar con otras personas. Más del 90 por ciento de la impresión que causamos en los demás no tiene nada que ver con el contenido de lo que decimos sino con nuestra actitud.

# KIM KIYOSAKI

Kim Kiyosaki (1957) es una empresaria e inversora centrada principalmente en el mundo de los bienes raíces. Es la pareja del conocido inversor Robert Kiyosaki, autor del bestseller *Padre rico, padre pobre* (Punto de Lectura, 2009), con quien fundó The Rich Dad Company para dar formación y asesoramiento en inversiones. Su carrera profesional comenzó en el mundo de la publicidad para luego desarrollar su espíritu empresarial como emprendedora. Creó su primera empresa en 1984, y como inversora se inició en 1989 con el objetivo de alcanzar la independencia financiera, algo que lograría en 1994 con treinta y siete años. Es autora del libro *Mujer millonaria* (Aguilar, 2016) en el que relata su proceso para convertirse en una persona libre financieramente, con un enfoque centrado en las mujeres, en el que revela cuáles son las claves para invertir con éxito. También ha escrito *Es hora de emprender el vuelo* (Aguilar).

1. **El dinero no es lo más importante en la vida. Eso puede ser cierto. Pero afecta a todo lo que es importante: salud, educación y calidad de vida.**
   Pocas cosas influyen tanto en nuestro bienestar y autoestima como nuestra capacidad para lograr la independencia económica. Cuando no tienes problemas de dinero, tú gobiernas tu vida; cuando ocurre al revés, la vida te gobierna a ti. El miedo número uno de cualquier persona es el miedo a no llegar a final de mes. Si ese tema se resuelve, el resto es más llevadero. Si ese tema no está resuelto, se tiene un problema serio. Pero no es sólo cuestión de llegar a final de mes, sino de calidad de vida. La vida no es sólo una cuestión de *sobre-*

*vivir*, sino de *vivir* como queramos, de disfrutarla; y cuando se anda justo de dinero muchas cosas no están al alcance de la mano. El dinero importa. Y mucho. Con dinero pagamos nuestros viajes, el tipo de ropa que llevamos, los restaurantes a los que acudimos, el coche que conducimos y todo lo demás. Asimismo, cuando nuestra situación financiera no es boyante, nuestra vida social se resiente, y las relaciones son esenciales tanto para el éxito como la felicidad. En definitiva, una mayor seguridad financiera conduce a una autoestima más alta y eso redunda en un mayor éxito en el resto de parcelas de la vida: relaciones, alegría, ilusión y energía.

2. **Independencia financiera significa una sola cosa para mí: libertad.**
Ser libre financieramente es tener unos activos que generan unos rendimientos (ingresos pasivos) que cubren todos tus gastos sin necesidad de trabajar (ingresos activos) y que te dan la libertad para hacer lo que quieras, cuando quieras, como quieras y con quien quieras. Libertad significa tener más opciones y tener más opciones para decidir es ser más feliz: «Si pudieras escoger entre volar en clase turista o en primera clase, ¿cuál elegirías? La mayoría de personas no tienen esa opción. Vuelan en clase turista porque es lo que pueden pagar». Si el lunes tienes que ir a trabajar no eres dueño de tu vida. Una cosa es *elegir* trabajar —porque quieres y te apetece— y otra es *tener* que trabajar porque no tienes otra opción. Como dice Kim: «Al final, el dinero compra una de estas dos cosas: la esclavitud o la libertad. Esclavo de tu empleo, de tus deudas y a veces de tus relaciones. O bien, libre de vivir la vida como decidas hacerlo». Tener tu vida financiera controlada es tener tu vida bajo control.

3. **Aprender a invertir es un proceso.**
El éxito, en cualquier disciplina, es un proceso que hay que «sufrir». No alcanzas la libertad financiera o te conviertes

en un experto inversor de la noche a la mañana. Nadie sabe todo el primer día y nadie encuentra todas las respuestas en un único sitio. «Sufrir el proceso» significa que tienes que pasar por el dolor de equivocarte. Cada error que cometes te hace más inteligente; cada fallo que asumes te acerca un poco más a tu meta. Practicas, te equivocas, aprendes, vuelves a la carga, fallas menos, sigues aprendiendo, empiezas a acertar, ganas seguridad, aciertas más y así cada día controlas mejor el juego de la inversión o de cualquier otra cosa. A nadie le gusta cometer errores, pero son un mal necesario. La mayoría de la gente no quiere cometer errores; quiere fórmulas mágicas, superconsejos y recetas para ir en línea recta. No existen. La pregunta es: ¿estás dispuesto a «sufrir el proceso» sin ningún tipo de condiciones?

4. **A menudo usamos excusas disfrazadas de razones cuando no queremos hacer algo.**

   Y las excusas más frecuentes son:

   - *No tengo tiempo*. Tú tienes el mismo que todos. No es que no tengas tiempo sino que tus prioridades son otras. Haz de tus prioridades una prioridad.
   - *Es complicado*. Todo es difícil antes de ser fácil. Cuando no sabes hacer algo, los miedos parecen más grandes de lo que realmente son. A medida que ganas conocimiento y experiencia los fantasmas se desvanecen.
   - *No soy bueno para*. Aprender a invertir es como aprender cualquier otra cosa: conducir, andar en bicicleta, negociar o hacer *networking*. Todo es cuestión de educación, experiencia y tiempo.
   - *Es arriesgado*. Invertir no es arriesgado, arriesgado es no saber lo que haces. Pilotar un avión no es arriesgado —es el medio de locomoción más seguro—, lo que es arriesgado es ponerte a los mandos sin haber hecho la instrucción de vuelo necesaria.

5. **La inversión tiene mucho más que ver con la inteligencia emocional de lo que la mayoría de las personas podría pensar.**
Todo en esta vida es inteligencia emocional: a la hora de negociar, vender, relacionarse con otras personas, y también a la hora de invertir. Desde el punto de vista de las inversiones, la inteligencia emocional es la habilidad para pensar de manera objetiva respecto a una situación y no involucrarse demasiado en ella a nivel emocional. Ser emocionalmente inteligente a la hora de invertir significa que sabes *qué* haces y *por qué* lo haces. Robert Kiyosaki, pareja de Kim, señala: «Para tener éxito en los negocios y en las inversiones tienes que ser emocionalmente neutro ante la posibilidad de ganar o perder. Ganar o perder son sólo parte del juego». Los mejores inversores son personas con altos niveles de inteligencia emocional, ni se dejan llevar por la euforia ni por el desánimo. Controlan la avaricia en momentos de bonanza y el ego cuando hay pérdidas. No buscan tener razón sino ganar dinero.

6. **La fórmula para alcanzar la independencia financiera es *simple*, pero no necesariamente *fácil*. Toma tiempo y educación.**
Cualquiera puede hacerlo pero no todo el mundo quiere pagar el precio (sufrir el proceso). La mayoría de la gente escoge el camino fácil. O no quiere invertir tiempo (prisas), o no quiere estudiar (pereza), o no quiere cometer errores (miedo). Se trata de saber lo que quieres y por qué lo quieres (tu motivo personal), aprender lo que necesitas (educación), trabajar en esa dirección todos los días (experiencia) y dejar que las cosas florezcan (paciencia). John Wooden, al que citábamos páginas atrás, decía: «Creo que nuestra tendencia es esperar que las cosas salgan como queremos muchas de las veces. Pero no hacemos las cosas que son necesarias para hacer que esas cosas se vuelvan realidad».

7. **Si vas a invertir, primero aprende sobre la inversión; segundo, aprende a pequeña escala.**
No es complicado de entender:
   - Primero, aprende sobre la inversión. Haz la tarea antes de comenzar. Nadie se pone a cocinar una paella sin saber cuáles son los ingredientes, las cantidades necesarias o los tiempos de cocción, porque el desastre está asegurado. Lo mismo sucede con las inversiones. El conocido inversor Warren Buffett apuntaba: «Si usted invierte en cosas que no conoce, no es más que un apostador de juegos de azar». Es como jugárselo a cara o cruz. No tiene ningún sentido.
   - Segundo, aprende a pequeña escala. Antes de correr debes aprender a caminar. Antes de nadar en el mar aprende en la piscina. Si no, el golpe puede ser grande. A ganar dinero invirtiendo se aprende perdiendo dinero. Lo que se pierde en dinero se gana en sabiduría. Como equivocarse es inevitable, es mejor hacerlo con pequeñas cantidades que te den el conocimiento y la seguridad necesarios para hacer mejores inversiones. Lo peor que le puede suceder a un inversor primerizo es acertar en sus inversiones iniciales, porque se creerá más inteligente de lo que es, lo que le llevará a hacer cosas más arriesgadas y a perder más dinero con posterioridad. Lo primero de todo es aprender las bases y los fundamentos.

La pregunta es inmediata: ¿por qué no aprendemos sobre la inversión y por qué no aprendemos a pequeña escala? Por dos motivos: porque nos da pereza y porque queremos ir demasiado rápido. Siddharta Gautama apuntaba: «Hay dos errores que no podemos cometer en el camino hacia la verdad: no empezar y no recorrer todo el camino».

8. **No necesitas grandes cantidades de dinero para ser libre financieramente.**
Esto es algo que poca gente entiende. Ser libre financiera-

mente no es ganar mucho dinero, ni ser millonario, sino que tus ingresos pasivos (lo que producen tus activos) cubran todos tus gastos mensuales. Por tanto, ser libre financieramente es sencillo si te enfocas en ello, no derrochas y eres austero en las primeras fases de la libertad financiera. Tu nivel de ingresos siempre depende de tu nivel de gasto. Por tanto, simplificar tu vida es una forma automática de tener más dinero. Cuanto más austera sea tu vida, más fácil será alcanzar la libertad financiera. No se trata de no gastar, sino de saber que hay gastos necesarios y gastos superfluos. Buscar una vida de lujo es interesante —y todos la queremos— pero no en una primera fase sino con posterioridad. Primero ocúpate de alcanzar la libertad financiera con un nivel de gasto razonable, y luego busca una vida de lujo con más o mejores activos creados o comprados.

9. **Todo empieza por un cambio de mentalidad.**
De empezar a ver las cosas de manera diferente hasta como lo venías haciendo hasta el momento:
   - La mayoría de la gente cree que sólo es posible ganar dinero trabajando.
   - La mayoría de la gente cree que mayores ingresos supone trabajo más duro.
   - La mayoría de la gente cree que las personas que consiguen resultados excepcionales son mejores que ellos.
   - La mayoría de la gente cree que invertir es arriesgado.
   - La mayoría de la gente cree que el mundo de las inversiones es complicado.

   ¿Y si no es así? Tus creencias definen la realidad en la que vives. Y si sigues pensando de la misma manera que hasta ahora, seguirás consiguiendo lo que hasta ahora. El cambio de mentalidad pasa por observar a aquellas personas que no hacen lo que la mayoría hace y tomar ese camino. Ellos saben y ponen en práctica cosas que los demás desconocen. Aprende de ellos, aprende de los mejores. Kim

Kiyosaki dice: «Si vas a pedir consejo a alguien, asegúrate de preguntar a quien sepa de qué está hablando. ¡Alguien que haya hecho lo mismo que tú quieres! Otra cosa es como pedirle a un vegetariano que te recomiende un restaurante de buenos cortes de carne».

**10. Elige tu círculo de amistades con prudencia.**
Tu «círculo» está formado por aquellas personas que te rodean, y ese círculo incluye a familiares, amigos, compañeros de trabajo y socios. A veces, para cambiar de vida basta cambiar de entorno. Para avanzar y crecer, no basta con ser positivo sino que hay que protegerse de la negatividad, y eso incluye tener a distancia a envidiosos, pesimistas, negativos y otro tipo de saboteadores que todos conocemos. La inversora en bienes raíces apunta algo esencial: «Cuando estás luchando por tus metas, lo último que necesitas es que interfieran los pensamientos y comentarios negativos de otras personas. Nuestra propia mente conjura suficientes pensamientos saboteadores. ¿Quién necesita que los amigos se sumen a ese ruido? A veces tu éxito, o incluso tan sólo una nueva etapa que podría incrementar tu éxito, amenaza a alguien o señala sus carencias. Alguien que no está avanzando en la vida puede sentir resentimiento de quienes sí avanzan o quieren hacerlo. Así que su manera de sentirse mejor es desencantando a la persona que lo está buscando. A las personas no les gusta que les recuerden sus limitaciones».

# LEOPOLDO FERNÁNDEZ PUJALS

Leopoldo Fernández Pujals (1947) es un empresario hispano-estadounidense de origen cubano. Un año después de la revolución castrista, cuando tenía trece años, su familia se exilió en Miami. En 1968 entró en los Marines, en la escuela de oficiales de Fort Belvoir (Virginia), donde fue el número uno de su promoción, pasando luego a instructor. Luchó en la guerra de Vietnam, de la que regresó a Estados Unidos con una medalla y los galones de capitán. Cursó estudios de finanzas y entró a trabajar en la multinacional Procter & Gamble y después en Johnson & Johnson, de cuya mano llegó a España en 1981. Seis años más tarde, decidió dar un giro radical a su vida. Abrió una pizzería –Pizzaphone que más tarde se llamaría Telepizza– que en 1993 ya contaba con cien tiendas y empezó a cotizar en la bolsa española en 1996. En 1999 vendería su participación por más de 300 millones de euros. Unos años después, en septiembre de 2004, se lanzó al mundo de las telecomunicaciones al adquirir el 24,9 por ciento de Jazztel, una operadora de banda ancha creada en 1997 por el argentino Martín Varsavsky. Fernández Pujals aportó 61,8 millones de euros para relanzar la compañía que atravesaba por momentos complicados y vendió su participación en 2014 por casi 500 millones de euros. Es la única persona que ha conseguido ser dueño de dos compañías cotizadas en el IBEX 35 español. Es autor del libro *Apunta a las estrellas y llegarás a la luna* (Espasa Libros, 2014) –uno de sus lemas de vida– y en el que relata su experiencia profesional y de vida.

1. **Todo lo que se tiene que aprender ya está escrito. Sólo tienes que leerlo, estudiarlo y aplicarlo.**
Nos complicamos demasiado. La filosofía «aprendiendo de los mejores» se basa en aprovecharse de la experiencia y el conocimiento de aquellos que ya han llegado donde nosotros queremos llegar. No hacerlo es un delito imperdonable. Leopoldo decía: «Desde mi más tierna infancia he sido un ávido lector, inicialmente de libros propios de mi edad, para luego pasar a novelas detectivescas, y acabar, desde mis años de universidad, con libros relacionados con el mundo de la empresa». La lectura ha marcado la vida del cubano, y quizás ahí resida uno de los secretos de su éxito. El único libro que no te puede ayudar es el que no lees. La lectura como hábito fue algo que le inculcó su padre —siempre es importante tener ejemplos— desde temprana edad. Cuando Leopoldo le contaba a su progenitor que estaba inmerso en un proyecto, éste le enviaba los mejores libros sobre dicha materia y Leopoldo los devoraba. Parece que no le fue mal.

2. **La competencia que más me preocupa es nuestra incompetencia.**
Cuando vives demasiado pendiente de otros, pierdes parte de tu esencia. El mundo es abundante en todos los planos, sólo hay que saber ver esa abundancia y trabajar para que venga a nosotros. Antonio Vega, al que teníamos páginas atrás, apuntaba con ocasión de una entrevista: «Si tú estás seguro de ti mismo y si tú tienes las cosas claras, no te comparas constantemente con el de al lado. Cuando tienes confianza en ti mismo y en la seguridad de tu obra, en tu trabajo, ahí hay sitio para todos y disfrutas tanto lo tuyo como lo de los demás». Céntrate en lo que tienes que centrarte. Y eso se resume en lo siguiente: un mercado con una necesidad, un producto que cubra esa necesidad y un modelo de negocio para vender. Ya está. Los tres elementos son comunes a todas las industrias. En última instancia, todo se resu-

me en aportar valor y que te compren. Aportar valor no es otra cosa que hacer mejor o más fácil la vida de la gente: alguien necesita algo y tú se lo puedes ofrecer. Luego, utilizas todos los canales a tu disposición para que te conozca (primero), perciba ese valor (segundo) y decida comprar (tercero). Y cuando haya éxito nunca dejes de mejorar y mantén a raya la arrogancia, que siempre acecha y nos vuelve más incompetentes. Como escribía Francisco de Quevedo: «La soberbia nunca baja de donde sube, pero siempre cae de donde subió».

3. **El trabajador más importante de la empresa es el que está más cerca del cliente.**
Porque el resultado de un buen negocio es un cliente satisfecho. «Tú eres tus clientes», decía Tom Peters. Sin ellos desapareces. Y un cliente satisfecho es aquel al que se le satisface una necesidad, ya sea para darle placer (algo mejor) o para evitarle un dolor (algo peor). Y a mayor cercanía con el cliente, mejor se le podrá corresponder. El secreto de las ventas es tener un genuino interés por ayudar a otros. Vender es solucionar problemas a la gente y para ello tienes que saber cuáles son sus problemas. Y eso es difícil que lo sepas si no estás cerca de ellos. Un despacho es un lugar peligroso desde el que contemplar el mundo. Algunas recomendaciones: escuchar, preguntar y hacer autocrítica. Nadie lo hace bien todo el tiempo. Además, los clientes cambian y anticiparse a esos cambios —los grandes líderes son visionarios— es esencial para ir por delante del mercado. Eso sólo es factible cuando se está muy pegado al mercado. Leopoldo apunta: «Un error muy común es no saber escuchar a los clientes».

4. **Para tomar buenas decisiones hay que profundizar, entender *el porqué del porqué*.**
Todo tiene un porqué, una causa, sólo hay que descubrirla. Cuanto más sepas de lo tuyo, en mejores condiciones esta-

rás para tomar decisiones correctas. El conocimiento no puede hacerte daño. Cuanto más profundices y sepas acerca de tu industria, de tus clientes, del comportamiento humano, de marketing o de cualquier otro aspecto relacionado con el mundo de la empresa, más fácil te será entender por qué las cosas son como son y actuar en consecuencia. Por ejemplo, mucha gente cree que los productos y servicios se ponen de moda por «casualidad» y que eso no se puede predecir. Pero es falso. Todo tiene una «causalidad» y tu misión es descubrirla si quieres hacer dinero. Eso es lo que explica precisamente Malcolm Gladwell en su libro *The tipping point* («La clave del éxito»). El periodista norteamericano un buen día se preguntó por qué las cosas —unas zapatillas, discos, libros, restaurantes...— se ponían de moda. Y empezó a investigar hasta descubrirlo. *Touché*. Si sabes las causas, puedes actuar sobre ellas; y si lo haces bien, tendrás los efectos deseados. ¿Conclusión? Estudia más, lee más, observa más y mejores cosas ocurrirán en tu vida.

5. **Si te rodeas de estrellas, brillarás; si te rodeas de barro, te embarrarás.**
No puedes vivir rodeado de mediocridad y que no te salpique. No somos entes aislados. El peligro es que el entorno ejerce una fuerza invisible y sigilosa de la que no somos conscientes hasta que en muchos casos es demasiado tarde. También ocurre lo contrario, personas que aparentemente pasan muy desapercibidas, cuando cambian de entorno, su potencial se destapa. Los entornos facilitan o dificultan, manifiestan o reprimen lo mejor de las personas. Pero es tu responsabilidad decidir de quién te rodeas, a quién apartas de tu vida y con quien pasas un tiempo limitado. Lo mejor para crecer y desplegar todo nuestro potencial es estar inmersos en entornos que favorezcan la autoestima y el aprendizaje. Como apunta Mike Murdock, autor de *The leadership secret of Jesus* («El secreto de liderazgo de Jesús»):

«Esté dispuesto a pagar cualquier precio por permanecer en presencia de gente extraordinaria».

6. **La decisión más difícil para un ejecutivo es despedir a un empleado.**
   Pero es imprescindible hacerlo cuando toca. Siempre con responsabilidad, sensibilidad y sentido de justicia. Demorarse en este tipo de decisiones es muy dañino para la empresa, los equipos y el propio individuo. Leopoldo explica: «Creo firmemente que el personal de una compañía se comporta como lo hace la dirección y, en mi opinión, la hierba mala ha de ser cortada de raíz». Su esposa, Marilina, que escribe el prólogo de la obra, afirma: «En un primer momento puede comportarse con ingenuidad y ofrecer a quienes no se lo merecen todo tipo de oportunidades, pero es tajante a la hora de despedirlos. Saber despedir a tiempo es otro rasgo de los líderes exitosos». Si metes una manzana podrida en el cesto, se te acaban pudriendo todas las manzanas.

7. **Hay que conquistar las dos mayores enfermedades de la humanidad: la *mieditis* y la *excusitis*.**
   En primer lugar, el miedo, que es el que te impide hacer. Y si no haces no consigues. En su libro se dice: «Una característica crucial de los líderes es la ausencia del miedo, o la habilidad para superarlo mediante la acción y transmitiendo mucha seguridad a los que le rodean, por más que esta cualidad en ocasiones les haga parecer arriesgados o temerarios». Los líderes deben superar sus propios miedos y transmitir confianza al resto del equipo para que superen los suyos propios y se atrevan. Pocos atributos tan necesarios para el éxito como la confianza, porque a mayor confianza, mayor atrevimiento. En segundo lugar, las excusas nos sitúan en una posición de desventaja competitiva, porque llevan a la inacción. Una de las cosas que aprendió Leopoldo durante su etapa en el ejército es que «una excusa no vale». Y de-

cidió eliminar para siempre cualquier tipo de excusa para justificar sus fracasos. El empresario dice: «Hay que ver la cantidad de gente que se pasa la vida utilizando su creatividad para dar una buena excusa. Lo que yo quiero que me digas es qué hay que hacer para aumentar las ventas».

8. **Mi filosofía de gestión es: si mejora el negocio, hazlo; si lo haces, mídelo para saber si estás mejorando.**
Es sencillo. Ante una decisión empresarial hay que hacerse una pregunta: ¿mejorará mi cuenta de resultados? Al final, toda decisión se resume en una ecuación de coste-beneficio. Una vez puesta en marcha una decisión, habrá que saber si esa decisión es acertada o no, y la mejor manera de hacerlo es mirando los números. Los resultados no mienten. La cuenta de resultados es el marcador del partido para cualquier empresa. A partir de ahí, se pueden tomar mejores decisiones: eliminar, corregir o crecer más. El empresario cubano señala: «Medir y llevar estadísticas y datos actualizados da vida a cualquier empresa, porque no olvidemos que el ser humano es competitivo por naturaleza y siempre aspira a ser el mejor».

9. **Para cerrar una venta a veces no hay que esperar un «sí» o un «no». Mejor ofrécele al cliente alternativas para que sienta que es él el que está eligiendo. Así, siempre ganas.**
Un «sí» o un «no» es comprometer demasiado al cliente, generarle demasiada presión. Y a nadie nos gusta que nos presionen. Preferimos creer que somos nosotros los que decidimos. Hay que evitar, en la medida de lo posible, el «lo tomas o lo dejas» o el «esto o lo otro». Ofrecer alternativas predispone a seguir avanzando en las relaciones, a estar abierto a que la otra parte decida por sí misma. Por el contrario, los callejones sin salida, significan a menudo eso, sin salida. El fundador de Telepizza, como muchas personas que han llegado lejos en la vida, empezó trabajando como

comercial vendiendo aspiradoras Kirby a puerta fría. Una profesión dura pero útil para el resto de la vida. Aprender a vender ayuda a comprender mejor el comportamiento de la gente, y comprender mejor el comportamiento de las personas es estar en mejores condiciones para satisfacer sus necesidades. Leopoldo dice: «Es sorprendente, pero no conozco ninguna universidad que enseñe técnicas de venta, a pesar de que éste es uno de los factores que más me ha ayudado a triunfar en la vida».

10. **Cuando no hay solomillo, disfrutemos de la hamburguesa.**
Cada momento es único y ya no vuelve. Hay que saber disfrutar de cada instante, porque cada instante tiene sus cosas buenas: a veces será la compañía, otras el lugar, el ágape u otro aspecto. Estar más pendiente de lo que a uno le falta que de lo que se tiene es adoptar una postura de ingratitud que no nos beneficia. La falta de gratitud conduce a la frustración; su práctica, por el contrario, proporciona una sensación de bienestar interior que redunda en beneficios en el resto de parcelas de la vida: las relaciones, el trabajo o la salud. La gratitud es una manera de ver que cambia nuestra mirada. La periodista y escritora Melody Beattie dice: «La gratitud desata la plenitud de la vida. Convierte lo que tenemos en suficiente y en más. Convierte la negación en aceptación, el caos en orden, la confusión en claridad. Puede convertir una comida en un banquete, una casa en un hogar, un extraño en un amigo». Adopta el hábito de ser agradecido cada día por algo y te irá mejor en la vida.

# MARK CUBAN

Mark Cuban (1958) es un empresario estadounidense, inversor y dueño del equipo de los Dallas Mavericks de la NBA (National Basketball League), que compró por 285 millones de dólares en el año 2000 –hoy valorado en 700 millones– y que se alzó con el anillo del campeonato una década más tarde en 2011. También es propietario de los cines Landmark y Magnolia Pictures. Asimismo, es el presidente de la cadena de cable HDTV AXS TV. Uno de sus primeros negocios fue Microsolutions, empresa que vendió y con la que hizo fortuna, dedicándose a viajar por el mundo durante un tiempo. En 1995 creó Audionet que posteriormente se convirtió en <Broadcast.com> –transmisión de eventos en vivo en internet– que también vendió a Yahoo por 5.700 millones de dólares. Es autor del libro *How to Win at the Sport of Business: If I Can Do It, You Can Do It* («Cómo ganar en el deporte de los negocios: si yo puedo hacerlo, tú puedes hacerlo»), en el que cuenta su experiencia en el mundo de los negocios del *sport management*.

1. **Las ventas lo curan todo.**
   La vida va de vender. Sabes que estás haciendo bien las cosas cuando estás vendiendo: *o estás vendiendo o estás fallando*. Sin clientes no hay negocio y sin negocio no se come. Nada sucede hasta que ocurre una venta. La venta es la parte esencial de cualquier negocio. Otras patas también son importantes, pero más fácilmente sustituibles. La venta no. La mayoría de los consejeros delegados de las compañías que componen el Fortune 500 proceden del ámbito de las ventas. Nada extraño, ¿verdad? Mark Cuban apunta: «Ac-

tualmente trabajo duro para conocer mejor mi negocio. Continuamente busco formas de mejorar todas mis empresas, y siempre vender. Siempre».

2. **Trata a tus clientes como si fueran tus dueños porque lo son.**
Todas las empresas viven de vender, y si alguien vende es porque alguien compra. Y quienes compran son los clientes. La orientación al cliente es la base de cualquier negocio. Cuban lo explica de esta manera: «Tus clientes te pertenecen, y tanto como hagas felices a esos clientes y los mantengas comprando entonces cualquier cosa es posible». Nunca puedes vivir de espaldas al cliente. Cada cliente ganado tienes que defenderlo con uñas y dientes, y para ello es fundamental ponerte permanentemente en su lugar para brindarle la mejor experiencia de acuerdo a sus expectativas o incluso superarlas. No es casual que Peter Drucker afirmarse: «El secreto del marketing es encajar tan bien en los deseos del consumidor, que el producto no necesite fuerza de venta».

3. **No se trata de si el vaso está medio lleno o medio vacío, sino de que eres tú el que lo llenas.**
No se puede expresar de forma más clara. En última instancia eso es lo único importante, el grado de responsabilidad que asumes en tu vida. Tu actitud, de responsabilidad o evasión acerca de los resultados que obtienes, es lo que marca la diferencia entre unas personas y otras, entre las de primer nivel y el resto. Una buena actitud es capaz de darle la vuelta a cualquier situación por muy negativa que sea. Tus circunstancias no te definen. Tu realidad viene definida por tu capacidad para explotar tu potencial; y tu capacidad de aprender —todo es práctica— y tu determinación son tus mejores armas para llegar allí donde quieras llegar. Buen recordatorio es el de Lou Holtz, entrenador de fútbol americano: «No naciste siendo un ganador, de igual modo

que no naciste siendo un perdedor. Tú eres lo que haces de ti mismo». Con un compromiso decidido aprenderás todo lo que sea necesario y te mantendrás en la brecha sin abandonar hasta que finalmente logres aquello que desees lograr. En tus manos está.

4. **Siempre habrá alguien ahí afuera que tratará de quitarte tu negocio. Siempre hay alguien que trata de competir por tus clientes.**
Donde hay negocio, hay competencia; y si no existe, la acabará habiendo. Todo el mundo quiere sacar tajada donde hay peces grandes. Por eso, hay que intentar, primero, poner el mayor número de barreras de entrada a la competencia; y segundo, no dejar nunca de estar preguntándose cómo mejorar todos y cada uno de los eslabones de la cadena de valor: calidad, precio, servicio, alianzas estratégicas o cualquier otro aspecto. Innovar como hábito es la mejor estrategia para diferenciarse de los competidores y asegurarse una posición de ventaja competitiva sostenible en el mercado. Lo peor que puede pasarte es que te duermas en los laureles. Conviene tener bien presente siempre en la cabeza la moraleja de la conocida fábula de la cigarra y la hormiga. Cuanto más sudas en tiempos de paz, menos sangras en tiempos de guerra. El invierno —guste o no— siempre llega, así que lo mejor es prepararse con anticipación.

5. **Trabajé en sitios que apenas me llegaba para pagar el alquiler. En cada trabajo, lo amara o no, justificaba en mi mente que me estaba pagando para aprender y cada experiencia sería de valor para cuando supiera qué hacer con mi vida.**
La vida es lo que tú crees que es. La realidad no existe como tal, existe tu realidad. Tu visión acerca de cómo son las cosas determina todas tus experiencias. Cada reto puede verse como una oportunidad o como un riesgo; cada encuentro

con una persona puede verse como una ocasión de sumar contactos y aprender o como una pérdida de tiempo; tu presencia en redes sociales puede ser un fastidio más en tu actividad diaria o una forma de conectar e interactuar con la gente. Ambas cosas son válidas, pero cada una de ellas tiene consecuencias diferentes. Tu actitud —como abordas todo lo que sucede— es un buen indicador de lo que te ocurrirá en la vida. Todo lo que te sucede tiene mucho que ver con cómo interpretas el mundo. Somos conciencia creadora.

6. **Desde hace veinticinco años siempre me he preguntado: ¿qué es lo nuevo? ¿Qué es lo siguiente? ¿Cómo llego primero?**
Hay personas reactivas y personas proactivas. No hace falta decir quiénes se llevan la mayor parte del león y a quienes les va mejor en la vida. El éxito es anticipación, porque como decía el conocido inversor John Templeton, «es imposible realizar una actuación óptima a menos que hagas algo diferente a la mayoría». Para tener éxito hay que tener una ventaja competitiva en el mercado —hasta que se diluye o se renueva— que no es otra cosa que aquello que te diferencia del resto y que el mercado está dispuesto a pagar por ello. Para conseguirlo hay que ver cosas que los demás no ven, y la mejor forma de lograrlo es siendo una persona curiosa: leyendo, estudiando, observando, preguntando, cuestionando, viajando, relacionándose con gente diversa o probando experiencias no habituales, por dar sólo algunas pinceladas.

7. **Todo se reduce a encontrar algo que ames hacer, y entonces, tratar de ser el mejor en ello.**
Y además ambas variables —pasión y excelencia— están interconectadas, porque cuanto más ames lo que haces, mejor lo harás. En cualquier ecuación cuyo resultado final aspire al éxito, no puede faltar su principal motor: la pasión. Ponerle pasión a las cosas que tenemos entre manos es

darles vida, y eso redunda inevitablemente en la calidad final del resultado. El consejero delegado de Berkshire Hathaway afirmaba en una ocasión: «Una persona debe encontrar su pasión. Eso es mucho más importante que el dinero, porque eso es lo que te lleva al dinero. Creo que es una locura realizar un trabajo que no te gusta sólo porque queda muy bien en tu currículum». Sólo desde la pasión se puede aspirar a ser un referente en cualquier mercado.

8. **La mayoría de personas no utiliza su tiempo para obtener una ventaja de conocimiento. Sé que si pongo el tiempo necesario consumiendo toda la información disponible, sobre todo con internet tan accesible, puedo tener una ventaja en cualquier negocio.**
¿Qué es el éxito? El éxito es conocimiento en acción. Por tanto, leer todo aquello que cae en nuestras manos sobre el tema que nos interesa, nos pone en una situación privilegiada respecto al resto, ya que según las estadísticas una de cada tres personas no lee nunca o casi nunca, y lo más relevante es que tampoco hay indicios de que esas cifras mejoren porque los encuestados señalan que «no les gusta o no les interesa». Mark Cuban nos da una importante lección acerca de su éxito: «Leía cada libro o cada revista que podía. Una buena idea llevaba a un cliente o a una solución y esas revistas y libros se pagaban por sí solos. Algunas de las ideas que leía eran buenas y otras no. Al leer tanto aprendí una lección valiosa: todo lo que leía era público. Cualquiera podía comprar los mismos libros o revistas. La misma información estaba disponible para todos. Resulta que la mayoría de las personas no la querían. Recuerdo ir a reuniones con clientes o con personas de la industria y comentar secretos del software o el hardware. Cosas que funcionaban. Todas las cosas eran cosas que leía. Yo esperaba una respuesta sobre ella para comentar con detalle. Pero eso no era lo que ocurría. Lo que ocurría es que no lo habían leído y no habían comenzado a leerlo».

9. **Yo no estaría aquí ahora si no hubiera fallado mucho. Lo bueno y lo malo son parte de la ecuación para el éxito.** No existen los caminos rectos en el mundo del éxito y el desarrollo personal. Y la mejor manera de recorrer el camino es comenzando. No hay mayor distancia que la que no se empieza a recorrer. ¿Qué vas a hacer hoy para avanzar en la dirección de tus sueños? Hoy, no mañana, ni pasado, ni al otro. Esperar a que se dé el momento perfecto, a saber todo lo que es necesario, a tener todas las piezas del puzle, no es la mejor estrategia. La mayor garantía de fracaso es no hacer nada. Hay que ponerse manos a la obra e ir descubriendo las respuestas a medida que se avanza. Las curvas y baches son inevitables, forman parte del trayecto y del crecimiento. Que ello no te eche para atrás. Como nos recuerda el periodista Joshua J. Marine, creador de Talking Points Memo: «Los desafíos hacen la vida interesante y superarlos hacen la vida significativa».

10. **Si estás preparado no es un riesgo. Tienes que averiguar cómo llegar ahí. Siempre hay una forma de llegar.** La mejor arma para afrontar cualquier desafío es la preparación. Cuando sabes *qué* haces y *por qué* lo haces tienes el control de la situación. Luego, las cosas podrán ir bien o mal, pero siempre dentro de un marco de referencia en el que el margen para las sorpresas es reducido. Si van mal, hay que buscar la causa —que siempre existe— para corregir el rumbo y enderezar el barco hasta llegar a buen puerto. Lo peor de todo es ser víctima de los impulsos infantiles, de las falsas intuiciones sin fundamento, de la carencia de rigor en el análisis, del desconocimiento del propio mercado, de los aires de autosuficiencia, de la rigidez que nos impide cambiar y otros derivados comunes que nos conducen al despeñadero.

# MARY KAY ASH

Mary Kay Ash (1918-2001) trabajó para varias compañías de venta directa desde 1939 hasta 1960, alcanzando un considerable éxito como vendedora. Sin embargo, frustrada por ser ignorada en las promociones en favor de los hombres, se retiró en 1963, pensando en escribir un libro para ayudar a la mujer en el mundo de los negocios. El libro era una especie de plan de negocios para su compañía ideal, y en septiembre de 1963, junto a su hijo Richard Rogers, fundaron Mary Kay Cosmetics con una inversión de 5.000 dólares. La compañía originalmente operaba en un local de Dallas, pero creció rápidamente después de que Ash fuese entrevistada por la CBS en su programa *60 Minutes*. Las mejores vendedoras de la empresa eran premiadas con un Cadillac rosa como símbolo de reconocimiento que se convirtió en todo un icono. Recibió numerosos reconocimientos en su carrera, y a su muerte, la compañía tenía más de 800.000 representantes en 37 países. Mary Kay fue autora de tres libros que se convirtieron en bestsellers. Su autobiografía, *Ocurren los milagros* (Taurus, 2005), vendió más de un millón de copias y está traducida a varios idiomas. Su filosofía de negocio, *Mary Kay on People Management*, continúa siendo una fuente de sabiduría y ha sido incluido en cursos de negocios en la reconocida Escuela de Negocios de Harvard. El tercer libro, *You Can Have It All* («Puedes tenerlo todo»), fue lanzado en 1995 y pronto se convirtió en un éxito de ventas. Sus discursos y citas siguen siendo una forma de inspirar a las mujeres fuera y dentro de la compañía.

1. **No importa lo ocupado que estés, debes encontrar tiempo para hacer que la otra persona se sienta importante.**
El verdadero valor de una empresa no lo representa el producto o servicio que vende sino el personal de la empresa que es el responsable de darle valor a ese producto o servicio. Sin las personas nada ocurre. Por ello, cuidar a la gente es el primer reto para lograr algo grande. La primera misión de un líder es cultivar la confianza de las personas que están a su cargo, que crean en ellas mismas, porque eso es lo que las hará atreverse, desafiar límites, vencer miedos y seguir adelante cuando las cosas no marchen. Mary Kay siempre tuvo en cuenta que el reconocimiento incentiva a dar lo mejor que llevamos dentro. Ella misma señalaba: «Hay dos cosas que la gente desea más que el sexo y el dinero: reconocimiento y elogio». ¿Quién no quiere sentirse especial? ¿Quién no quiere sentirse único? ¿Quién no quiere sentirse querido? Además, el efecto es doble: por un lado, las personas se sienten mejor con ellas mismas, lo que redunda en su propio beneficio, y a la vez tendrán una actitud más positiva hacia su trabajo y sus superiores, con lo cual todo el mundo gana: «Si honras y sirves a la gente que trabaja para ti —decía Mary Kay—, ellos te honrarán y te servirán a ti».

2. **Todo el mundo quiere ser apreciado, por lo que si aprecias a alguien, no lo hagas en secreto.**
El reconocimiento tiene un efecto más poderoso cuando se hace en público. Su efecto se multiplica. Por tanto, si vamos a practicar el reconocimiento con alguien, hagamos que su impacto sea mayor. Las personas somos seres sociales, y aunque a veces hay que protegerse de las opiniones de terceros, también su aprobación nos sirve como catalizador. En la medida que los demás tienen una opinión favorable sobre nosotros, también nosotros mejoramos la opinión que tenemos de nosotros mismos. El empresario e

inversor Warren Buffett es conocido por las muestras de reconocimiento público que siempre brinda a su equipo, sobre todo, en la carta anual a los accionistas de su empresa. El elogio es un regalo que no deja de producir. Jamás desaproveches la ocasión de elogiar a alguien. Él mismo dice: «Ofrece a tus empleados una reputación que mantener y elógialos siempre que tengas la oportunidad».

3. **Escucha lo suficiente y la persona normalmente llegará a una solución adecuada.**
Escuchar a las personas tiene un efecto mágico en ellas. No sólo como factor de reconocimiento —las personas se sienten valoradas— sino que el simple hecho de verbalizar lo que nos pasa y ver que somos comprendidos, nos ayuda a tener más claridad mental sobre nuestra propia situación y a hallar alternativas más fácilmente. Otra colaboradora que trabajó con Mary Kay señalaba: «Era una excelente oyente. Se sentaba en su escritorio, y te escuchaba cualquier problema. Dejaba que te desahogaras y luego te preguntaba: ¿qué crees que deberías hacer? Pero de alguna forma, en el transcurso de escucharte y hacerte sentir importante, y de ayudarte a analizar el problema, te ibas pensando que era la persona más sabia del mundo y con la solución adecuada». Quienes la conocieron, dicen que mostraba un gran interés por la gente. Cuando estaba con una persona le dedicaba toda su atención. No les atendía sólo por compromiso, sino para hacerles sentir importantes. Toda persona que se merezca el calificativo de líder, tiene que ser un gran escuchador.

4. **Una buena meta es como un ejercicio extenuante, hace que te estires.**
Cuando tus sueños te motivan de verdad —tienes un motivo auténtico que te atrapa— siempre te atreves y tus capacidades se estiran hasta límites insospechados. Una buena meta es aquella que te desafía y te lleva a desarrollar todo tu

potencial. No hay meta grande sin grandes obstáculos. Mary Kay siempre decía: «Toda persona exitosa se enfrenta a muchos problemas. De hecho, los problemas y las adversidades son los factores principales que hacen que las personas sean exitosas. Los problemas se convierten en escaleras por las cuales las personas exitosas ascienden para lograr sus objetivos. Los obstáculos son oportunidades para triunfar». Ella misma decía que tenía las rodillas más raspadas que nadie de las veces que se había caído. Pero su determinación por triunfar le llevó a crear y consolidar una compañía de referencia mundial. Ella pasó toda su vida *estirándose*. Afirmaba: «Aprovechen las dificultades para crecer y llegar a ser mejores personas de lo que pensaron».

5. **Las personas bendecidas con talento no necesariamente superan a todos. Es la gente que persevera la que destaca.** Su caso es como el de otras personas que no recibieron la mejor educación, ni vivieron en el mejor entorno, ni tuvieron las condiciones más favorables. Su determinación por salir adelante y triunfar, sin embargo, la llevaron a hacer historia. Con apenas siete años cuidaba a su padre que padecía tuberculosis mientras su madre trabajaba. Después de casarse y con tres hijos su marido la abandonó y se vio en la necesidad de empezar de cero a trabajar sin saber nada. Además, tuvo que sufrir un entorno laboral dominado por los hombres en el que padeció todo tipo de injusticias en términos salariales y de ascensos. Pero su actitud, sus ganas de aprender y su resiliencia, la llevaron a sobresalir y destacar a nivel internacional. Mary Kay decía: «Nunca te rindas, porque nunca sabes si el próximo intento será el que funcionará».

6. **El problema de mayor contaminación que encaramos es la negatividad.** Nunca dejes que la negatividad te controle y permanece siempre alerta. La negatividad es destructiva, porque aun-

que puede hacernos sentir mejor al tener coartada para justificarnos, no resuelve nada. Pero además tiene otro problema. Hoy día sabemos que las emociones son contagiosas, con lo cual el peligro aumenta. La ciencia ha demostrado que los procesos de contagio emocional son automáticos e inconscientes. Es decir, de manera natural tendemos a imitar a las personas que tenemos más cerca. Conseguir grandes cosas en la vida exige valor y optimismo, porque las dificultades siempre van a estar ahí, y la negatividad no parece la mejor estrategia. La alternativa más adecuada, sin dudas, es la del entusiasmo y la ilusión, a pesar de los reveses y las piedras temporales que encontremos. Mary Kay decía: «El entusiasmo es el poder que motiva al éxito. La persona que es entusiasta ejercita una influencia magnética sobre aquellos que están en contacto con ella. El ser entusiasta y actuar en forma entusiasta podrá fácilmente revolucionar tu vida».

7. **No te limites a ti mismo. Muchas personas se limitan a lo que piensan que pueden hacer. Puedes ir tan lejos como tu mente te permita. Puedes conseguir lo que creas, recuérdalo.**
Cuando Mary Kay era una niña y tenía que realizar una nueva tarea, su madre siempre le repetía: «Sé que puedes hacerlo». Y eso le sirvió en sus años de infancia para automotivarse, y más tarde para animar y motivar a su gente. Un colaborador apuntaba: «Infundía autoestima a la gente, la gente se sentía más confiada y tenía mejores resultados». Ésa es la misión de un líder: hacer que las personas crean en sí mismas. Mary Kay decía: «Sinceramente creo que en cada proyecto o acción que hagamos, la parte más importante es tener fe. En realidad, si tenemos fe somos capaces de realizar grandes cosas. Todos tenemos obstáculos que superar, pero aquellos que tienen fe, pueden conquistar cualquier cosa que se ponga en su camino». Romper creen-

cias inconscientes limitantes es el principal desafío al que todos nos enfrentamos en esta vida. Lo que uno piensa depende de lo que cree, y si crees que eres alguien pequeño, pensarás y actuarás en pequeño. Como tú te ves, así actúas. Tu autoconcepto —la imagen que tienes de ti mismo— marca tu destino. Por eso es tan importante el entorno, porque para ser un ganador hay que pensar como un ganador, y el entorno influye decisivamente en nuestra forma de pensar y actuar.

8. **Yo quería una compañía en la que se tratara a todo el mundo igual, con igualdad, justicia, honestidad e integridad. Una compañía en la que se aplicara la Regla de Oro, pues es la mejor regla del mundo.**
La Regla de Oro es: trata a los demás como quieres que te traten a ti. Otra cosa produce resentimientos, y cuando el orgullo se hiere, la venganza está servida. De hecho, eso fue lo que le llevó a crear su propia compañía, las injusticias que sufría en las empresas en las que trabajó previamente. A pesar de sus incontestables resultados, otras personas —hombres siempre— eran siempre tenidas más en cuenta en los ascensos. Favoritismos, personalismos o falta de meritocracia dañan seriamente las relaciones y los equipos. La falta de ética siempre se vuelve en contra. Hacer lo correcto es siempre la mejor estrategia para construir relaciones sólidas y duraderas. En la vida y en la empresa los valores son importantes, y la gente que actúa así es la que deja huella a largo plazo. En todos los sectores de la sociedad hay una serie de personas que por su ejemplo y manera de ser dejan un profundo legado. Son aquellas que engrandecen la profesión, la dignifican y la convierten en escuela de valores gracias a su actitud, comportamiento y calidad humana, y abren un camino que es seguido por los demás. Esas personas son las referentes, y a las que hay que admirar y de las que hay que aprender.

9. **Evalúa tu éxito de acuerdo al equilibrio que llevas en tu vida.**
La vida no es unidimensional, sino que está formada por diferentes parcelas, todas ellas importantes, que hay que cuidar: trabajo, familia, amistad, espiritualidad, ocio. Si dejas de lado a alguna de ellas, tu vida se resiente. Mary Kay animaba a sus vendedoras a unirse al «Club de las 5 a.m.». Levantarse a esa hora, decía, cuando no había llamadas ni interrupciones, le permitía ser tres veces más productiva y cumplir todos sus compromisos. También animaba a su equipo a trabajar duro, pero sin descuidar a su familia y amigos. Como señalaba Zig Ziglar: «No puedes ser una persona de éxito si tu vida personal es una vergüenza». La clave de todo está en organizarse; y organizarse bien es renunciar a lo menos importante a favor de lo más importante. No se puede llegar a todo. Siempre hay que dejar cosas sin hacer. Para ello, lo mejor es tener claras cuáles son nuestras prioridades. El tiempo es una variable finita —veinticuatro horas siempre—, y es nuestra responsabilidad, por tanto, decidir a qué y cómo dedicamos nuestro tiempo.

10. **Haz de tu vida una afirmación continua. Actúa como una persona exitosa y atraerás el éxito hacia ti.**
Finge como si fueras hasta que seas. Tienes que engañar al cerebro hasta que te conviertas en la persona que te gustaría ser. A todos nos han programado, a nivel inconsciente, para pensar, creer y actuar del modo en que lo hacemos. Nuestra programación es fruto de las influencias del entorno: lo que hemos visto, oído y escuchado. Como resultado de esa programación (creencias), cada uno de nosotros tiene un «diálogo interno» que determina nuestra forma de actuar en sentido positivo (impulsor) o negativo (represor). Lo que te dices a ti mismo tiene una influencia decisiva en tu nivel de éxito. Algunas personas están programadas para la abundancia y otras para la escasez. La mala noticia es que

si no cambiamos nuestras creencias, nuestro potencial estará reprimido y seremos víctimas de una vida de carencia donde los miedos, inseguridades y limitaciones nos dominen. La buena noticia es que las creencias no son innatas sino aprendidas, e igual que las hemos aprendido las podemos desaprender, y reemplazarlas por otras. Cada persona tiene que elegir conscientemente quién elige ser o queda en manos del entorno, los medios de comunicación, la publicidad y el resto de agentes externos. La clave está en empezar a pensar, sentir y actuar como la persona que nos gustaría ser hasta que esa forma de pensar y actuar quede grabada en nuestro inconsciente. Ése es el camino correcto. Define tu personaje y cásate mentalmente con él. Vive en él el mayor tiempo posible y con la mayor intensidad. Al principio puede parecer poco natural, no te desanimes, es algo normal. Continúa en la misma línea hasta que el hábito —fruto de la repetición— lo normalice y pase a formar parte de nosotros. A partir de entonces, los comportamientos serán más fluidos.

# MICHAEL JORDAN

Michael Jeffrey Jordan (1963), más conocido como Michael Jordan, es un exjugador de baloncesto estadounidense considerado por muchos como el mejor de todos los tiempos. Se retiró definitivamente en 2003 en el equipo de los Washington Wizards, tras haberlo hecho con anterioridad en 1993 y 1999. Ganó seis anillos con los Chicago Bulls, promediando 30,1 puntos por partido en toda su carrera, el mayor en la historia de la liga. También ganó diez títulos de máximo anotador, cinco MVP (*Most Valuable Player*) de la temporada y seis MVP de las fases finales, siendo nombrado en el mejor quinteto de la NBA en diez ocasiones, en el defensivo nueve veces, líder en robos de balón durante tres años y un premio al mejor defensor de la temporada. Desde 1983 ha aparecido en cincuenta ocasiones en la portada de la prestigiosa revista deportiva *Sports Illustrated*, además de ser elegido «Deportista del Año» en 1991. Fue nombrado «Mejor Atleta del siglo XX» por ESPN y segundo tras Babe Ruth por Associated Press. Es autor del libro *Mi filosofía del triunfo* (Selector, 1995) y se han escrito otros muchos sobre su vida y trayectoria, como *Michael Jordan: el rey del juego* (Ediciones JC, 2010) o *Michael Jordan: lecciones del éxito para la vida* (Selector, 2001).

1. **No hago las cosas a medias porque sé que si lo hago entonces sólo puedo esperar tener resultados a medias.**
   No puedes esperar conseguir grandes resultados limitándote a hacer lo básico. No puedes lograr grandes cosas pasando de puntillas por la vida. Jordan lo aclara aún más: «¿Qué es el amor? El amor es jugar cada partido como si fuese el

último». Y nosotros añadiríamos: y cada entrenamiento que haces, y cada reunión a la que asistes, y cada negociación en la que estás inmerso, y cada artículo que escribes, y cada conferencia que das, y cada persona a la que atiendes. Amar la vida es amar lo que haces, y sólo hay una forma de amor verdadero: dándolo todo. Otra cosa no es amor, sólo sucedáneos. En *Innormal,* el poeta Carlos Miguel Cortés escribe:

> Quizás el truco sea entregarse
> como si nunca fuera a doler.
> A la vida, al amor,
> al sexo, a la poesía,
> incluso entrégate
> a ti mismo.
> Como si fueran a prohibirlo
> todo
> mañana.

2. **A veces, las cosas no pueden ir a tu manera, pero el esfuerzo debe estar allí cada noche.**
Si das lo mejor de ti mismo nadie podrá reprocharte nada. En el corto plazo puede que no haya resultados, pero si uno continúa de manera consistente con esa actitud, los resultados acabarán llegando a medio y largo plazo. Otro deportista, el jugador de béisbol Derek Jeter, se une también a este planteamiento: «Puede que haya gente con más talento que tú pero no hay excusas para que nadie trabaje más duro que tú». El éxito es trabajo constante e inteligente en una determinada dirección sin venirse abajo durante el trayecto. Y si uno aguanta con esa mentalidad, las cosas acaban funcionando razonablemente bien. Dicho de manera breve: insistir, persistir, resistir y no desistir. El problema de la mayoría de la gente es que no es constante o abandona demasiado pronto.

3. **Para aprender a triunfar antes debes aprender a fracasar.** Jordan lo explica con estas palabras: «He fallado más de nueve mil lanzamientos en mi carrera. He perdido casi trescientos partidos. En 26 ocasiones se me ha confiado el último lanzamiento para ganar el partido y lo he fallado. He fallado una y otra vez en mi vida y ésa es la razón por la que he tenido éxito». No existe otro camino: *quien evita el fracaso está evitando el éxito*. Y para ello hay que evitar pensar demasiado, ya que de otro modo lo más seguro es que uno no haga nada. El deportista añade: «Nunca he mirado las consecuencias de fallar un gran tiro. Cuando piensas en las consecuencias siempre piensas en un resultado negativo». La mente es así de traicionera. Hay que pensar lo justo y luego actuar. Siempre existen demasiadas incertidumbres, dudas y miedos. Tus angustias no desaparecerán jamás por completo. El truco consiste en tirarse a la piscina sin más.

4. **Puedo aceptar el fracaso, todo el mundo ha fracasado en algo. Pero no puedo aceptar no intentarlo.** Eso tiene un nombre y se llama cobardía; y la cobardía es el principal obstáculo a vencer por todos, porque el miedo siempre asoma por el horizonte. Sin valentía no ocurre nada excepcional. «Los que aman, no hacen pie», escribe Uberto Stábile. Nadie (demasiado) prudente ha logrado algo (demasiado) grande. Quien mide demasiado, sólo se mueve por el perímetro delimitado por la rutina y la comodidad. Es una opción, pero no suele dejar buen sabor de boca. Todos tenemos dos vidas: la vida que vivimos y la vida que llevamos dentro. La segunda —que es la única verdadera— es siempre el resultado de la valentía y el coraje. O das el paso o vives a medias. Y vivir a medias es medio vivir. Todos, en lo más profundo de nosotros sabemos que tenemos un potencial mayor, y dejarlo latente suele doler.

5. **Debes esperar cosas de ti mismo antes de que las puedas hacer.**
William Walker Atkinson, en su libro *Psicología del éxito* (ELA, 2010), escribe: «La cualidad más marcada en los grandes hombres, en todos y en cada uno de los campos de actividad, es la fe y la confianza en sí mismos». Pocas cosas influyen tanto en nuestro comportamiento como la creencia sobre nuestra capacidad para hacer algo. Creer que uno puede hacer algo impulsa a ir a por ello —aunque no se tengan inicialmente los conocimientos y las habilidades necesarias— y creer que uno no puede hacer algo hace que te quedes en el mismo sitio que estás. Las posibilidades siempre existen para el que cree. No es una simple opinión, lo confirman los hechos. Todo lo que vemos en el mundo físico ha sido creado por el ser humano: los rascacielos, los aviones privados, los móviles, los portátiles, las catedrales, ¿seguimos? Y es así, porque alguien lo imaginó, lo creyó, lo trabajó y no desistió, y habitualmente nadando a contra corriente de la opinión mayoritaria.

6. **El talento gana partidos, pero el trabajo en equipo y la inteligencia ganan campeonatos.**
Paolo Maldini fue una de las leyendas del fútbol mundial. Perteneció al histórico AC Milán que gobernó Europa de manera contundente a finales de los ochenta y principios de los noventa, capitaneado por el visionario Arrigo Sacchi. En 2009 el jugador *rossonero* colgaba las botas con cuarenta y un años. Con ocasión del evento, un periodista le preguntaba:

—¿Qué le ha enseñado el fútbol?

La respuesta es de ganador:

—Que si sólo piensas en ti mismo, y no en los demás, nunca alcanzas objetivos.

Con una respuesta así sobran comentarios. Inteligencia es saber que uno solo no puede llegar a ninguna cima elevada. Por eso, trabajar en equipo implica generosidad, humildad y lealtad hacia el resto de personas. ¿Lo peor? El egoísmo individualista, sobre todo, cuando llega la gloria. Michael Jordan decía: «El éxito vuelve a convertir el *nosotros* en *yo*».

7. **Paso a paso. No concibo ninguna otra manera para lograr las cosas.**
Éste es uno de los consejos más difíciles de asumir para la mayoría de la gente: saber que las cosas llevan su tiempo con independencia del talento y el esfuerzo. Por eso, es imprescindible estar dispuesto a comprometerse y ser disciplinado a medio y largo plazo. La gratificación inmediata es demasiado seductora para el gran público, y así es difícil consolidar nada. El éxito es la suma de dos cosas: constancia y paciencia. La constancia consiste en hacer algo todos los días que te conduzca a tu objetivo. En la fábula, la tortuga le gana la carrera a la liebre, a pesar de que esta última era más rápida. Su mayor virtud: el paso constante. La paciencia consiste en saber esperar sin desesperarse. El cambio es un proceso gradual que va de menos a más. Por ejemplo, la gente no ahorra porque cree que es muy poco lo que puede ahorrar. Lo que no se dan cuentan es de que ése poco sumado a lo largo del tiempo acaba haciendo una gran diferencia con el paso del tiempo. Si una persona invirtiese sólo 100 euros al mes, desde los veinte a los sesenta y cinco años, con una tasa de rentabilidad anual del 10 por ciento, al retirarse tendría 1.118.000 euros. Como dice Warren Buffett, inversor de referencia: «No intento saltar vallas de dos metros; busco a mi alrededor escalones de centímetros por los que pueda pasar por encima».

8. **La autenticidad consiste en ser fiel a quien eres incluso cuando todos los que te rodean quieren que seas otra persona.**
Pasa olímpicamente de los espectadores. Tienes que proteger tu individualidad. La gente promueve la uniformidad

porque no soporta la diferencia. Todos creemos estar en posesión de la verdad, y cuando otros piensan y actúan de manera distinta, en lugar de respetar, atacamos. Clavo que sobresale, martillazo que recibe. Es ley de vida, acostúmbrate a ello. Dale Carnegie señalaba: «En lugar de preocuparte por lo que la gente dice de ti, ¿por qué no pasar el tiempo tratando de lograr algo que vas a admirar?». No puedes gustar a todos. Si destacas te van a llover palos. Las personalidades singulares, aquellas que tienen una sólida marca personal y dejan huella, son personas que se mueven en los extremos. A quien gustas, te sigue; a quien no gustas, se aparta y te critica. Si eres fiel a ti mismo siempre vas a defraudar a alguien. No cedas y gestiona las críticas para que no te afecten. Luego, continúa tu camino.

9. **Cuando era joven tuve que aprender los fundamentos del baloncesto. Puedes tener toda la habilidad física del mundo, pero aun así tienes que aprender los fundamentos.**
El éxito en cualquier disciplina —ventas, hablar en público, escritura o cualquier otra— está en los fundamentos, que constituyen el principio, la base y la realidad de donde emana todo lo demás. Tanto si queremos mejorar nuestra salud, riqueza o éxito personal, todo ello se resume en conocer, estudiar y aplicar los fundamentos. Y los fundamentos son media docena de cosas. Por ejemplo, para que un agricultor pueda recoger una cosecha espléndida, debe concentrarse en media docena de cosas: el suelo, el agua, el sol, las semillas, los abonos y el cuidado de las plantas. Todos los elementos son de igual importancia, porque sólo si se dan en su totalidad, el agricultor conseguirá una buena cosecha. ¿Y cuáles son los fundamentos en el mundo de la empresa? Aportar valor (para satisfacer una necesidad del mercado), un modelo de negocio (para vender y ganar dinero), *networking* (para construir relaciones sólidas y duraderas), equipo (para llegar lejos), lideraz-

go (para movilizar a la gente) y apalancamiento (para crecer y expandirse).

10. **Sólo juega. Diviértete. Disfruta el partido.**
«Divertirse es importante, divertirse es bueno», nos recuerda Reid Hoffman, cofundador de LinkedIn. No podemos esperar a que acabe la jornada de trabajo para empezar a disfrutar de la vida. Eso es perderse muchos momentos. Hay que intentar disfrutar de cada situación, tanto en horas de ocio como de negocio. El escritor François René de Chateaubriand decía: «Un maestro en el arte de vivir no hace aguda distinción entre su trabajo y su juego, su labor y su placer, su mente y su cuerpo, su educación y su entretenimiento. Difícilmente sabe cuál es cuál. Simplemente persigue su visión de la excelencia en lo que sea que haga y deja que los demás determinen si está trabajando o jugando. Para él mismo, siempre parece estar haciendo ambas cosas». La alegría es una actitud, una forma de ser, y aunque no siempre es posible tener un tono vital alto, ésa debería ser nuestra filosofía de vida. La mejor de las posibles opciones.

# MUHAMMAD ALI

Muhammad Ali, nacido Cassius Marcellus Clay, Jr. (1942-2016), fue un boxeador estadounidense, considerado por gran parte del público como el mejor de la historia, y una figura social de enorme influencia en su generación, en la política y en las luchas sociales o humanitarias a favor de los afroamericanos. Logró la medalla de oro en los Juegos Olímpicos de Roma 1960, y como profesional ganó el título de campeón de los pesos pesados en 1964 con veintidós años, el cual recobraría diez años después. En 1978 consiguió su tercer título, lo que le convirtió en el primer boxeador en ostentar en tres ocasiones un título mundial en dicha categoría. Seis de sus peleas están consideradas como las mejores de la historia por la revista *The Ring*. Entre sus reconocimientos están la Medalla Presidencial de la Libertad; el ingreso en el Salón Internacional de la Fama del Boxeo; el título de «Rey del Boxeo» por parte del Consejo Mundial de Boxeo; y el de «Deportista del Siglo XX» por *Sports Illustrated* y la BBC. También se han filmado diversas películas sobre su vida y filosofía, como *Ali* o *Cuando fuimos reyes*.

1. **Imposible es sólo una palabra que utilizan los débiles que encuentran más fácil vivir en un mundo que les han dado que explorar el poder que tienen para cambiarlo.** Y añadía el boxeador: «Imposible no es un hecho. Es una opinión. Imposible no es una declaración. Es un desafío. Imposible es potencial. Imposible es temporal. Nada es imposible». Necesitamos más gente que se especialice en lo imposible, porque una de las principales taras del ser humano es que está demasiado familiarizado con esa palabra y

forma parte de su vocabulario habitual. Conviene recordar al cantautor Silvio Rodríguez y su conocida composición *Resumen de noticias*: «Yo he preferido hablar de cosas imposibles porque de lo posible se sabe demasiado». Tu mente es infinita pero tus dudas te limitan. Lo único que está entre tu meta y tú es la película que te cuentas a ti mismo de por qué no puedes conseguirla.

2. **De pequeño le pedía a mi hermano que me lanzara piedras. Así es como aprendía mis movimientos, esquivando piedras.**

El éxito es un proceso y el proceso está formado de errores que es necesario aprender para ganar experiencia hasta que uno se convierte en un experto en una disciplina. Por eso, uno de los secretos para triunfar en cualquier cosa es empezar pronto. El precio del éxito es el precio del aprendizaje, y el precio del aprendizaje es el precio del error. Cuanto antes empieces, antes te equivocarás, antes aprenderás y antes tendrás éxito. David Kelly, fundador de IDEO, lo expresaba así: «Comete más errores, triunfa antes». No se puede ser un referente en nada sin haber andado el camino. El éxito está ligado siempre a la experiencia. No se puede aprender a torear desde la barrera; no se puede aprender a hablar en público desde abajo del escenario; no se puede aprender a cocinar sin meterse en los fogones; no se puede aprender a vender quedándose detrás del ordenador. Y cuando uno se expone a la cruda realidad, la realidad golpea. Hay que tener deportividad para encajar los golpes, aprender, levantarse y seguir caminando hasta que uno poco a poco domine la tarea. No hay atajos.

3. **«Soy el más grande.» Me lo dije incluso a mí mismo cuando no sabía que lo era.**

Una cosa es desear algo y otra diferente estar preparado para recibirla. Nadie está preparado para recibir algo hasta que cree que puede adquirirlo. Es un tema de FE, de las creencias que tienes grabadas en el inconsciente. Tus creencias determinan toda tu vida, a menos que seas capaz de tomar conciencia de cómo te influyen y modificarlas. El inconsciente (creencias) gobierna nuestra vida. La buena noticia es que la mente subconsciente siempre está a merced de la mente consciente. Nada puede acceder a nuestro subconsciente sin nuestro consentimiento. Por tanto, la mente consciente es la responsable de lo que allí se deposita. Nuestra misión es nutrir al inconsciente de aquellas *impresiones* (*inputs*) que queremos que se traduzcan en *expresiones* (manifestaciones). El propio boxeador apuntaba: «Es la repetición de afirmaciones lo que lleva a la creencia y una vez que la creencia se convierte en convicción profunda, las cosas comienzan a suceder». Earl Nightingale también escribía: «Cualquier cosa que plantemos en nuestra mente subconsciente y nutramos con repetición, un día se convertirá en realidad». Serás un fracasado, a menos que grabes en tu inconsciente que eres un triunfador. Las afirmaciones nos permiten moldear la mente de tal forma que luego nos lleven a actuar de una cierta manera. El inconsciente se adiestra por autosugestión a través de la repetición.

4. **Al golf también soy el mejor. El problema es que todavía no he jugado.**
Puede parecer una fanfarronada, pero Muhammad Ali sabía lo que decía, porque las dos variables más importantes que tenemos para conseguir aquello que queremos son: capacidad de aprender + determinación. Primero, todo se puede aprender, es cuestión de estudio y práctica. Si has aprendido a leer, conducir, cocinar o andar en bicicleta, también puedes aprender el resto de las cosas: liderar, negociar, vender o hablar en público. Y segundo, la determinación con nuestras metas, que no es otra cosa que la capacidad de mantenerse fiel a un objetivo a largo plazo sin

desistir. Hace algunos años, la consultora Mckinsey & Co. hizo un estudio para saber cuáles eran los factores clave para lograr nuestras metas, y si bien eran un conjunto de ellos, en el primer puesto aparecía la determinación. ¿Y qué es la determinación? Determinación es decidir por anticipado que pase lo que pase, uno va a seguir adelante: a pesar de los errores, fracasos, dudas, injusticias, deslealtades, bajones emocionales o cualquier otra cosa. Y si uno actúa así, tiene que obtener resultados necesariamente.

5. **Sólo un hombre que sabe lo que se siente al ser derrotado puede llegar al fondo de su alma y sacar lo que le queda de energía para ganar un combate que está igualado.**

   Muchas veces *la mejor alternativa es no tener alternativas*, porque cuando no se tienen alternativas la única opción es tirar hacia delante. «Tocando fondo, nací un buen día, tocando fondo...», canta Silvio Rodríguez en otra de sus conocidas canciones. Tocar fondo es a menudo un punto de inflexión, porque todo lo que hacemos se debe a alguna razón, que puede ser obtener algún placer o evitar el sufrimiento. El motivo por el que el «punto de inflexión» es clave es que siempre hacemos más para evitar el sufrimiento que para lograr placer. Es pura supervivencia. A veces, en los momentos más oscuros es cuando reaccionamos; el deseo de sobrevivir es tan extremadamente fuerte que nos obligar a luchar y alejarnos del sufrimiento. El psiquiatra M. Scott Peck reflexiona sobre esta cuestión: «Nuestros momentos de más lucidez suelen tener lugar cuando nos sentimos profundamente incómodos, infelices o insatisfechos. Pues es, en esos momentos, empujados por nuestra insatisfacción, cuando salimos del camino trillado y empezamos a explorar maneras diferentes de hacer algo o respuestas más certeras». Por desgracia, para muchas personas las cosas nunca llegan a tal extremo. A menudo —en el trabajo, con la pareja o en cualquier otro ámbito— se llega a una situación que «no es suficientemente buena para continuar, pero tampoco lo bastante mala como para dejarla». *El problema de mucha gente es que sus problemas no son suficientemente grandes.*

6. **El silencio es oro cuando no se puede encontrar una buena respuesta.**
Sólo cuando el mar está en calma podemos ver la luna reflejada en su superficie. Para dar lo mejor de ti antes tienes que conectar con tu esencia, con quién eres y cuál es tu propósito en la vida. Y eso es complicado conseguirlo desde el ruido, las prisas o la celeridad. A veces lo urgente es parar para poder ver las cosas con más claridad. Thich Nhat Hanh —autor incluido en el primer volumen de este libro— dice: «La mayor preocupación de todos no tiene que ver con el aspecto material o afectivo. ¿Qué queremos hacer con nuestra vida? Ésta es la cuestión más importante. Estamos aquí, pero ¿por qué estamos aquí? ¿Quiénes somos como individuos? ¿Qué queremos hacer con nuestra vida?». Sin un propósito uno queda a la deriva. «La verdadera felicidad —recordaba Helen Keller— proviene de la fidelidad a un propósito que valga la pena.»

7. **Si se puede hacer penicilina del moho, seguro que se puede hacer algo provechoso de ti.**
Nunca asumas que llevas el tipo de vida que te ha tocado vivir. Hazte cargo de ti mismo y asume tu responsabilidad: tú decides, tú haces y tú consigues. Cualquier individuo tiene el potencial para convertirse en la persona que desea convertirse. Cualquier persona puede aspirar a aquello que desea. Es una cuestión de deseo (ardiente), aprendizaje (estudio y práctica), *feedback* (retroalimentación) y determinación (no abandonar). Zig Ziglar escribía: «Naciste para ganar, pero para ser un ganador tienes que planificar cómo

ganar, prepararte para ganar y esperar ganar». Es cada persona quien define sus ambiciones. Nadie puede influir en el listón de tus metas excepto tú mismo. Sobre esta cuestión, Jeffrey Gitomer apuntaba: «Los obstáculos no te pueden parar. Los problemas no te pueden parar. Lo más importante, la gente no te puede parar. Sólo tú te puedes parar».

**8. Los campeones no están hechos en el gimnasio. Los campeones están hechos de algo que tienen en su interior, un deseo, un sueño, una visión.**

Todo gran logro comienza con un gran deseo. No cualquier deseo, sino un deseo ardiente por conseguir algo. Es un deseo similar al de la persona que se está ahogando y sólo desea aire. Los deseos débiles se traducen en resultados pobres; los deseos fuertes en resultados jugosos. La fuerza de voluntad, por mucho que se la encumbre, no es suficiente por sí sola. Está sobrevalorada. La fuerza de voluntad sin un *motivo* fuerte —un porqué o causa personal— que la sustente se agota pronto. Por eso hay tanta gente que se apunta al gimnasio y abandona; o empieza a hacer dieta y abandona; o a clases de inglés y abandona. El *motivo* es lo que te lleva a vencer la pereza y a seguir en el camino sin desfallecer. Igual que no hay vapor sin fuego, no hay acción sostenida en el tiempo sin un deseo ardiente detrás. Robert Kiyosaki en uno de sus libros cuenta el siguiente relato que tiene como protagonista a su padre rico: «Muchas personas me preguntan *cómo* ser rico. Yo solía decírselo hasta que me di cuenta de que incluso después de haberles dicho *cómo* hacía algo, con frecuencia ellos no lo hacían. Luego me di cuenta de que no es el *cómo* lograr algo sino el *porqué* lograrlo lo que es más importante. La razón por la que la mayoría de la gente no hace lo que puede hacer es porque no tiene un *porqué* suficientemente fuerte. Una vez que encuentras tu *porqué* el *cómo* lograr la riqueza es fácil. En lugar de buscar dentro de sí mismos para descubrir su propio *porqué* querían volverse ricos, la mayoría de las personas buscan el camino fácil hacia la riqueza y el problema es que el camino fácil por lo general termina en un callejón sin salida».

9. **La pelea se gana o se pierde lejos de testigos, tras las cortinas, en el gimnasio y en la carretera, mucho antes de que me ponga a bailar bajo las luces del ring.**
   Paco de Lucía, uno de los referentes musicales con la guitarra, decía en una entrevista: «Cualquiera puede convertirse en el mejor guitarrista del mundo si está dispuesto a ensayar catorce horas al día todos los días de la vida». Si observamos con detenimiento podemos ver que no dice «la mayoría» o «casi todos» sino «cualquiera». De la repetición y el trabajo duro surge la mejora. La genialidad no es otra cosa que la práctica diaria. El «yo no soy bueno para...» es caer en la resignación, una mezcla de pereza y cobardía: de pereza, porque evita mover el culo que es más apetecible que ponerse manos a la obra; de cobardía, porque evita asumir el riesgo de que las cosas vayan mal y que nos vean como unos fracasados. Resignarse implica renunciar a una vida plena. El «yo no soy bueno para...» es la excusa perfecta para no tomar acción o para justificar nuestros resultados mediocres. Como apuntaba el escritor Neil Gaiman: «Si no te atreves a nada, entonces, cuando haya terminado el día, nada será lo que hayas logrado».

10. **Cuando tienes razón, nadie lo recuerda; cuando estás equivocado, nadie lo olvida.**
    El éxito y el fracaso no son simétricos. El peso social del fracaso es mucho mayor. No es casual que la sabiduría popular señale que «del árbol caído todo el mundo hace leña». Se habla siete veces más de lo negativo que de lo positivo. Por eso tanta gente tiene miedo al fracaso. Porque el problema no es el fracaso, sino las consecuencias del fracaso. Al que falla se le ridiculiza. Hay que acostumbrarse a ello.

Quien apunta alto y tiene visibilidad, siempre es diana de las críticas, porque nadie lo hace todo bien todo el tiempo. Ningún equipo gana todos los partidos; ningún presidente de gobierno acierta en todas sus decisiones; ningún empresario tiene todas sus empresas en beneficios. Y cuando pintan bastos, siempre hay gente con la escopeta cargada. Aprender a convivir con ello es fundamental porque las críticas son consustanciales al éxito.

# NEALE DONALD WALSCH

Neale Donald Walsch (1943) es un novelista estadounidense, autor de los tres volúmenes del bestseller *Conversaciones con Dios* (Literatura Random House, 2001), del que se han vendido millones de ejemplares, y que fue llevado a la gran pantalla en 2007. Walsch escribió el libro después de tener un grave accidente que le dejó con una lesión en el cuello, sin trabajo, sin casa, sin familia y sin dinero. En medio de esa desgracia y abatido por las circunstancias, se entregó a la búsqueda de la Fuente Divina (Dios) buscando la Verdad (Iluminación). También es autor de otras obras como son: *Friendship with God* («Amistad con Dios»), *Tomorrow's God* («El Dios del mañana»), y *En casa con Dios* (Kier, 2008).

1. **Las preocupaciones terminan cuando la gratitud comienza.**
   Porque cuando uno empieza a practicar la gratitud con asiduidad —no puntualmente— genera un campo de atracción positivo alrededor que produce consecuencias del mismo signo. La persona que no se siente agradecida por las cosas recibidas, no recibirá muchos regalos de la misma fuente. Una actitud agradecida es siempre síntoma de abundancia. Ben Stein, actor y humorista, decía: «No puedo contarte nada que, en unos minutos, te diga cómo ser rico. Pero puede contarte cómo puedes sentirte rico, que es mucho mejor que ser rico, si me permites que te lo diga. Sé agradecido. Es el único método totalmente fiable para llegar a ser rico». Sé siempre agradecido. Y si no te van bien las cosas, empieza a ser agradecido por todo lo bueno que

vendrá y que está ya de camino. Confía. Confiar es síntoma de gratitud. Si confías, las cosas mejorarán. Si eres agradecido —no sólo cuando las cosas van bien— te acabarán ocurriendo cosas buenas. Siempre.

2. **Mientras te preocupes por lo que otros piensan de ti, les perteneces.**
Vive tu vida, sigue tu camino, haz lo que quieras, es la única forma de ser feliz. Otra cosa es hipotecar tu presente y tu futuro. Es dejar tu destino en manos de terceros. No merece la pena perder la libertad de esa manera. Te van a criticar siempre. Repetimos: siempre. Tranquilo, a mí también, y al resto también. Hablar de los demás, y habitualmente para mal, forma parte de la cotidianidad. Convéncete cuanto antes: no puedes gustar a todos, quedar bien con todos, satisfacer a todos. Intentarlo es un desgaste de energía enorme. Y además te hace sentir triste y frustrado. Vishen Lakhiani en su obra *El Código de las mentes extraordinarias* (Edaf, 2017) escribe: «Las mentes extraordinarias no necesitan de la validación de una opinión externa o derivada de la consecución de metas. Están verdaderamente en paz consigo mismas y con el mundo que las rodea. Viven sin miedo, inmunes a críticas y elogios y alimentadas por su felicidad interior y su autoestima».

3. **En la medida en que albergues la noción de que hay alguien o algo ajeno a ti que «te hace algo» perderás la capacidad de actuar por ti mismo.**
Tu actitud ante la vida —como reaccionas ante todo lo que ocurre— es siempre tuya y te pertenece. Ahí nadie puede interferir, salvo que tú les des permiso. Es algo que depende enteramente de ti. Sólo en la medida que te autogobiernes mentalmente, serás el capitán de tu vida. Buda decía: «Ni tus peores enemigos te pueden hacer tanto daño como tus propios pensamientos». Tus acciones son producto de

tus procesos de pensamiento internos, de tal modo, que tienes que estar preparado para neutralizar todo aquello que no te aporta (críticas, envidias, comentarios malintencionados) o darle una interpretación positiva (rechazos, fracasos, obstáculos) para que sumen. Muchas veces no puedes cambiar el acontecimiento *externo* (hecho), de modo que debes cambiar la experiencia *interna* (interpretación).

4. **La Vida está conspirando a tu favor. Puede que no siempre parezca así, pero lo está. Te lo aseguro.**
Crecer desde la comodidad y reflexionar desde el éxito son dos cosas muy complicadas. Por eso, la vida nos pone deberes para que agrandemos nuestra zona de confort y podamos asumir retos y responsabilidades más grandes. Si tú creces, tu vida se expande y mejora. Y crecemos en la medida que asumimos desafíos, que muchas veces, como no nos atrevemos por nosotros mismos a afrontarlos, nos vienen dados por la Vida en forma de reveses. Walsch lo explica así: «Todo lo que está sucediendo, está sucediendo justamente como debe, para que tengas la oportunidad de crear la experiencia de tu Yo que anhelas. La idea detrás de esto es darte la oportunidad de ser y saber quién eres realmente, desde el más alto nivel. Así que sigue adelante». Cada experiencia oculta un tesoro.

5. **El más pequeño gesto puede cambiar la vida de una persona. Antes de que termine este día, vas a tener la oportunidad de vivir esa posibilidad. Mira. Observa. Y estate preparado. No estoy exagerando. ¿Por qué supones que acabas de leer esto? ¿Crees que es una coincidencia?**
¿Qué significa «el más pequeño gesto»? Una sonrisa, un mensaje de WhatsApp, un tuit, una reflexión en Instagram, una llamada, un *like* en una red social, un «sí, adelante», una mirada de comprensión y compasión, un saludo, una respuesta suave, un «¿y por qué no?», un café con alguien o

cientos de «pequeñas cosas» más, pueden ser el desencadenante de algo mucho mayor. Siempre hay alguien que está esperando eso. Y tú puedes dárselo. Y también recibirlo. No subestimes el valor de los «pequeños gestos», ni tampoco te subestimes a ti ni a los demás. Fíjate en una semilla, cómo algo tan diminuto es capaz de convertirse en un enorme árbol. Lo mismo sucede con el resto de las cosas. Lo pequeño es potencialmente grande si se riega de la manera apropiada.

6. **Aquello que condenes te condenará y un día serás aquello que juzgas.**
Lo que más condenas es lo que más niegas de ti mismo. Obsérvate y haz las paces contigo mismo. Tus palabras sobre otros te delatan. Dejan al descubierto el amor (aceptación) —poco o mucho— que tienes hacia ti mismo. Cuan duro eres con los demás es indicativo del (poco) amor que te profesas. El grado de distancia emocional con otras personas es indicativo del grado de distancia emocional que tienes contigo mismo. La aceptación, tu propia aceptación, es el único camino hacia la salvación. Otra cosa te hunde, te condena. Te aceptas y la vida te acepta. Te amas y la vida también te ama. Louise Hay, autora de *El poder está dentro de ti* (Urano, 2012), escribe: «Te has criticado por años y no ha funcionado. Intenta aceptarte y observa lo que pasa». El *Tao Te Ching* también dice: «Cuando eres compasivo contigo mismo, reconcilias a todos los seres del mundo».

7. **Alguien te está brindando amor hoy, esperando de todo corazón que lo recibas. Has pedido que alguien te ame en este momento, y Dios ha respondido a tus oraciones. Esa persona está exactamente en tu mundo. Mira. Escucha. Abre la puerta para que pueda entrar.**
El mundo no está contra ti, eres tú el que creas las resisten-

cias con tu propia actitud mental, que es la causante de todo. Las energías creativas del universo trabajan a tu favor, siempre que tú, desde tu libertad, se lo permitas. Para que alguien te ayude, tienes que permitírselo. Protegerte demasiado te aleja de los demás. Hasta que no estés tan dispuesto a recibir como a dar, sólo habrás resuelto una parte de la ecuación. Existe mucha gente dispuesta a ayudar y a ayudarte en todos los sentidos, pero tienes que pedirlo, permitírselo y creer que te lo mereces. Y además, actuando así estás haciendo un *win/win*, porque estás permitiendo que los talentos de los demás se manifiesten en ti, con lo cual, tú ganas, la otra persona gana y todo el universo en su conjunto gana como consecuencia de ese vínculo. La siguiente historia lo refleja bien:

Un niño pequeño intentaba con mucha dificultad y sin apenas éxito levantar una pesada piedra. Su padre, observando el fracaso de su hijo, le preguntó:

—¿Estás usando toda tu fuerza?

—Sí —respondió el chico con impaciencia.

—No, no lo estás haciendo —contestó el padre—. Yo estoy aquí esperando y aún no me has pedido que te ayude.

**8. Los milagros no rompen las leyes de la naturaleza.**
Eso es lo que cree el 95 por ciento de la población debido a sus creencias limitantes. En realidad, es justo todo lo contrario. Los milagros son el resultado y la consecuencia de nuestra propia actitud mental, de lo que nos atrevemos a creer. Los milagros serían algo normal en nuestra vida si utilizásemos todo el potencial que tenemos. Para el universo no existen la metas grandes o pequeñas. El calificativo de grandes o pequeñas lo determinan nuestros pensamientos producto de nuestras creencias, casi siempre pobres, resultado de una sociedad que tiene estrechez de miras porque es la forma de dominarla, a través de las creencias limitantes. Tú eres tus creencias, para bien y para mal, a

menos que tomes conciencia de ello y las modifiques. El escritor C. S. Lewis afirmaba: «Si pensamos que los milagros son normales, contamos con ellos. Y contar con un milagro es la manera más segura de obtener uno».

9. **Nada jamás ha sido creado o resuelto estando quieto. Movimiento es el proceso del universo. Entonces muévete. Haz algo. Cualquier cosa.**
Al universo le gusta la acción, porque la acción es «coherencia en movimiento». La acción es indicativa de que quieres eso que dices que quieres. Al actuar, le estás mandando una señal al universo de que estás comprometido con tu causa. La acción también es «compromiso en movimiento». Todos los triunfos nacen cuando nos atrevemos a comenzar. Si haces cosas, suceden cosas; si no haces nada, también suceden cosas, pero habitualmente para mal. Decidir —y la verdadera decisión se mide por la acción que tomas— siempre es de valientes. No decidir (no actuar) es de cobardes. Y es que no decidir tiene ventajas aparentes: las cosas (aparentemente) no pueden ir mal ni fracasar. Pero en el fondo uno sabe que ése es el mayor de los fracasos: el inmovilismo. Quedarse quieto rara vez te permite quedarte igual, sino más bien dar pasos hacia atrás. Casi siempre, lo que no crece, muere.

10. **La mañana llega todos los días. La salida del sol nunca falla; tampoco la puesta de sol. Dale tiempo. Eso es todo lo que pudiera requerir.**
Sólo dale tiempo. No trates de apresurar las cosas. Todo tiene su momento: el otoño, el invierno, la primavera y el verano. Los ciclos se tienen que cumplir. El proceso tiene que tener lugar para que todo encaje. Nada es automático. Si sabes lo que quieres y haces en cada momento lo que tienes que hacer, sólo te queda confiar (tener fe) y estar tranquilo. Las cosas sucederán. Nikos Kazantzakis, escritor

y filósofo griego, decía: «Las grandes leyes de la naturaleza son: no corras, no seas impaciente y confía en el ritmo eterno». El propio Neale escribe: «El progreso no se mide en millas, se mide en pulgadas. No te preguntes por qué las cosas tardan tanto. De hecho, todo está desenvolviéndose exactamente como es necesario, utilizando ni un minuto más de lo que la perfección necesita. Descansa y permanece en paz. La vida está haciendo su magia aún en el momento en el que tomas tu siguiente respiración. Allí. ¿Lo ves?».

# NEVILLE GODDARD

Joseph Neville Lancelot Goddard (1905-1972) fue uno de los más influyentes divulgadores y estudiosos de las corrientes filosóficas del Nuevo Pensamiento (*New Thought*) del siglo XX. La sencillez y capacidad pedagógica de sus conferencias le permitieron transmitir a sus seguidores una nueva visión sobre las relaciones entre el hombre y Dios (entendiendo por Dios esa inteligencia universal que ordena y rige el universo). Su vida profesional comenzó en el teatro como bailarín. Con la Gran Depresión de 1929, la mayoría de teatros cerraron y su carrera se fue al traste. En esa época conoció a un rabino etíope llamado Abdullah y empezó a dedicarse en cuerpo y alma a recibir sus enseñanzas, que cambiarían su visión del mundo. El maestro Abdullah le enseñó a vivir como si sus objetivos se hubieran cumplido y a mantenerse fiel a una idea, así como a tomar conciencia de que «no atraemos lo que queremos, sino lo que creemos que es verdad». En 1930 empezó a impartir conferencias, actividad que se prolongó hasta su muerte y con la que llegaría a ser muy popular. Neville Goddard escribió más de diez libros, entre los que destacan *La fe es tu fortuna* (Obelisco, 2008), *Feeling is The Secret* («Sentir es el secreto»), *El juego de la vida* (2017) o *Out of this World* («Fuera de este mundo»).

1. **La Biblia es el mayor manual de psicología.**
   Para Neville, el libro sagrado es un libro de instrucciones de nosotros mismos, un manual para el desarrollo del hombre cuyos códigos esconden las leyes de la creación mental. Gracias a Neville, los relatos bíblicos se transforman en una poderosa ciencia de creación, en la que somos dueños de nuestro

destino. Todos los personajes de la Biblia son la personificación de las cualidades y atributos de la consciencia (tu Yo soy, lo que sientes que eres). Así, cuando se dice «Yo soy la puerta» o «Yo soy el camino» o «Yo soy el principio y el fin» o «Yo soy la luz del mundo», todas ellas son expresiones que hacen referencia a la consciencia. Para Goddard, todo el resumen bíblico podría expresarse en una frase: «El reino de los cielos está dentro de ti». Ese «dentro de ti» no es otra cosa que el inconsciente que son tus creencias, aquello que sientes como verdadero, certezas que no discutes y que marcan el camino de lo que piensas, haces y consigues. Por eso, lo que crees, creas. Tus creencias marcan tu destino. Y por eso, se dice: «Porque Dios (la consciencia) llama a aquellas cosas que no existen como si existieran».

2. **La realidad es la consciencia materializada. Las cosas manifestadas no son más que diferentes estados de consciencia.**
   Siempre estamos manifestando aquello que somos conscientes de ser. Tu consciencia es una autoridad. No existe nada fuera de la consciencia. Toda persona expresa automáticamente aquello que es consciente de ser. Todo tu mundo exterior (expresión) no es sino un reflejo de tu mundo interior (impresión), esto es, de tu consciencia. Por eso, el libro sagrado recoge: «Yo soy la vid y vosotros sois las ramas». La consciencia es la vid (vida), aquello que eres consciente de ser, que alimenta y mantiene a las ramas. Del mismo modo que las ramas no tienen vida si no están adheridas a la vid, las cosas no tienen vida si tú no eres consciente de ellas. Tu vida es un reflejo exacto de quién eres, de lo que crees que eres.

3. **Tu consciencia jamás pide permiso para expresar aquello que eres consciente de ser.**
   No tiene sentido decir: «No quiero que mi vida sea como es». Tú eres tu vida (a nivel inconsciente). Ya eres lo que

eres consciente de ser. La ley de la consciencia es la única ley de expresión: serás consciente de ser o poseer una cosa y entonces expresarás o poseerás aquello que eres consciente de ser. La consciencia es el camino, la resurrección, la puerta, todo. *La ley de la vida es la ley del subconsciente, y la ley del subconsciente es la ley de la fe.* Saber esto es lo único que hay que saber. Por eso se dice: «Conoceréis la verdad y la verdad os hará libres». La verdad que libera es la del conocimiento de que tu consciencia se expresa en el plano físico. Fuera de la consciencia no existe nada. También se dice: «Una persona no puede recibir nada si no es dada desde el cielo» o «Todas las cosas fueron hechas por Él y sin Él nada se hizo». El cielo (Él) es tu consciencia. Y asimismo aparece recogido: «Cualquier cosa que pidáis en mi nombre, yo lo haré». Pedir algo en su nombre —en nombre de Dios (que es tu consciencia)— es sentir que ya eres algo hoy: «Pedid lo que queráis en mi nombre apropiándoos de la naturaleza de la cosa deseada y yo os lo daré». Cualquier cosa que sientas que eres se convierte en una realidad. No se trata de desear sino de desear sintiendo que ya eres aquello que deseas ser. No se trata de «pensar en» sino de «pensar desde».

4. **No atraemos lo que queremos sino lo que creemos que es verdad.**
Todo lo que una persona acepta como verdad deja una impresión en su consciencia que con el tiempo se definirá como cierto. La Ley que rige la vida funciona según un procedimiento (el inconsciente) que trabaja según un principio (la fe). Dicho de otro modo: tu inconsciente (creencias) atrae todo aquello que crees como verdadero (fe). Tu inconsciente lo es todo, y el inconsciente es lo que aceptas como certeza. Por eso Neville Goddard apunta: «Sólo se te pide que aceptes (como verdadero) tu deseo. Si te atreves a declararlo, lo expresarás». Es una orden (al inconsciente).

El éxito es control mental y control mental significa que yo decido y elijo qué pienso en cada momento. Pongo mi atención en lo positivo y neutralizo lo negativo, porque donde va tu atención va tu vida. Eres tu atención, y cómo de intensa y grande sea tu atención, así será tu vida, porque no existen los límites, lo único que existen son las limitaciones, que son mentales. Las carencias están en la manifestación, no en el poder de concebir que es ilimitado. Así se dice: «No me regocijo en los sacrificios de los hombres. Ni con la fuerza ni con el poder, sino con mi espíritu. Pedid y se os dará. Venid a comer y beber sin precio».

5. **Tu consciencia es tu único salvador. Tu consciencia de ser es Dios.**
¿Qué hacer si no estás satisfecho con tu nivel de vida actual? Retira tu atención de las limitaciones, pon tu atención en las soluciones y las antiguas limitaciones empezarán a desvanecerse como la nieve en un caluroso día de verano. Las limitaciones sólo viven en tu consciencia. No puedes servir a dos señores al mismo tiempo. Si tu actitud mental es de pobreza, eso es lo que expresarás; si es de riqueza, será lo contrario. Pero tu consciencia no puede ser rica y pobre al mismo tiempo. O eres una cosa o la otra: «Si el hombre pudiera abandonar su creencia en un Dios separado de él, reconociendo que su consciencia de ser es Dios (consciencia que se forma a imagen y semejanza de su idea de sí mismo), transformaría su mundo, que dejaría de ser un desierto estéril para convertirse en un terreno fértil de su agrado». Elevarte hasta el nivel de cualquier estado es convertirte automáticamente en ese estado de expresión. Declara conscientemente que eres eso que deseas, aprópiate de la consciencia de eso que deseas. Define mentalmente tu personaje, cásate mentalmente con tu personaje y vive continuamente en tu personaje hasta que forme parte de ti y lo tengas interiorizado. Sólo cuando el deseo se convierte en

convicción empieza a manifestarse. Ésa es la receta. Escapa a la idea actual de ti mismo y revalorízate. Cambia tu idea de ti mismo y cambiará tu vida. Por eso se dice: «Pedid y se os dará». Esto es, declara que eres aquello que deseas ser como si lo fueses (Yo soy), y lo recibirás. Las obras están acabadas. Las expresiones siguen a las impresiones, no las preceden.

6. **No eres una víctima del destino sino una víctima de la fe. Todas las cosas son posibles para el que cree.**
Dice la Biblia: «Cuando recéis, creed que ya habéis recibido y así será». Rezar (orar) no es otra cosa que sentir que ya eres aquello que deseas ser como si fueses. Dicho de otra manera: haz lo imposible posible a través de tu creencia, y lo imposible (para los demás) se encarnará en tu mundo. La fe que mueve montañas es la fe en ti mismo. Cuando tu creencia acerca de lo que deseas y sientes que eres esté tan firmemente instalada que te sientas seguro de los resultados (fe), se encarnará. Todas las cosas expresan su naturaleza. Cuando vistes un sentimiento, éste se convierte en tu naturaleza. Puede tardar un instante o un año, eso depende enteramente del grado de convicción. Cuando las dudas desaparecen por completo, empiezas a desarrollar el fruto deseado. ¿Qué significa convicción? Neville escribe: «Cuando una persona se compra un sombrero nuevo o un par de zapatos, cree que todo el mundo sabe que son nuevos, y se siente poco natural con este artículo recién adquirido hasta que lo siente como parte de ella. Y esto es aplicable al hecho de vestir nuevos estados de consciencia». El paso del deseo a la convicción del deseo es un proceso. Al principio cuesta verse (y creerse) en la realidad que uno desea, pero a medida que esa realidad se va interiorizando pasa a formar parte de nosotros. El premio, por tanto, es para quien resiste. La mayoría abandona.

7. **Es tu creencia en una cosa, y no la cosa en sí misma, la que te ayuda o no.**
La creencia en el poder de los medicamentos para sanar, de las dietas para fortalecer, del dinero para dar seguridad, son las falsas inseguridades que dominan y condicionan tu vida. Los ladrones que te roban tus propias creencias falsas. Debido a tu creencia en las cosas externas, les das poder al transferirles con tu pensamiento el poder que tú eres. Date cuenta de que tú eres el poder que has adjudicado —erróneamente— a las condiciones externas. Si tú lo crees, así será. Por eso, la base de toda curación es un cambio de creencias, o lo que es lo mismo, una reprogramación de tu inconsciente. Si quieres cambiar tu vida, tienes que atacar las causas, no los efectos. Otra cosa no da resultado. Tienes que trabajarte por dentro para que eso se vea reflejado fuera. Lo contrario es estéril. Neville lo expresa así: «Deja de intentar cambiar el mundo, porque no es más que un espejo. El intento del ser humano de cambiar el mundo por la fuerza es tan infructuoso como romper un espejo con la esperanza de cambiar el rostro. Deja en paz al mundo y cambia tus ideas sobre ti mismo. Entonces, el reflejo será satisfactorio».

8. **Todas las ideas son limitaciones de quienes las conciben.**
Tienes un poder ilimitado (puedes ser lo que decidas ser), pero tus dudas (tus creencias acerca de quién eres) te limitan. La limitación está en la manifestación, no en el poder de concebir. La consciencia precede a toda manifestación y es el puntal sobre el que descansan todas las manifestaciones. Para eliminar la manifestación, lo único que tienes que hacer tú, la persona que la concibió, es alejar tu atención de esa idea. La manifestación seguirá siendo visible únicamente mientras reciba la fuerza con la que la persona la concibió (Yo soy) y la dotó inicialmente. Esto se aplica a todas las creaciones. El Yo soy (tu consciencia) sólo puede ser defini-

do por ti, independiente de las influencias exteriores. Tú eres el guardián de tu inconsciente. ¿Dices o crees que eres de una determinada manera? ¿Tienes esa convicción sobre ti mismo? Entonces, la vida, hará que esas ideas sobre ti aparezcan en tu mundo y las vivas como reales. Yo soy rico, pobre, sano, enfermo o libre son impresiones o estados que fueron sentidos antes de convertirse en expresiones visibles.

9. **Para los demás sólo podemos ser aquello que pensamos de nosotros mismos.**
Los demás te tratan (juzgan) como tú te ves a ti mismo. Cambia tu concepto de ti mismo y automáticamente cambiarás el mundo en el que vives. No intentes cambiar a las personas, ellas sólo son mensajeras que te dicen quién eres. Revalorízate a ti mismo y ellas confirmarán el cambio. En el Libro de los Números se dice: «Había gigantes en las tierras y a nosotros nos pareció que éramos como saltamontes, y a ellos les pareció que nosotros éramos como saltamontes». Si nos reevaluamos y empezamos a sentir que somos el gigante (un centro de poder), automáticamente cambiamos nuestra relación con los gigantes, reduciendo a esos monstruos a su verdadero lugar, haciendo que parezca que ellos son los saltamontes. Deja de preguntarte si eres digno o no eres digno de declarar aquello que deseas ser. Serás condenado por el mundo únicamente en la medida que te condenes a ti mismo.

10. **Todas las cosas gravitan hacia la consciencia con la que están en armonía. Asimismo, las cosas se separan de la consciencia con la que no armonizan.**
Dios (el poder de concebir, que es infinito) que es tu consciencia está en todas las personas y es impersonal. Por eso, como Neville escribe: «Reparte la riqueza del mundo de forma equitativa entre todas las personas y, al poco tiempo, esa división equitativa estará tan desproporcionada como

originalmente. La riqueza encontrará la manera de regresar a los bolsillos de aquellos a los que les fue quitada. Con la misma seguridad con que el día sigue a la noche, cualquier atributo, declarado conscientemente, se manifestará». La consciencia siempre realiza el estado en el que mora: «No vengo a destruir sino a cumplir. Al que tiene (es consciente de ser) se le dará; al que no tiene, incluso lo que tiene, se le quitará». Sólo puedes aumentar aquello que eres consciente de ser. Afirmar «me pondré bien» es decir «estoy enfermo» y eso es precisamente lo que se manifiesta; o afirmar «seré rico» es decir «soy pobre», con el mismo resultado. Tu afirmación de que ahora eres aquello que quieres es la expresión, aceptación y gratitud de los regalos de la vida. Se dice: «Deja que el débil diga soy fuerte». Y también: «Dichoso el que se permite algo y no se condena a sí mismo».

# NICK VUJICIC

Nicholas James (Nick) Vujicic (1982) nació sin extremidades –ni brazos ni piernas– debido al síndrome de tretraamelia. Tras mucha desesperación y dolor, con un intento de suicidio incluido, consiguió salir adelante. Se declara feliz y actualmente lleva una vida independiente gracias a su capacidad de superación, actitud, fe y propósito vital. Es director de la organización sin ánimo de lucro *Life without limbs* («Vida sin extremidades»). Entre sus diversas actividades, viaja por todo el mundo inspirando a otras personas acerca de cómo gestionar la adversidad y llevar una vida más plena y satisfactoria. Es autor de varios libros como *Una vida sin límites* (Aguilar, 2011), *Un espíritu invencible* (Aguilar, 2012), *Un amor sin límites* (Aguilar, 2015) o *Un corazón sin fronteras* (Aguilar, 2007). La Biblia es fuente de inspiración para él, de donde ha extraído muchas enseñanzas y mensajes que le han servido para crecer, superarse y ser más feliz. Está casado y tiene un hijo.

1. **Una de las primeras lecciones que aprendí en la vida es que está bien pedir ayuda.**
   Si en algún momento te sientes abrumado por los momentos difíciles, no tienes que afrontarlos solo. Si necesitas ayuda, búscala. Encontrarás muchas personas dispuestas a ayudarte. Si dudas de tu capacidad para lograr tus objetivos en la vida, confía en la gente que está dispuesta a echarte una mano y guiarte. Cuando no encuentres salida a tu situación, pide ayuda. Siempre hay una salida. Siempre. Y no tiene por qué venir de ti. A veces, muchas veces, puede venir de otros. Eso sí, tienes que dejar el orgullo a un lado y levantar el telé-

fono, o cuando alguien toque a tu puerta, dejarle entrar. Como señala Vujicic: «Se necesita mucha humildad y valor para admitir que no lo sabes todo o que podrías necesitar algo de ayuda». Si lo aceptas, te irán mejor las cosas. Todos dependemos de los demás. Tú necesitas ayuda y los demás también necesitan ayuda. Negarse a pedir ayuda cuando lo necesitas es negar a alguien la oportunidad de ser útil.

2. **Tú caes, yo caigo, y el resto también cae. Incluso los mejores caen. Apréndelo desde el minuto uno: el éxito no llega sin penurias. Es una ley que se repite.**
El fracaso no es el final si no te detienes. Si te atreves y haces cosas, las cosas irán mal algunas veces. Pero no siempre. A medida que ganes conocimiento y experiencia, el ratio de error tenderá a disminuir. Todas las personas de éxito se han confundido en alguna ocasión. Pero también señalan que sus errores fueron, a menudo, un impulso hacia sus objetivos. Todos los ganadores han sufrido la derrota en algún momento. Pero perder no te convierte en un perdedor. Una cosa es fracasar y otra ser un fracasado. Sólo se trata de insistir. Es sencillo, pero no abunda. A menudo, la gente no consigue lo que quiere porque no hace todo lo que hay que hacer para conseguirlo. Vujicic dice: «Siempre que continúes empujando y negándote a ceder, estarás creando inercia positiva. Te sorprenderá ver lo que sucede cuando te niegas a darte por vencido». En la perseverancia radica tu poder. Nunca bajes tus metas, aumenta tus esfuerzos.

3. **¿Alguna vez has conocido a alguien exitoso, pleno y feliz que también sea pesimista? Yo no.**
Una visión optimista de la vida siempre te permite sacar lo mejor de una mala situación. Por el contrario, cuando permites que las circunstancias determinen tu actitud, pierdes el control de tu vida y te vuelves vulnerable. Con independencia de tus circunstancias, siempre tienes la opción de

responder positiva o negativamente. Siempre tenemos el control sobre la forma en que reaccionamos a lo que nos sucede. Nicky dice: «Es muy sencillo ir de víctima, y eso es lo que hacemos a menudo». Y añade: «El sufrimiento siempre nos lleva a un sitio donde se bifurcan los senderos. Ahí podemos elegir el camino de la desesperación o el de la esperanza y la gratitud. Si no puedes encontrar en tu situación algún aspecto que puedas agradecer, entonces enfócate en los buenos días que te esperan y agradécelos por anticipado. Nunca podrás cambiar tu pasado, pero sí puedes cambiar tu futuro». El optimismo es esperanza activa, y la esperanza es un catalizador, siempre ofrece oportunidades. Si hay esperanza en el futuro, hay poder en el presente. Tienes que confiar mientras sigues pedaleando.

4. **La mayoría de los problemas que enfrentamos nos ofrecen la oportunidad de descubrir quiénes podemos ser y cuáles de nuestros dones podemos compartir para beneficiar a otros.**
A Nick Vujicic le gusta citar con frecuencia pasajes de la Biblia, que es su principal fuente de inspiración. Allí se dice: «Siempre que enfrentes tribulaciones, recíbelas como si fueran alegría pura». La vida no siempre es fácil, pero cuando nos sobreponemos a los desafíos, nos hacemos más fuertes. Los problemas y las dificultades están ahí para enseñarte algo, para que crezcas. Crecemos al nivel de las dificultades que vamos hallando por el camino. Nicky señala: «Me he regocijado al ver que en circunstancias muy difíciles, la gente no sólo sobrevive, sino que prospera». Y cuando lleguen los problemas y las dificultades, no pienses que lo peor te ha tocado a ti y que el mundo está en tu contra. Si afinas tu mirada, podrás descubrir que hay personas pasando por tribulaciones más complicadas. Vujicic, a pesar de haber nacido sin extremidades —una situación límite— en sus numerosos viajes por todo el mundo ha podido descubrir lo

afortunada que es su vida al comprobar las condiciones en las que viven algunas personas en otros lugares del planeta. Él mismo decía: «Es muy común sentir que la vida es injusta. Estoy seguro de mil maneras distintas que he tenido una vida mucho más fácil que la de mucha gente».

5. **Sin importar tus circunstancias, mientras respires, tienes algo que contribuir.**
Tú también eres valioso. Todo el mundo lo es para alguien de alguna manera. Y ser valioso no es salir en televisión o firmar autógrafos, sino hacer una contribución a la vida de los demás gracias a tus talentos. Puede ser en tu barrio, en tu pueblo, en tu ciudad, a nivel nacional o internacional. Puede ser con un familiar, con un amigo, con un vecino, con un compañero de trabajo o con un cliente. Puede ser con tus contribuciones económicas, con tu inspiración, con tus libros o con tu capacidad de escuchar. Puedes cambiar el mundo, aunque sea a pequeña escala. Marca una diferencia en la vida de los demás. Haz que tu vida importe. Sé útil. Vujicic escribe en *Una vida sin límites*: «Lo más importante es reconocer tu propósito, te aseguro que tú también tienes algo para contribuir». Y añade: «Las mayores recompensas llegan cuando te entregas a ti mismo. Se trata de mejorar la vida de otros, de ser parte de algo más grande que tú mismo. El mejor consejo que tengo para encontrar la felicidad interior es tratar de ver más allá de ti mismo. Usa tus talentos para que la vida de alguien pueda ser mejor. Sólo cuando tus talentos y tu pasión estén totalmente comprometidos, con toda su fuerza, encontrarás tranquilidad».

6. **Existen muchas discapacidades más fuertes que no tener brazos o piernas. El miedo es una de ellas y puede ser muy debilitante.**
Porque si no nos hacemos con las riendas del miedo, nos lleva a la inacción; y la inacción a la falta de resultados; y la

falta de resultados es indicativa de falta de crecimiento; y la falta de crecimiento y evolución conduce a la frustración. Nicky apunta: «No es posible tener una vida plena y gozosa si te paraliza el miedo. No puedes permitir que el miedo dicte tu futuro». Los miedos son regalos, porque son una llamada a la acción. Es una alerta para que muevas el culo y crezcas. El problema —dice Vujicic— es que «a veces nos enfocamos tanto en nuestros temores, que nos convertimos en ellos». El miedo te aprisiona o te impulsa. Que sea una u otra cosa depende de ti. Puedes controlarlo. De lo que se trata es de racionalizar el miedo: ¿qué es lo peor que puede pasar?, ¿cómo puedo reducir su impacto en mi vida?, ¿qué estrategias voy a desarrollar para hacerle frente? No hay forma de esconderse de la vida. No puedes escapar de ti mismo. Si huyes de tus miedos, tus miedos te persiguen. Los padres de Vujicic le impulsaron desde pequeño a ser valiente y tirar siempre hacia delante: «Sueña en grande Nicky, y nunca permitas que el miedo te impida trabajar para alcanzar tus sueños. Escoge la vida que deseas y lánzate en su búsqueda».

7. **Si te desmoronas cuando llegan los inevitables cambios que la vida siempre trae consigo, nunca podrás seguir adelante.**

Algunas de nuestras mejores experiencias nos llegan como resultado de algún cambio drástico: empleo, pareja o ciudad, por ejemplo. El cambio puede ser una experiencia muy poderosa de crecimiento y mejora. Pero claro, eso lo vemos con la perspectiva que da el paso del tiempo. De primeras, el cambio siempre asusta, por eso nuestra primera reacción es rechazarlo. Siempre hay personas que se emocionan ante las experiencias nuevas, pero la mayoría se resiste. ¿Qué podemos hacer al respecto? Algunas ideas:

– Primero. No niegues tu tristeza. Nadie permanece feliz y alegre durante todo el tiempo. Los momentos tristes también cumplen su función. La tristeza existe por algún motivo, para hacerte reflexionar sobre algo. Abrázala. Y luego, déjala ir. Los momentos tristes te permiten ser más analítico y sacar muchas veces conclusiones más claras. Cada emoción cumple su función. Si sabes aceptarla e interpretarla —sin dejarla que te controle— saldrás fortalecido. No intentes negar ningún tipo de emoción, porque les das poder. Como dice Buda: «No es el cambio lo que produce dolor, sino la resistencia a él».

- Segundo. Ve poco a poco. Los cambios nos inquietan porque los vemos en toda su magnitud. Quien intenta hacerlo todo y controlarlo todo desde el primer minuto se frustra. Da un paso, luego otro, produce inercia positiva en tu vida. Adoptar una actitud de acción te ayuda a crear una sensación de movimiento reconfortante.
- Tercero. Ten paciencia. Date tiempo para que las piezas del puzle vayan encajando. Las mejoras nunca se producen tan rápido como nos gustaría. Exigen un periodo de maduración y consolidación hasta que las cosas vuelven a estar en orden y armonía.

**8. Cuando te juzgas a ti mismo con demasiada severidad, comienzas a juzgar a los demás de la misma manera.**

«Nadie puede ser feliz si no se aprecia a sí mismo», afirmaba Rousseau. Si no estás dispuesto a aceptarte, tampoco podrás aceptar a los demás; y si no aceptas a los demás, ellos tampoco te aceptarán a ti. Nuestra relación con los demás tiene mucho que ver con el tipo de relación que tenemos con nosotros mismos. Cuando no te aceptas, la frustración se instala en tu vida y esa frustración se vierte en los demás a modo de resentimiento: crítica, envidia u odio. El no aceptarse a uno mismo, no sólo conduce a la autodestrucción —la sensación de infelicidad es grande— sino también a la soledad. Porque quien no se acepta a sí mismo, con su actitud, va alejando poco a poco a otras personas de su vida. ¿Y cómo podemos mejorar la aceptación de nosotros mismos? ¿Cómo podemos empezar a sentirnos más valiosos? Vujicic nos da un consejo muy útil: «Si no te amas a ti mismo, entonces, entrégate. Te sorprenderá lo valioso que te sentirás si lo haces. A veces la mejor forma de salir de un bache es tratar de mejorar la existencia de otros».

9. **Tengo la certeza de que los milagros ocurren, pero sólo a aquellos que se aferran a la fe.**
La fe es tener evidencia acerca de lo que no se puede ver. En inglés es *FAITH*, que Vujicic ha descrito como *Full Assurance In The Heart* («Confianza Total en el Corazón»). Fe es confiar. La clave para seguir adelante cuando todo parece estar perdido. Nicky dice: «Quedas discapacitado cuando pierdes la fe; perder la fe es lo peor que te puede pasar». La Biblia le sirve de nuevo de inspiración: «Todas las cosas son posibles para el que cree». Y también: «De acuerdo a tu fe, así recibirás». Cuando sientas que un problema te ha tumbado, confía. Al principio, tal vez no encuentres la salida, pero debes creer que las circunstancias pueden variar. Muchas veces la ayuda y las soluciones llegarán de lugares inesperados. La fe es el suelo fértil para que las semillas florezcan. Si pierdes la fe lo pierdes todo, porque la falta de fe conduce a la resignación. Sin fe no hay esperanza, y sin esperanza no hay futuro. Mientras respires, siempre hay posibilidades. Cuando crees —cuando tienes fe— los límites se van desvaneciendo por el camino: «A menudo, todo lo que necesitas es creer que todo es posible, que los milagros pueden suceder. Mi consejo es que tengas en mente que todo sucede por una razón y que, al final, siempre habrá un resultado favorable. Por lo general, la vida funciona de la manera correcta, como tiene que ser».

10. **Si piensas que nunca tendrás una oportunidad, tal vez es porque no has cargado la escopeta y no estás listo para disparar.**
Fácil de entender, difícil de asumir. El propio Vujicic seña-

la: «Si no te encuentras en donde quieres estar o no has logrado todo lo que esperas realizar, es posible que la razón no se encuentre alrededor de ti, sino dentro de ti». Debes asumir tu responsabilidad. Necesitamos responsabilizarnos de nuestra felicidad y de nuestro éxito. La fórmula es siempre la misma: *aprende todo lo que haga falta, haz todo lo que sea necesario*. Y por el camino mide para saber si estás mejorando, y siempre con vocación de servicio al mercado. Si sirves mejor, te irá mejor. Nicky lo tiene claro: «Siempre trato de superarme para servir mejor al mundo».

# NORMAN VINCENT PEALE

Norman Vincent Peale (1898-1993) fue escritor, editor y conferenciante motivacional estadounidense. A los treinta y cuatro años empezó a trabajar en Marble Collegiate Church donde permaneció durante cincuenta y dos años como uno de los más famosos predicadores de Nueva York. Los fieles aumentaron de seiscientos a más de cinco mil en el momento de su retiro en 1984. En 1945 fundó junto a su esposa la revista *Guideposts* con el objetivo de relatar historias inspiradoras para proveer ánimo espiritual a sus lectores. Hoy día está en el puesto 13.º entre las revistas con mayor circulación, con una tirada de 4 millones de ejemplares. Durante su vida, Peale fue autor de 46 libros, siendo el más exitoso *El poder del pensamiento positivo* (Sapiens Editorial, 2017), publicado en 1952, que se mantuvo en la lista de los libros más vendidos de *The New York Times* durante 186 semanas consecutivas y del que se han vendido más de 20 millones de copias y se ha traducido a más de cuarenta idiomas. Otros de sus libros son *El optimista tenaz* (Obelisco, 2007), *Puedes si crees que puedes* (Grijalbo, 1981), *Las seis actitudes de los ganadores* (Guía de Bolsillo, 1989) o *Un pensamiento positivo para cada día* (1993). Durante más de medio siglo estuvo al frente del programa semanal de radio *El arte de vivir* y en 1964 se filmó la película *One Man's Way* basada en su vida.

1. **Cuántos en el planeta desearían estar en tu lugar. Sé agradecido con lo que tienes, y desde lo que eres y tienes, inicia el cambio hacia algo mejor.**

Peale continua: «La vida positiva se inicia ahora, ya, desde donde uno está». Ser agradecido es la primera forma de pensamiento positivo. Es la forma de iniciar y activar tu mundo para bien. Es la forma de reconocer que vivimos en un ecosistema de abundancia. Es el primer paso para atraer cosas más grandes a tu vida. Si ahora, en este momento, echas pestes de todo, no comienzas con buen pie y generas fuerzas destructivas en tu contra. Hay una forma de fomentar la gratitud de manera natural: fíjate en todas las desgracias que te rodean (enfermedades, accidentes, guerras, despidos, hambres...) y cae en la cuenta de lo afortunado que eres de que a ti no te hayan tocado. Todo empieza por la gratitud. La gratitud es clave para el éxito y la felicidad y correlaciona con mayor productividad, calidad del trabajo, mejores relaciones sociales, más energía, actividad, fluidez, mejor sistema inmunológico o menor estrés. David Hume apuntaba: «De todos los crímenes que las criaturas humanas son capaces de cometer, el más horrible y poco natural es la ingratitud».

2. **Los pensamientos positivos afectan a todo lo que haces, impregnan de elevadas vibraciones todo lo que te rodea y trabajan en tu beneficio.**
William James, psicólogo y profesor de Harvard, dijo: «La mayor revolución de nuestra generación es el descubrimiento de que los seres humanos, al cambiar sus actitudes mentales internas pueden cambiar el aspecto externo de sus vidas». Esto lo dijo en una época en la que se descubrieron artilugios como el teléfono, la radio o el automóvil, entre otros. Con nuestros pensamientos negativos activamos negativamente el mundo que nos rodea. Con nuestros pensamientos positivos también ocurre lo mismo en sentido contrario. Nuestra actitud mental define un marco de referencia vibracional que hace que las fuerzas creativas del universo graviten en la misma dirección. Peale señala: «El optimismo es una filosofía basada en la creencia de que, básicamente, la vida es buena, que, a la larga, lo bueno en la vida será más

que lo malo». El optimismo (pesimismo) hace referencia a cuál es nuestra relación con la vida y se refleja en todo lo que hacemos: cómo interpretamos el pasado (como aprendizaje o resignación), el futuro (con esperanza o desilusión) y el presente (con entusiasmo o pasotismo).

3. **La única guerra es contigo mismo. El único rival eres tú mismo. La única persona a la que debes vencer es a ti mismo.**
   Peale añadía: «Véncete aumentando tu autoestima y el valor personal». Todos los problemas del ser humano derivan, en última instancia, de la falta de confianza en uno mismo. Cuando surgen las oportunidades, el miedo nos paraliza; cuando surgen las dificultades, la desesperación hace acto de presencia. La única estrategia para conseguir lo que quieras es aumentar tu propio valor. Existe una correspondencia directa entre el concepto que tienes sobre ti mismo, por una parte, y tu conducta y efectividad, por la otra. Siempre actúas por fuera de manera congruente con el concepto tuyo por dentro. No puedes ganar en el mundo exterior más de lo que ganas en tu mundo interior. Por eso, todo cambio o mejora en tu vida comienza cuando alteras y mejoras el concepto que tienes de ti mismo. Eso se refleja en todo: a la hora de vender, de hablar en público o de relacionarte con otras personas. La manera en cómo te ves influye en cualquier área de tu vida. Peale nos dice: «La gente se vuelve realmente muy notable cuando empiezan a pensar que pueden hacer las cosas. Cuando creen en sí mismos tienen el primer secreto del éxito».

4. **Conviértete en un *posibilitador*. No importa cuán oscura sea tu vida; levanta la mirada y contempla las posibilidades. Siempre míralas, porque están ahí.**
   No existen situaciones desesperadas, sólo hay personas que se desesperan a causa de ellas. Por muy duras que sean las

circunstancias, siempre hay una salida, o al menos, una forma de transformar lo que ocurre en un aprendizaje y sacar tajada para nuestro crecimiento personal. Todos debemos aprender a educar nuestra mirada para enfocarnos en las *posibilidades* más que en las *limitaciones*. En otras ocasiones, debemos ser fuente de inspiración para otros. Cuando se está en medio de una crisis es difícil ver las cosas con claridad y perspectiva. Uno está demasiado pegado a la realidad inmediata y sólo es capaz de percibir lo negativo. Ahí es donde podemos convertirnos en palanca y estímulo para otras personas. Cualquier persona tiene grandeza en su interior, pero a veces está tan bloqueada, que sólo vemos oscuridad alrededor, pero esa grandeza nunca desaparece. Cada dificultad es una oportunidad que la vida nos da para nuestro desarrollo personal. Si logras aceptar este enfoque, cada dificultad será superada y tú crecerás. Tenemos la obligación de responsabilizarnos de nuestro bienestar personal. Las posibilidades se renuevan cada día. Otro día, otra oportunidad. J. B. Priestley, escritor y dramaturgo británico, apuntaba: «Siempre me ha encantado la perspectiva de un nuevo día, un nuevo intento, un comienzo más, quizás con un poco de magia esperando oculta en algún lugar de la mañana».

5. **La fe es la fuerza más poderosa que opera en la humanidad. Cuando se encuentra en lo más profundo de tu ser nada puede derrumbarte, nada.**
El propio escritor añade: «El gran secreto para obtener lo que quieres de la vida es saber lo que quieres, y creer firmemente que lo puedes alcanzar». La fe echa raíces siempre. A lo largo de la historia, todos los grandes personajes tuvieron que hacer frente a enormes obstáculos que pusieron a prueba su fe. Con fe todo es posible, porque la fe es lo que te lleva a continuar, y si continúas y no desistes, el premio llega. Tienes que creer, tener confianza (con fe) en ti. La idea que una persona tiene de sí misma determina cómo ve el

mundo, y cómo ve el mundo determina cómo actúa. Cambia el concepto que tienes de ti mismo y cambiarás el mundo en que vives. Peale nos hace tomar conciencia de ello: «¡Cree en ti! ¡Ten fe en tus capacidades! Si no tienes confianza humilde pero razonable en tus propios poderes, no puedes tener éxito o ser feliz». Si eres una persona cuya confianza está deteriorada, tienes que crear rituales y estrategias para recordarte lo bueno y capaz que eres y que poco a poco esos *inputs* se vayan almacenando en el inconsciente. Algunas de esos rituales son: uso de afirmaciones diarias, visualización, *visual boards* o anclajes a modo de recordatorio.

6. **Son los optimistas quienes han demostrado ser empresarios, inventores, innovadores y líderes. El optimismo es una de las cualidades más poderosas para el éxito.** Los pensamientos que alimentamos de manera continuada activan a nuestro alrededor un campo de energía que producen condiciones externas (realidades físicas) del mismo signo. No podemos ver los pensamientos, pero sí la huella de éstos: los resultados. Peale sugiere cinco pasos para cambiar nuestros patrones de pensamiento, de negativos a positivos:
    1. Durante 24 horas sólo di cosas positivas de tu familia, amigos, empresa o compañeros de trabajo. Luego, amplíalo a una semana.
    2. Alimenta tu mente mientras alimentas tu cuerpo. Aleja tu atención de todo lo negativo: noticias, programas o foros críticos. Lee biografías de personas que han tenido éxito.
    3. Haz una lista de amigos con los que pasas tiempo. Mira cuáles te influyen positivamente y pasa más tiempo con ellos. Con el resto, conviértete en alguien inspirador en sus vidas.
    4. Evita a toda costa las discusiones de tu mente. Cada argumento negativo contrarréstalo con otro positivo. Dale la vuelta a tu vida.

5. Muestra gratitud por todas las cosas maravillosas que tienes en tu vida. Lleva cada día un diario de gratitud en el que apuntes cada día cinco cosas buenas que te hayan pasado o con las que hayas disfrutado.

7. **Quien no comete errores es un ser que no sabe vivir, es un ser estancado en la vida.**
Peale insiste: «Sólo quien intenta ser mejor, vivir mejor y aprender más, comete errores. De cada error se saca una lección positiva, cada error es una enseñanza que nos permite avanzar». En la vida siempre hay riesgo: el riesgo de actuar y el riesgo de no actuar. El de no actuar es obvio. Por ello, es fundamental aprender a fracasar mejor. Arriesgarse no es sólo parte de la vida, es la vida misma. Fue el poeta Friedrich Schiller quien dijo: «Sólo el error es la vida». No temas fallar. No es fallar sino apuntar muy bajo el error. Con grandes aspiraciones, siempre hay fallos. El novelista y dramaturgo británico J. M. Barrie también apuntaba: «Todos somos fracasados... al menos los mejores». Porque los mejores son los mejores —aquellos que obtienen grandes gestas— porque fallaron, aprendieron, corrigieron y finalmente consiguieron lo que querían. Otra cosa no es posible.

8. **Los golpes de la vida no pueden destrozar a una persona cuyo espíritu se forja con los fuegos del entusiasmo.**
Que el entusiasmo es necesario para avanzar en la vida es una obviedad. La cuestión de fondo es: si no tengo entusiasmo o está apagado, ¿cómo puedo generarlo? Peale propone cuatro pasos para ello:
   1. Mira lo bueno que hay en ti. Si te sientes bien contigo, tendrás más entusiasmo. Tú también tienes cosas de las que sentirte orgulloso. Enfócate en ellas.
   2. Autocompasión. Echa un vistazo atrás y no te centres en lo que has dejado en el camino sino en todo

lo que has logrado y en todos los miedos y obstáculos que has superado.

3. Deja de pensar en tu persona. Ayuda a los demás y te sentirás mejor. Regala esperanza cuando a ti más falta te haga. La cuestión es dar lo que se quiere recibir.
4. Contempla cualquier tribulación como una oportunidad. Existe una razón para ello y está ahí para enseñarte algo.

En última instancia todo se resume en una palabra: amar. Peale nos dice: «Una persona que ama, se vuelve feliz; una persona que ama todo, se vuelve entusiasta».

**9. Decídete a tener decisión.**

Cuanto más tardemos en ponernos en marcha, el tiempo de consecución de nuestras metas también se dilatará. La actriz Tallulah Bankhead decía: «Si pudiera vivir mi vida de nuevo, cometería los mismos errores, sólo que más pronto». Los errores son inevitables, así que cuanto antes nos equivoquemos, antes llegarán los resultados que anhelamos. Si no haces nada, nada consigues. Deja de no tomar decisiones. La indecisión crónica es peligrosa. Establece prioridades y céntrate sólo en una de ellas, la que hayas establecido como más importante. Sólo cuando la termines, pasa a la siguiente. Como escribe Napoleon Hill en su clásico *Piense y hágase rico*: «El aplazamiento es una de las causas más comunes del fracaso. La tendencia a dejar las cosas para más adelante acecha a todos los seres humanos, a la espera de una oportunidad, para echar a perder cualquier posibilidad de tener éxito. La mayoría andamos por la vida como unos fracasados porque estamos esperando el momento ideal para empezar a hacer algo que merezca la pena. No hay que esperar. El momento nunca será el mejor. Debemos empezar donde estemos y trabajar con las herramientas que tengamos a nuestra disposición, y a medida que avancemos hallaremos mejores instrumentos».

**10. La mente (subconsciente), fiel vasallo, responderá a los estímulos que le sean presentados. Los estímulos son, en realidad, órdenes que la impulsan.**

Tu mente subconsciente (tus creencias) determina toda tu vida: cómo piensas y actúas. Porque una creencia no es otra cosa que un pensamiento incrustado en nuestra mente inconsciente que se ha convertido en certeza. El poder de la mente subconsciente es el poder para prosperar. Y la mente subconsciente funciona las veinticuatro horas del día como un almacén que recoge todos los estímulos voluntarios e involuntarios que recibe, tanto del entorno como de nosotros mismos. Esto quiere decir que la mente subconsciente siempre está bajo el control de la mente consciente. La mente consciente manda y la subconsciente obedece. La conclusión es que tenemos en nuestras manos el poder de configurar nuestra vida como queramos. La mente subconsciente —la fuerza divina— reproduce y desarrolla hasta sus últimas consecuencias lo que la mente consciente le impresiona. Tu objetivo es alimentar hasta saturar tu mente subconsciente de aquello que más deseas y a lo que más aspiras hasta que se convierta en una convicción. Sólo entonces, empiezan a brotar los frutos. Tienes que dirigir tu mente hacia aquello que más anhelas, porque si no quedas en manos de los estímulos del entorno. Debes ordenarte a ti mismo aquello que te gustaría que apareciera en tu mundo y vivir en tu diapositiva mental *como si ya fueses* el mayor tiempo posible y con la mayor intensidad. Así funciona la mente subconsciente, según el principio de autosugestión. Nuestra misión es que allí acceda sólo aquello que queramos que aparezca en nuestro mundo y contrarrestemos todo aquello que es contraproducente para nuestras metas. Peale dice: «Usa una frase mágica: "yo soy capaz". Yo soy capaz de ser mejor y lograr éxito en mis metas positivas, para la nueva vida que desde ahora iniciaré. —Y continúa—: Cuando uno experimenta internamente un cambio espiritual dinámico, obtener éxito con ideas productoras de felicidad se hace extraordinariamente fácil. Satura tus pensamientos con experiencias de paz, con palabras e ideas de paz y tendrás un depósito de experiencias productoras de paz que puedes usar para refrescar y renovar tu espíritu. Será una inmensa fuente de poder».

# PAULO COELHO

Paulo Coelho de Souza (1947) es un novelista brasileño que se encuentra entre los escritores más leídos del mundo con más de 140 millones de libros vendidos en más de 150 países (224 territorios) y que han sido traducidos a ochenta lenguas. Desde octubre de 2002 es miembro de la Academia Brasileña de las Letras. Ha recibido destacados premios y reconocimientos internacionales, como la prestigiosa distinción Chevalier de L'Ordre National de La Legion d'Honneur del Gobierno francés, la Medalla de Oro de Galicia y el premio Crystal Award que concede el Foro Económico Mundial, entre otros muchos. Además, actualmente es consejero especial de la Unesco para el programa de convergencia espiritual y diálogos interculturales, así como Mensajero de la Paz de Naciones Unidas. Es columnista para numerosas publicaciones en diferentes países y autor de numerosas obras, siendo la más conocida *El Alquimista* (Planeta, 2004) con la que se hizo mundialmente conocido. Otros libros suyos son: *Brida* (Planeta, 2012), *Las valquirias* (Planeta, 2010), *La quinta montaña* (Planeta, 2012), *Veronika decide morir* (Planeta, 2012) y *Once minutos* (Planeta, 2011).

1. **No permitas que tus heridas te transformen en alguien que no eres.**
   Cuando nos han hecho una faena, a menudo, surge la tentación de ajustar cuentas. Pero como reza un proverbio, «antes de iniciar el camino de la venganza cava dos hoyos». La guerra sólo deja perdedores, aunque alguien gane. Siempre habrá gente que nos decepcione. El perdón (amor) es la

única respuesta contra todos los males. Nunca sabemos la batalla que está librando la otra persona. Olvidar —tener mala memoria, de manera irónica— es extremadamente saludable. Pasar página y seguir hacia delante con serenidad es clave para la propia estabilidad personal. Quedarse atrapado en el pasado sólo conduce al odio y al rencor. Mientras no perdones eso ocupará espacio en tu mente que podrías utilizar para algo mejor. Ama como si nunca te hubiesen lastimado. Mata Amritanandamayi, lideresa espiritual hindú, decía: «Vivir es acordarse de olvidar. Perdona lo que debe perdonarse. Olvida lo que debe olvidarse. Abraza la vida con renovado vigor. Deberíamos poder acoger cada instante de la vida con una mirada nueva, como una flor que acaba de abrirse».

2. **Cuando una persona tiene claro lo que quiere en la vida, todo el universo conspira para que ese sueño se haga realidad.**
   Las cosas comienzan a encajar con absoluta perfección cuando estamos concentrados al ciento por ciento en lo que queremos. La Fuente —esa inteligencia superior (creadora) que ordena el universo— siempre apoya a quien demuestra lealtad, coherencia y compromiso incondicional —ojo, incondicional— con sus sueños. Cuando actuamos de esa manera empiezan a ocurrir «cosas» —a las que no podemos encontrar explicación a primera vista— y que algunos llaman «casualidades», pero que no son tales, sino simplemente una colaboración de la Fuente que nos tiende una mano. Cuando nos mostramos comprometidos con nuestros sueños, empiezan a aparecer en nuestro camino las personas y circunstancias precisas para que podamos dar cada paso. Cuando uno demuestra incondicionalidad con lo que quiere, la vida siempre te pone delante lo que necesitas para continuar avanzando.

3. **Si una persona sabe lo que desea en la vida, cumple todos los requisitos para hacer realidad su sueño.**
En la vida hay dos cosas que hay que tener bien presentes desde el minuto uno: la primera, que no existen los límites; y la segunda, que no existen las personas especiales. A partir de estas dos premisas se puede extraer una conclusión: tenemos en nuestras manos la posibilidad de cumplir cualquier sueño. El problema de la mayoría de las personas es que no tiene una visión clara de su futuro, y sin un sentido de dirección claro no puede mandarse al universo un mensaje preciso para que vayan presentándose en nuestro periplo las personas y circunstancias adecuadas. Por el contrario, cuando la visión acerca de lo que uno quiere en la vida es nítida, y nos ponemos en marcha, empiezan a suceder cosas que podríamos catalogar como «mágicas». Brian Tracy, autor de *Metas* (Empresa Activa, 2004), escribe: «Una persona de inteligencia media con unas metas claras supera siempre a un genio que no está seguro de lo que quiere».

4. **Evitando los problemas que necesitas enfrentar, evitas la vida que necesitas vivir.**
La riqueza (abundancia), no sólo entendida como ganar dinero sino como alcanzar aquello que queremos, tiene mucho que ver con nuestra capacidad para resolver problemas. La vida son problemas, siempre, tanto en lo personal como en lo profesional, y cuando aparecen podemos encontrar dos tipos de personas: los que esconden la cabeza bajo el ala y los que los enfrentan cara a cara. Las consecuencias también son diferentes: los primeros se estancan y los segundos avanzan. Ann Landers —seudónimo de Ruth Crowley, columnista del *Chicago Sun-Times*— explicaba: «Si me pidieran que diera el consejo que, en mi opinión, es más útil para toda la humanidad, sería éste: espere problemas como parte inevitable de la vida, y cuando lleguen, mantenga la cabeza alta. Mírelos directamente a la cara y diga: "Seré

más grande que tú, no puedes derrotarme. Ésta es la clase de actitud que lleva a la victoria"».

5. **Sé el mejor, pero prepárate para ser atacado. Sólo los mediocres están a salvo.**
El éxito no es gratuito y también tiene algunas consecuencias menos glamurosas como la crítica y la envidia. Y en realidad ambos conceptos son dos caras de una misma moneda, puesto que criticar no es sino poner palabras a la envidia. Si tienes éxito, te van a criticar (envidiar). Cuando se está a tiro de todos siempre hay alguien que dispara. No es agradable y es algo con lo que hay que aprender a lidiar, y no es fácil, pero hay algo mucho peor: que nadie te quiera criticar (envidiar). Asume que siempre te vas a encontrar personas que te quieran cortar las alas. Y cuando te ataquen, tranquilidad. Hay algo que funciona de maravilla: ignorar y no dar importancia a los ataques. Es una táctica que desconcierta, ya que al no echar más leña al fuego se da por concluida la guerra antes de que se inicie. Como se suele decir: dos no discuten si uno no quiere. Entrar en la batalla consume demasiada energía y tiempo. No olvides las palabras de Winston Churchill: «Nunca llegarás a tu destino si te detienes a arrojarle piedras a cada perro que te ladre».

6. **Si llegamos hasta el final de nuestra historia, veremos que muchas veces el bien está disfrazado de mal, pero continúa siendo el bien.**
El propio escritor brasileño dice: «Hay momentos en que las tribulaciones se presentan en nuestras vidas y no podemos evitarlas. Pero están allí por algún motivo. Sólo cuando ya las hemos superado entenderemos por qué estaban allí». Todo pasa *para algo* y en nuestras manos está aprender o maldecir las situaciones. Muchas circunstancias no son nada agradables ni fáciles de soportar cuando ocurren, pero se convierten en lecciones insustituibles con la sereni-

dad y claridad que dan el tiempo y la madurez. Casi siempre cuando las cosas no van bien es porque nos faltan conocimientos, habilidades o experiencia por adquirir. Quedan, por tanto, cosas que aprender. Asume el reto y ten paciencia, las piezas del puzle acabarán encajando. Carlos Castaneda en *Las enseñanzas de Don Juan* (Fondo de Cultura Económica de España, 2001) escribe: «La diferencia básica entre un hombre común y un guerrero es que un guerrero toma todo como un desafío, mientras que un hombre ordinario lo toma todo como una bendición o una maldición».

7. **Las cosas no siempre ocurren del modo en que me gustaría y es mejor que me acostumbre a ello.**
Planificar está bien. Te da seguridad y tranquilidad. Además, te permite ir moviendo fichas. Pero ningún reto se materializa según el plan previsto. Ninguna biografía es una línea recta. Siempre aparecen circunstancias no previstas en el guion. Por este motivo, hay una palabra imprescindible para caminar por la vida: flexibilidad. Ser flexible es ser amigo de la incertidumbre; y ser amigo de la incertidumbre es ser más feliz. La gente rígida vive frustrada. Son personas que no saben relativizar, ni redireccionar, ni reajustar, ni aguantarse. Sólo aceptan una vía posible: que las cosas transcurran como ellos creen que deberían transcurrir. Y claro, así lo normal es estar cabreados con la vida y con los demás.

8. **En el presente está el secreto. Si prestas atención al presente, podrás mejorarlo; y si mejoras el presente, lo que sucederá después será mejor. Cada día trae en sí la Eternidad.**
El campeón de tenis Rafa Nadal decía una vez: «No sé cómo va el marcador, sólo sé que tengo que ganar el punto siguiente». Ésa es la mejor actitud. El futuro no es un lugar al que nos dirigimos sino uno que estamos creando cada

minuto. Tu futuro es HOY. Un gran éxito no es otra cosa que la suma de muchos pequeños éxitos, los éxitos de cada día. Podemos cambiar porque podemos mejorar; podemos mejorar porque podemos aprender. Pequeñas mejoras constantes todos los días hacen una diferencia sustancial con el paso del tiempo. La mayoría abandona o cambia de camino antes. Decide lo que quieres, invierte ahí todas tus energías, disfruta del trayecto y no renuncies. Hacer lo que debe hacerse en cada instante da forma a ese futuro que añoramos. Gran parte de nuestros fracasos procede de querer adelantar la hora de nuestros éxitos.

9. **Cuando renunciamos a nuestros sueños encontramos la paz por un periodo, pero los sueños muertos comienzan a pudrirse dentro de nosotros e infectan toda nuestra vida. Lo que queríamos evitar en el combate —la decepción y la derrota— pasa a ser el único legado de nuestra cobardía.**

Sin valentía nada tiene sentido. No hay nada peor en esta vida que la cobardía. El cobarde vive instalado en la nostalgia y en la frustración. En la nostalgia porque el tiempo pasó; en la frustración porque le hubiese gustado atreverse en su momento y no lo hizo. Ante cualquier reto, se puede ganar o perder, pero lo peor del miedo es que te gana antes de jugar el partido, y eso es triste. Lo que haces (no haces) con el miedo determina lo que avanzas (no avanzas) en la vida. Si no afrontas tus miedos, tus miedos marcan tus límites. Todos tenemos miedo, pero la cobardía se elige. Frank Herbert, autor de *Dune* (La Factoría de Ideas, 2010), escribe: «No conoceré el miedo. El miedo mata la mente. El miedo es el pequeño mal que conduce a la destrucción total. Afrontaré mi miedo. Permitiré que pase sobre mí y a través de mí. Y cuando haya pasado, giraré mi ojo interior para escrutar su camino. Allí por donde mi miedo haya pasado ya no quedará nada, sólo estaré yo».

**10. Todo sueño comienza con la *suerte* del principiante y termina con la *prueba* del conquistador.**

Si esperas que la conquista de tus sueños sea un camino ancho y fácil, te equivocas de lleno. El universo, que siempre provee, te apoyará en los momentos iniciales de tu sueño, porque a él le gusta que todo el mundo vea realizados sus anhelos más profundos. Pero como toda cara tiene su cruz, también te pondrá a prueba para ver hasta dónde estás dispuesto a luchar por aquello que dices que quieres. Los obstáculos existen por ese motivo, para diferenciar entre aquellos que dicen que quieren algo de los que realmente lo quieren. Los primeros desisten y los segundos insisten. Cuando parezca que todo va sobre ruedas siempre aparecerá alguna circunstancia imprevista que te descolocará. No lo olvides y sigue en la brega. Coelho escribe: «El camino hasta la cima de la montaña siempre es más largo de lo que imaginas. No te engañes, llegará un momento en que aquello que parecía cercano, todavía está lejos».

# PHIL JACKSON

Philip Douglas *Phil* Jackson (1945) fue un jugador y entrenador de la NBA (National Basketball Association). Como jugador (1967-1980) consiguió dos campeonatos con los New York Knicks, y como entrenador tiene el récord absoluto con once títulos, superando la anterior marca histórica de nueve campeonatos de Red Auerbach. Su reputación en el banquillo empezó a forjarse en los Chicago Bulls (1989-1998), donde ganó seis títulos, y después en Los Angeles Lakers, (2000-2010), donde ganó otros cinco títulos. Estudioso del liderazgo, el *management* y el crecimiento personal, fue apodado por los periodistas deportivos como el «Maestro Zen», por aplicar las técnicas de meditación a sus equipos. Uno de sus libros de cabecera es *Zen y el arte del mantenimiento de la motocicleta* (Editorial Sexto Piso, 2010), de Robert M. Pirsig. En 2007 fue elegido para entrar en la Basketball Hall of Fame. Es autor de varios libros, el más conocido, *Once anillos* (Roca Bolsillo, 2016), en el que relata su experiencia profesional y personal en el mundo del baloncesto desde el punto de vista del liderazgo y el desarrollo personal.

1. **Obsesionarse con ganar es el juego de los perdedores.** Ganar (dinero, por ejemplo) es sólo un resultado, el resultado de lo bien (mal) que estás haciendo las cosas. Céntrate en el proceso, que no es otra cosa que *hacer bien las cosas correctas*. Eso es el éxito. La gente «ganadora», si bien lucha por un objetivo, piensa más en el proceso que en el resultado; la gente «perdedora» piensa más en el resultado que en el proceso. Y como dice Jackson: «Si focalizas toda tu atención en

el futuro, el presente pasa de largo». Y si pasa de largo y no lo aprovechas —haciendo bien las cosas correctas— no puede haber buenos resultados. También añade el entrenador: «La plenitud consiste en estar presente en el momento el máximo posible, sin dejarse arrastrar por pensamientos del pasado o del futuro. Para triunfar en el baloncesto es necesario tener una percepción muy sutil del lugar donde estás y de lo que ocurre a tu alrededor en cualquier momento dado».

2. **No es la práctica la que hace la perfección, sino la práctica perfecta.**
Hacer por hacer no es la estrategia más recomendable. La venta, por ejemplo, no es una cuestión de azar. Puedes hacer muchas llamadas, muchas visitas, ir a muchos eventos, pero sin una estrategia no llegarás muy lejos. La flauta puede sonar —y de hecho siempre suena alguna vez— pero eso no genera resultados consistentes. Todo tiene un porqué, una causa que lo explica, y de lo que se trata es de averiguar esa causa para poder adoptar las soluciones (método y sistemas) apropiadas. Michael Jordan, una de las figuras más carismáticas del equipo de Jackson en los Chicago Bulls, lo expresaba así de claro: «Todo se resume en una sentencia sencilla: existen buenas y malas maneras de hacer las cosas. Puedes practicar el tiro ocho horas diarias, pero si la técnica es errónea, sólo te convertirás en un individuo que es bueno para tirar mal». El trabajo duro no garantiza riqueza. La eficacia (hacer muy bien algo) es inútil si no es eficiente (hacer lo correcto). Trabajar bien es más importante que trabajar duro, porque cuando trabajas bien, menos duro tienes que trabajar.

3. **La compasión hacia todos los seres humanos, y también hacia uno mismo, es la clave para derribar las barreras existentes entre las personas.**
Cuando juzgas a los demás y te juzgas a ti mismo con severidad, te alejas de los demás y te alejas de ti mismo; intro-

duces ruido en tu vida y te distancias de la armonía y sintonía del universo. Phil Jackson explica: «La palabra "compasión" no suele circular por los vestuarios, pero he comprobado que unos comentarios amables y considerados pueden ejercer un efecto transformador en las relaciones, incluso en los hombres más rudos del equipo». La compasión —el sentimiento de comprensión ante el dolor ajeno que ayuda a aliviar— siempre conduce a la amabilidad, y la amabilidad desarma las defensas y corazas de prácticamente cualquier ser humano. La amabilidad conquista. Es difícil no dejarse seducir por alguien que nos comprende y actúa con amabilidad, con tacto y delicadeza con nosotros. Quizás, por eso, el escritor Henry James nos recordaba: «Hay tres cosas importantes en la vida: la primera es ser amable; la segunda es ser amable; y la tercera es ser amable».

4. **Estoy convencido de que si has tenido en cuenta todos los detalles, son las leyes de causa y efecto, más que la suerte, las que determinan el resultado.**
La preparación lo es todo, el mejor antídoto para afrontar cualquier reto. ¿Y qué papel juega la suerte? La suerte es la consecuencia a la atención cuidada a cada uno de los detalles. Las oportunidades son el resultado de la preparación. Si no estás preparado, es difícil que las oportunidades aparezcan en tu vida. Las energías creativas del universo no conspirarán a tu favor ni te pondrán delante lo necesario para cumplir tus propósitos. Y es que no basta estar en el *lugar* adecuado en el *momento* adecuado, hay que ser también la *persona* adecuada. Eso sólo es posible si estás preparado. La suerte no te volverá exitoso; comprometerte con el éxito sí te hará tener suerte. La fortuna siempre está del lado de los más preparados. El esfuerzo que hay detrás de la suerte es lo que te hará tener suerte en la vida. El resultado es el efecto y la persona es la causa.

5. **El vínculo que une a un equipo puede ser muy frágil. Has de crear el entorno adecuado para que prospere y nutrirlo cuidadosamente cada día.**
Un equipo es un equipo, sobre todo, porque hay unión. Los equipos comienzan a desmoronarse porque la unión empieza a tambalearse: cambia la visión que se tiene de las cosas, se piensa más de manera individual que colectiva, los factores personales se imponen a los profesionales u otro sinfín de cosas. La unión es crítica, pero además frágil, y por tanto, muy fácil de quebrarse. Por eso, no hay que descuidarse ni relajarse y estar siempre testando la temperatura del ambiente. Jackson apunta: «El baloncesto es un gran misterio. Puedes hacerlo todo bien, contar con la mezcla perfecta de talentos y con el mejor sistema ofensivo del mundo, desarrollar una estrategia defensiva a prueba para todas las eventualidades posibles, pero si los jugadores carecen del sentimiento de unidad como grupo, tus esfuerzos son en vano». Lo más difícil para un entrenador (directivo) es mantener al equipo cohesionado remando en una dirección sin que los egos personales —de los jugadores y el propio— se interpongan en el camino. Red Holzman, mentor de Phil Jackson, se lo explicó cierta vez durante un viaje: «Como sabes, los jugadores tienen ego... y a veces se olvidan que los entrenadores también lo tenemos». Otros aspectos que hacen que la unión se resienta son: las injusticias, las mentiras, la falta de transparencia, el no cumplir con la palabra dada, los tratos de favor, la falta de respeto, la soberbia, el no escuchar nunca y otros derivados que cualquier persona con sentido común conoce.

6. **La clave está en la transparencia. Lo único que los jugadores no soportan es un entrenador que no sea sincero e íntegro con ellos.**
En la vida se pueden perdonar muchas cosas, pero si traicionas la confianza, está todo perdido. Cuando se está al

frente de un equipo lo más importante es la credibilidad, y la credibilidad se basa en la confianza: confianza en tu competencia (sabes lo que haces) y confianza en tus valores (eres de fiar). Los valores tejen las relaciones personales. La mentira, la deslealtad, las injusticias, el aprovechamiento de la posición de poder abonan el terreno para las rupturas. No se puede vivir de espalda a los valores porque son la argamasa que hace que las relaciones fluyan o se estanquen. No te permitas ningún tipo de licencia a corto plazo que te comprometa a largo plazo. No evites los conflictos por miedo, emergerán más adelante, y probablemente, con mayor virulencia. Jackson dice: «Nunca me interesó convertirme en el mejor amigo de los jugadores, y de hecho, me parece importante guardar ciertas distancias. Pero siempre intenté desarrollar con cada uno una relación sincera, cuidadosa y basada en el respeto mutuo, la compasión y la confianza».

7. **El arte de transformar a un grupo de individuos (jóvenes y ambiciosos) en un equipo integrado de campeones no es un proceso mecánico.**
De personas uno nunca sabe lo suficiente —y menos aún cuando uno trata con jóvenes famosos y millonarios—, lo que obliga a hacer un ejercicio constante de humildad, observación, adaptación, estudio y reflexión. Liderar no consiste en dar a un interruptor, sino como explica Jackson, «consiste en un misterioso número de malabarismo que, además de exigir un conocimiento cabal de las reglas del juego, necesita un corazón abierto, una mente despejada y una gran curiosidad sobre las modalidades del espíritu humano. Las fuerzas que unen de modo armonioso a las personas no están claramente delimitadas. Es imposible fabricarlas a voluntad, aunque puedes crear las condiciones que fomentan esa clase de transformación». El ego, como hemos señalado, siempre campa alrededor de los equipos y amenaza con debilitarlos. El propio Jackson, medio en bro-

ma, señala: «A veces, cuando relleno formularios de trabajo, en la casilla profesional escribo: "mago". No pretendo engañar a nadie. Lisa y llanamente, cuando pienso en la labor de equilibrar egos que tenemos que realizar los entrenadores, creo que la mejor manera de definirla consiste en decir que hacemos magia».

8. **Cuanto más intentaba ejercer el poder directamente, menos poderoso era. El hombre que más me enseñó sobre liderazgo era el más humilde de todos.**
Y humildad es tener en cuenta siempre a quien tienes enfrente, aunque su rango jerárquico sea inferior, porque a lo mejor tiene mucho que aportar, sobre todo, si es la persona más cercana al cliente, el que juega en la pista o el individuo que está en las trincheras. Cuando uno ocupa una posición de poder siempre se corre el peligro de abusar, de querer quedar por encima del grupo y tener la última palabra. No suele ser la estrategia más recomendable de manera recurrente. El equipo está formado por entrenadores (directivos) y jugadores (empleados). Un líder siempre debe tratar de buscar el equilibrio entre el sistema y el individuo, entre la disciplina y la libertad. Otra cosa es anular la individualidad tan necesaria para el desarrollo y la satisfacción personal: «Si impones demasiadas restricciones, los jugadores dedican una extraordinaria cantidad de tiempo a tratar de escapar del sistema. Como todos los seres humanos, necesitan cierto grado de estructuración en sus vidas, pero también suficiente amplitud como para expresarse creativamente. A lo largo de los años he aprendido que el enfoque más eficaz es delegar tanta autoridad como sea posible y fomentar las habilidades de liderazgo de los demás». Un líder no tiene todas las respuestas. Hay momentos en que el líder tiene que *saber* que *no sabe*. Pero también hay que ver el otro lado de la moneda. Jackson lo aclara: «No puedes ser entrenador si quieres caer siempre bien».

9. **Enseñé a los jugadores *mindfulness* («atención plena») porque sabía que podía ayudarlos a mejorar su capacidad de interpretar todo lo que sucedía en la pista y a reaccionar más eficazmente.**
La gente «ganadora» está ciento por ciento centrada en lo que tiene entre manos sin despistarse. Una persona que tenga ese poder de concentración lo tiene muy fácil para triunfar en la vida. Es uno de los valores clave del éxito: estar metido y pendiente de lo que hay que realizar sin desconcentrarse. La palabra «*mindfulness*» tiene su origen en el sánscrito *smriti*, que significa «recordar». Thich Nhat Hanh dice: «La atención plena es *acordarse* de regresar al momento presente». Es un proceso constante que no se limita al acto de meditación. El maestro zen aclara algo importante que mucha gente pasa por alto: «Sentarse y contemplar nuestra respiración es una práctica maravillosa, pero no basta. Para que la transformación tenga lugar, tenemos que practicar la atención plena todo el día, no sólo cuando nos sentamos en el cojín de meditación». Lo que hay que poner en práctica es la «meditación sin cojín», porque la vida no está en las aulas o en los retiros de meditación, sino en la calle, en el día a día. La «meditación sin cojín» no es otra cosa que aprender a interpretar cada situación y a reaccionar eficazmente a partir de lo que ocurre en ese momento. Por tanto, el *mindfulness* nos vuelve más eficaces, más productivos y más felices.

10. **El error frecuente de los equipos campeones consiste en repetir la fórmula ganadora. Casi nunca funciona.**
Lo normal cuando las cosas van bien es seguir igual, y eso es lo que hace la mayoría de la gente; y eso es precisamente lo que nos condena. Jackson explica: «Cuando ganas, al inicio de la siguiente temporada, tus adversarios han estudiado tus vídeos y encontrado la manera de contrarrestar cada una de tus jugadas». En el mundo de la empresa,

cuando eres un referente, siempre estás siendo observado por la competencia que trata de imitar, como es evidente, a los mejores. Por eso, como apunta el entrenador, «la clave del éxito sostenido radica en seguir creciendo como equipo. Ganar consiste en adentrarse en lo desconocido y crear algo nuevo». El mayor enemigo de cualquier empresa y de cualquier persona es la autocomplacencia.

# PHIL KNIGHT

Phil Knight (1938), fundador y consejero delegado de Nike entre 1964 y 2004, es actualmente presidente del Consejo de Administración, posee el 35 por ciento de la firma y su fortuna asciende a unos 7.900 millones de dólares, lo que le convierte en la 30.ª persona más rica de Estados Unidos. En el año 2006 donó 230 millones de dólares a la escuela de negocios de la Universidad de Stanford, y en 2004 una donación de 100 millones de dólares al Instituto de Cáncer de OHSU. El nombre de la mítica empresa de deporte hace referencia al nombre griego *Niké*, diosa de la victoria. Hoy día en la empresa trabajan cerca de 70.000 personas, factura más de 30.000 millones de dólares anuales y está entre las veinte marcas mejor valoradas a nivel mundial. El logo lo diseñó Carolyne Davidson, una estudiante universitaria que curiosamente sólo ingresó 35 dólares por su trabajo. La empresa y el modelo de negocio de Nike han sido estudiados por escuelas de negocio como Harvard o Stanford. Phil Knight es autor del libro *Nunca te pares* (Conecta, 2016) en el que relata toda su experiencia de vida al frente de la empresa desde sus comienzos.

1. **Los cobardes nunca emprendieron el camino; y los débiles fueron muriendo por el camino. Quedamos nosotros.** Son dos de los errores que habitualmente cometemos las personas y que nos alejan del éxito: no ponernos en marcha por cobardía o desistir a mitad de camino por falta de resiliencia. El éxito no tiene nada de especial, se trata de comenzar con la vista puesta en un objetivo final, y después seguir avanzando mientras los demás van desistiendo. Al

final ganas, no necesariamente porque seas mejor, sino porque otros no dieron el primer paso o abandonaron en algún momento. Es increíble lo mucho que puedes conseguir cuando simplemente decides no abandonar.

2. **No importa que los demás piensen que tu idea es descabellada, tú sigue. No te detengas. No pares hasta que llegues a tu destino, y tampoco te preocupes por dónde se encuentre éste. Pase lo que pase no te detengas.**
Si tienes una idea descabellada, no la infravalores. Los grandes cambios de la humanidad se han producido siempre desafiando al sentido común. Phil Knight comenta al inicio de su autobiografía: «A los veinticuatro años se me ocurrió una idea descabellada, y de algún modo, pese al vértigo de la angustia existencial, el miedo al futuro y las dudas sobre mí mismo, pensé que el mundo se había forjado a base de ideas descabelladas. La historia es una larga procesión de ellas. El germen de todo lo que más me gustaba —los libros, el deporte, la democracia, la libre empresa— había sido una idea descabellada». No te inquietes ni tengas miedo a sentirte diferente, la gente que logra grandes gestas suele pensar y actuar de modo diferente al resto. Las oportunidades están allí donde para otros pasan desapercibidas. Si las viesen dejarían de ser oportunidades.

3. **Eres lo que tus números dicen que eres, nada más y nada menos.**
Los números no mienten. Son el marcador del partido de tu vida. Míralos a calzón quitado. Ellos te dicen lo bien (mal) que estás haciendo las cosas. Y si el marcador no es favorable hay algo que debes cambiar. Phil Knight explica: «La pista de atletismo te da un enorme respeto por los números. Si hacía un mal tiempo en una carrera, puede que hubiera alguna causa para ello —lesiones, fatiga, desánimo—, pero eso no le importaba a nadie. En última instan-

cia, serían mis números lo que todo el mundo recordaría». Las empresas cierran porque no salen los números: los ingresos no llegan a cubrir suficientemente los gastos y hay que poner punto y final a la aventura. Si esto es así, surgen algunas preguntas: ¿por qué no estoy vendiendo más? ¿Es que mi producto no es bueno? ¿Es que no soy suficientemente conocido? ¿Es que mis costes son demasiado altos? A Phil Knight, atraído por la estrategia militar por su paralelismo con el mundo de los negocios, le gusta recordar a Winston Churchill: «¿Me pregunta cuál es nuestro objetivo? Puedo responder con una palabra. La victoria, la victoria a toda costa, la victoria a pesar del terror, la victoria. Sin victoria no hay supervivencia».

4. **El hombre que mueve una montaña empieza por llevarse piedras pequeñas.**

Es una frase zen que repite con frecuencia Phil Knight para transmitir una idea esencial a la hora de construir un proyecto: constancia y paciencia. Él mismo relata cómo al volver de un viaje alrededor del mundo, y tras haber pasado por Japón para conocer a sus posibles socios en el negocio de las zapatillas deportivas, creó la empresa Blue Ribbons Sports junto a Bowerman, quien había sido su entrenador de atletismo de joven. Para formalizar el acuerdo, se reunieron en la casa de éste. Después de aquel encuentro diría: «Me detuve ante la fortaleza de piedra de Bowerman. Una casa de aspecto agradable, pequeña pero sólida, con la fachada de piedra. Bowerman la había construido con sus propias manos. Mientras estacionaba mi coche, me pregunté cómo demonios se las había ingeniado para llevar a cabo todo aquel trabajo agotador él sólo. El hombre que mueve una montaña empieza por llevarse piedras pequeñas». Toda empresa antes de ser grande fue pequeña. Nike no es hoy, ni mucho menos, lo que fue en sus orígenes. Ha pasado casi medio siglo desde que aquel pequeño negocio de zapatillas empezó a gestarse en la habitación de invitados de casa de los padres de Phil Knight. Así suelen ser todos los comienzos, más bien discretos. Jeff Bezos, fundador de Amazon, decía con ironía sobre esta cuestión: «Si en los inicios no puedes alimentar a tu equipo con dos pizzas, es que es demasiado grande».

5. **Nunca son sólo negocios. Nunca lo serán. Si alguna vez se trata sólo de negocios, significará que uno es muy malo.** Los negocios no son un juego de niños, y dentro de la lógica, una cierta seriedad y frialdad son necesarias, porque como dice Phil Knight, «es una guerra sin balas». Pero los negocios los hacen las personas, y las personas somos seres emocionales. No es posible eliminar las emociones de nuestras vidas aunque queramos. Y eso quiere decir que más allá de lo que está en juego, los vínculos personales son muy importantes. La base de todas las relaciones es la «conexión emocional». Lo que hace que las relaciones avancen o se estanquen, fluyan o no fluyan, es la sintonía, la química, el *feeling* o como lo queramos llamar. Con las personas con las que uno conecta y se siente a gusto y cómodo, uno siempre quiere embarcarse en proyectos o hacer negocios. La calidez en las relaciones personales es esencial. Por supuesto que no se trata de ser amigo de todo el mundo —no se puede llegar a ese nivel de complicidad siempre— pero sí de conectar y mantener buenas relaciones porque además de facilitar llegar a acuerdos mercantiles aportan mayor bienestar y felicidad. Nuestra calidad de vida depende de la calidad de nuestras relaciones.

6. **Confianza. Más que patrimonio neto, más que liquidez, eso es lo que un hombre necesita.** «Eres capaz. Ten confianza. Puedes hacerlo... Puedes hacerlo.» Ésas son las palabras de ánimo —las afirmaciones de las que hablábamos en el caso de Muhammad Ali— que

Phil Knight se daba a sí mismo la primera vez que fue a Japón en 1962 a visitar a la empresa Onitsuka Tiger para conseguir la distribución de las zapatillas japonesas en Estados Unidos. Era un joven imberbe de veinticuatro años, y según sus palabras «tímido, pálido y flacucho. Me habría gustado tener más confianza. Me habría gustado pedir prestada un poco». Cuando no ocurre así, tienes que autosugestionarte y darte a ti mismo charlas mentales inspiradoras. Creerte el personaje. Al principio suena poco natural y forzado. La repetición y el tiempo hacen que ese mantra se vaya filtrando poco a poco al inconsciente hasta que finalmente queda allí grabado condicionando de manera positiva tu forma de pensar y actuar. Éste es uno de los diez hábitos que forman parte de la rutina diaria de Robin Sharma, autor de *El monje que vendió su Ferrari* (Debolsillo, 2016): «A lo largo del día —particularmente en la ducha— hago declaraciones para mí mismo, lo que yo llamo "declaraciones de éxito" que me permiten mantener mis pensamientos centrados en lo que es importante. Los pensamientos son los antecedentes de los actos, porque una forma correcta de pensar conduce a una forma correcta de actuar». Comprenderás los resultados de tu vida en la medida que prestes atención a tus estados mentales. Incrementa la confianza en ti mismo e incrementará tu valor; y al incrementar tu valor aumentará tu atrevimiento; y al incrementar tu atrevimiento también tus logros serán mayores.

7. **Ten fe en ti mismo, pero también ten fe en la fe. No como la definen los demás, sino como la definas tú. En tu corazón.**

Esa fe de la que habla Phil Knight no hace referencia sino a cómo el universo siempre apoya cuando te atreves a caminar en la dirección de tus sueños. El universo siempre provee cuando eres coherente con lo que sientes, cuando no te limitas a cumplir sino a seguir tu «llamada» y confías. Se producirán *casualidades* —que son *causalidades*— favoreciendo que vayas dando nuevos pasos. Los semáforos empezarán a ponerse en verde. No sabemos cómo ocurrirá, pero sí que ocurrirá. Es el «factor suerte», pero no como lo entendemos habitualmente. El fundador de Nike lo aclara: «La suerte desempeña un papel fundamental. Sí, me gustaría reconocer públicamente el poder de la suerte. Los deportistas la tienen, los poetas la tienen y las empresas la tienen. Algunos quizás no lo llamarían suerte. Quizás lo llamarían tao, logos, *jñāna* o *dharma*. O espíritu. O Dios». Por eso, es importante ser agradecido por anticipado. Knight concluye: «Cuanto más duro trabajes, mejor será tu tao. Y puesto que nadie ha definido adecuadamente el tao, intento ir regularmente a misa». Siempre hay alguien que cuida de nosotros a nivel espiritual, pero hay que trabajar duro y confiar. De manera breve: a dios rogando y con el mazo dando.

8. **Me gustaría advertir a los mejores, a los iconoclastas, a los innovadores, a los rebeldes que siempre llevarán una diana en la espalda.**
Y añade: «Cuanto mejores sean, más grande será la diana. No es la opinión de un hombre, es la ley de la naturaleza». La envidia es el arma arrojadiza de los mediocres, y la mediocridad abunda. No es fácil vivir con ello, como tampoco lo es navegar con el viento en contra. Pero es así y punto, una ley de la naturaleza que hay que aceptar. Aprendes a gestionarlo o te pasa por encima. Al principio duele, luego te acostumbras. En última instancia, puede ser un factor motivador para dar lo mejor de uno mismo. Como dice el poeta español Benjamín Prado: «La envidia es admiración por las malas». A todo el mundo le gustaría tener el atrevimiento y la osadía de los ganadores, pero como aceptarlo no es plato de buen gusto porque deja a la vista las propias carencias, la estrategia a seguir es la de criticar.

9. **Diría a los hombres y a las mujeres de veinticinco años que no se conformaran con un trabajo o una profesión. Que buscaran algo que les llame.**
Y añade: «Aunque no sepáis lo que significa eso, buscadla. Si seguís vuestra llamada, la fatiga será más fácil de soportar, las decepciones serán combustible y los momentos álgidos serán lo mejor que hayáis sentido nunca». Son las palabras que cierran su autobiografía. Tiene todo el sentido del mundo. La pasión es un motor indispensable en todos los planos de la vida: trabajo, relaciones, amor, ocio. Personas de éxito, personas apasionadas. Otra cosa no suele dar frutos lustrosos. Conviene recordar un clásico del mundo del deporte: «Si el rugby es sólo un deporte, el corazón es sólo un órgano». Lo mismo es aplicable al resto de cosas de la vida. También la presentadora Oprah Winfrey nos recuerda: «Creo que no hay nada más importante que tomar conciencia del propósito de tu vida».

10. **El miedo al fracaso nunca será nuestra perdición.**
No tener miedo al fracaso ya es un éxito en sí mismo, porque precisamente el éxito se alimenta de errores. Phil Knight lo tuvo claro desde los comienzos: «No es que creyéramos que no íbamos a fracasar; de hecho, estábamos seguros de que eso ocurriría. Pero teníamos fe en que sería rápido, aprenderíamos de ello y mejoraríamos. Mi esperanza era que cuando fracasara, si fracasaba, lo hiciera pronto, de modo que tuviera suficiente tiempo, suficientes años, para poner en práctica las lecciones aprendidas. No era muy aficionado a fijarme objetivos, pero aquel objetivo no dejaba de cruzar por mi mente cada día, hasta que se convirtió en mi sonsonete diario: Fracasa pronto». Habitualmente el miedo a fallar es producto de un excesivo perfeccionismo típico de las personas más inseguras que no soportan las consecuencias del error: críticas, comentarios jocosos, necesidad de empezar de cero y otros derivados. No obstante, si

bien es cierto que los errores casi nunca son gratuitos, más cierto es aún que una actitud de excesiva rigidez nos evita crecer, ser productivos y nos aleja de la felicidad porque a menudo nos frustra. David D. Burns, autor de *Feeling Good: The New Mood Therapy* («Sentirse bien: la nueva terapia»), lo resume con estas palabras: «Busca el éxito, no la perfección. Nunca renuncies a tu derecho a equivocarte, porque entonces perderás tu capacidad de aprender cosas nuevas y de salir adelante en tu vida. Recuerda que el miedo siempre acecha detrás del perfeccionismo. Afrontar tus miedos y concederte el derecho a ser humano puede convertirte paradójicamente en una persona mucho más feliz y mucho más productiva».

# RAY DALIO

Ray Dalio (1949) es uno de los gestores de *hedge funds* más exitosos del mundo y fundador de la firma Bridgewater Associates, nacida en 1975 y con la que consiguió hasta 2015 unas ganancias netas de 45.000 millones de dólares. Es conocido como «el Steve Jobs de los *hedge funds*» según la revista *aiCIO* (Asset Investment-Chief Investment Officer). En el año 2012 Ray Dalio apareció como una de las cien personas más influyentes del mundo según la revista *Time* y según *Forbes* su riqueza personal asciende a más de 15.000 millones de dólares, lo cual le sitúa en la posición número 48 de las personas más ricas del planeta. Ray Dalio estudio en Harvard Business School y su filosofía de vida, gestión e inversión aparece recogida en *Principles*, una guía de algo más de cien páginas y doscientos principios de obligada lectura para las nuevas incorporaciones a su empresa, y que *The Washington Post* definía como «una mezcla entre un libro de autoayuda, un texto de gestión y unas reflexiones sobre las leyes de selección natural».

1. **Aprendí que no hay nada que temer de la verdad. El fracaso mayormente se debe a no aceptar y lidiar exitosamente con las realidades de la vida.**
¿Y qué es la verdad? Reconocer los errores, ser honesto con las debilidades, transparentes en nuestras opiniones y no ocultar jamás los problemas existentes. Sólo desde esa postura es posible enmendar, corregir, apuntalar y mejorar. Lo contrario nos estanca, retrasa y erosiona. A corto plazo, uno puede salir del paso, pero mentir(se) es prolongar un fracaso, porque la verdad siempre acaba haciéndose un

hueco y habitualmente cuando ya queda poco margen de mejora para reaccionar. Ray Dalio lo tiene claro en este aspecto: «La confianza es la verdad. Sé radicalmente transparente y no toleres la deshonestidad. Aprendí que ser totalmente sincero, especialmente sobre los errores y las debilidades, conduce con mayor velocidad hacia el mejoramiento y hacia lo que uno desea».

2. **Sea cauteloso con el exceso de confianza y siéntase cómodo con no saber.**
Por eso Dalio apunta en sus *Principios*: «La cualidad más importante que diferencia a las personas exitosas de las que no lo son es la capacidad de aprender y adaptarse». Los clásicos decían que las cosas más agradables se convierten en las más desagradables cuando no reina la moderación. La confianza —virtud imprescindible para triunfar— puede llevar al fracaso cuando no se gestiona oportunamente y se convierte en arrogancia. Las circunstancias de mercado cambian cada vez a mayor celeridad y eso debe llevarnos a la prudencia. *Saber que no se sabe* lleva a preguntar, a compensar carencias, a seguir estudiando o a pedir ayuda, todas ellas cuestiones imprescindibles para seguir manteniéndose en el candelero. Como nos recuerda Ingvar Kamprad, el fundador de IKEA: «El veneno más peligroso es el sentimiento de logro. El antídoto es pensar cada tarde qué puede hacerse mejor al día siguiente». Con el éxito siempre hay que tener cuidado, porque el triunfo atonta y nadie es ajeno a sus efectos. A mayor éxito, mayor humildad.

3. **La motivación por ser mejor debe ser mayor que la motivación por estar en lo cierto.**
Ray Dalio nos da toda una lección con las siguientes palabras: «El mayor problema de la humanidad es la sensibilidad de su ego. Eso impide que hallemos lo que es cierto o equivocado e impide que identifiquemos cuáles son nuestras forta-

lezas y nuestras debilidades». El orgullo nace del ego y nos condena. El orgullo te lleva a no reconocer errores, a no aceptar debilidades, a infravalorar opiniones ajenas, a no compensar carencias, a no realizar autocrítica o a ser ajeno al entorno y las tendencias, y así es difícil llegar a algún sitio interesante. Todas esas actitudes nos alejan de conseguir lo que queremos. Pongamos blanco sobre negro. En la vida, para ganar hay que perder; para llegar lejos hay que contar con otras personas; para continuar dando guerra hay que seguir mejorando; para crecer nunca hay que ocultar los problemas. Eso no lo lograrás si no eres capaz de controlar tu ego, y todos tenemos nuestra dosis, en mayor o menor medida. Con una actitud de humildad se está en mejores condiciones para triunfar. Dalio nos lo precisa aún más: «Creo que probablemente puedas obtener en la vida lo que quieras, si puedes apartar tu ego y tener una aproximación sin excusas, con una mente abierta, con determinación y coraje hacia tus metas».

4. **Creo que los errores son algo bueno porque considero que la mayoría del aprendizaje proviene de cometer errores y reflexionar sobre ellos.**
Equivocarse significa que lo estás intentando, e intentar algo siempre suma porque es experiencia aunque no salga bien a la primera. El escritor uruguayo Eduardo Galeano lo expresaba así: «Si me caí, era porque estaba caminando, y caminar vale la pena aunque te caigas». Vale la pena porque los errores son la base del aprendizaje, y el aprendizaje es la base para hacer mejor las cosas, y hacer mejor las cosas es estar más cerca de nuestros objetivos. Sin errores y sin aprendizaje no ocurre nada mágico en la vida. Dalio tiene claro lo que otras personas intentan evitar: «Crea una cultura en la que sea aceptable cometer errores, pero inaceptable no identificarlos, analizarlos y no aprender de ellos. Las mentes innovadoras cometen errores. Aprende a amar tus errores. Sé reflexivo y haz que las personas sean reflexivas».

5. **No se preocupe por lucir bien, preocúpese por alcanzar sus metas.**
Da la sensación de que estamos más preocupados de parecer felices que de serlo. El *postureo* es peligroso cuando es falso, y además abunda. Muchas veces lo que parece no es, y además cuando se actúa así, esas prácticas generan presiones insoportables porque vivir en un personaje es agotador y supone un gran desgaste. Querer brillar antes de estar pulido nos sitúa en una posición de desventaja. En la vida lo relevante no es tener razón, ni lucir más, sino conseguir resultados y ser feliz. El objetivo es enfocarse en lo que tiene que hacerse y dejar que los resultados hablen por sí solos. La mejor manera de parecer es ser. Para parecer brillante, haz algo brillante. Para parecer seguro trabaja tu seguridad. Está bien exhibir nuestras mejores galas, pero cuando se basan en hechos ciertos y no en meros maquillajes de cara a la galería.

6. **Creo que el dolor psicológico es necesario para ser más fuerte.**
El dolor bien gestionado es muy formativo y enseña el arte de vivir. Pero el dolor que enseña de verdad está asociado habitualmente a situaciones críticas. Un poco de dolor no es auténtico dolor. El verdadero aprendizaje tiene mucho que ver con situaciones que nos desestabilizan, que nos hacen cuestionarnos nuestros principios, que nos llevan a iniciar un proceso de búsqueda personal. En la vida, los desiertos emocionales son necesarios. Son momentos de sufrimiento, pero también de encuentro con uno mismo y de autoconocimiento, y el autoconocimiento es la base del desarrollo personal. El novelista William S. Burroughs escribía: «La desesperación es la materia prima del cambio drástico. Sólo aquellos que pueden dejar atrás todo en lo que siempre creyeron pueden aspirar a escapar». El conocido Anthony Robbins cuenta como el «punto de inflexión» en su vida se produjo cuando «estaba viviendo en un apar-

tamento de soltero de apenas 20 metros cuadrados y fregaba los platos en la bañera. Con sobrepeso y en la miseria, golpeó la pared y se prometió a sí mismo que cambiaría las circunstancias que le rodeaban».

7. **Lo más importante para un grupo de gente que trabajan juntos es la cultura, los valores que tienen y cómo trabajan juntos en función de esos valores.**
Tener una cultura fuerte facilita el sentido de pertenencia y comunidad, y eso es extremadamente útil a la hora de juntar fuerzas, estar unidos y remar en la misma dirección. Conocer, interiorizar y sentir los colores, es clave para el compromiso de las personas que integran una organización. Sin compromiso no puede haber excelencia. Y sin excelencia es difícil tener resultados recurrentes. Casi siempre los fracasos en la búsqueda de directivos por parte de los cazatalentos —directivos que duran menos de un año en una empresa— no suele deberse a sus capacidades o experiencia, sino a «desajustes culturales»; esto es, a que la persona no se adapta a la cultura de la empresa a la que se ha incorporado, ya sea por su estilo de liderazgo, grado de autonomía, nivel de comunicación u otros factores. Cuando eso ocurre todo se resiente: la motivación, las buenas relaciones y la visión a medio y largo plazo.

8. **Casi todo lo bueno se produce cuando hay grandes personas operando en una gran cultura. Elegir a las personas adecuadas es vital.**
Todo lo que ocurre en una empresa es el resultado de los comportamientos humanos de las personas que la integran. Tu gente es tu marca. Por eso, uno de los principios esenciales que rigen la filosofía de Dalio es: «Consiga a la gente adecuada. Contrate bien porque contratar mal supone muchos problemas». Y contratar bien supone fichar gente que:

- Tenga una buena actitud: hacia el resto del equipo, hacia los errores, hacia el aprendizaje, hacia el cliente y hacia la compañía.
- Responsabilícese del resultado de su trabajo: que cada persona sea conductor y no copiloto de su propia carrera y de su vida.
- Que compense las debilidades propias: no se puede ser bueno en todo porque no hay tiempo para serlo. Así que no queda otra que buscar personas complementarias.

9. **Necesitamos pensamiento independiente, gente que no esté de acuerdo para conseguir la innovación. Enfrente con total apertura la búsqueda de la excelencia.**
Dalio profundiza en este aspecto: «Quiero que las personas con las que trato digan lo que realmente piensan y que escuchen lo que los otros responden, para de esa manera hallar lo que es cierto». Si todo el mundo piensa igual es que nadie piensa mucho. Es sumisión. Nadie lo sabe todo y nadie tiene la verdad siempre. La innovación procede de la diversidad, del cruce, roce e intersección de cosas diferentes. La diversidad bien manejada genera progreso. Y decimos bien manejada, porque lo relevante no es la diversidad sino la gestión de la diversidad, ya que la diversidad siempre genera conflicto. Pero lo malo no es el conflicto, sino su mala gestión. Donde hay diferencias siempre hay conflictos, y los conflictos bien gestionados son una fuente de crecimiento. En un equipo, si no hay conflictos aparentes, es indicativo de una calma ficticia —tal vez fruto de la sumisión y el miedo— que es peligrosa y que en cualquier momento puede estallar. Ray Dalio lo tiene claro: «Busque la sintonía con lo verdadero y sobre qué hacer con ello. Sea asertivo y tenga la mente abierta. Los conflictos son esenciales para las relaciones personales porque fijan nuestros principios y resuelven nuestras diferencias».

10. **La calidad de nuestras vidas depende de la calidad de las decisiones que tomamos.**
Cada decisión que tomamos nos ensalza o hunde. ¿Y cómo tomar buenas decisiones?:
   – Rapidez: ser mejor que el resto, a veces, no es una cuestión de grandes conocimientos, experiencia o habilidades, sino de haber llegado antes. Así de simple. Por eso es bueno estar pegado al mercado para identificar tendencias y anticiparse.
   – *Expertise*: nunca hay que dejar de mejorar porque cuanto más conocimiento y experiencia se tiene de algo, en mejores condiciones se está para tomar decisiones acertadas. Cuando el *expertise* es mayor, el ratio de error se reduce.
   – Anticipación: la vida son problemas, siempre. Y nuestra capacidad de adelantarnos a ellos o identificarlos rápido es clave para su resolución. Los problemas que se ignoran o no se resuelven se agrandan, y pasado el tiempo muchas veces ya no tienen solución.
   – Reflexión: las decisiones no deberían ser nunca fruto de la euforia o del pánico, sino de la evaluación consciente de pros y contras de acuerdo a nuestras preferencias o sentido estratégico.
   – Visión: es bueno poner las cosas en perspectiva, con una visión a medio y largo plazo, porque las consecuencias de nuestras decisiones nunca se ven de manera inmediata.

# RAY KROC

Raymond (*Ray*) Albert Kroc (1902-1984) fue un empresario estadounidense famoso por impulsar la empresa McDonald's a través de franquicias después de adquirir la licencia a los hermanos McDonald en 1955. Posteriormente, en 1961, les compró la empresa por 2,7 millones de dólares. Antes de dedicarse al negocio de las hamburguesas, Ray Kroc había trabajado como pianista en la empresa Lily-Tulip Cup y como vendedor de la Multimixer, una batidora de seis paletas que fue toda una novedad en la época. Cuando falleció en 1984, a la edad de ochenta y dos años, McDonalds tenía más de ochocientos establecimientos repartidos en 32 países del mundo. Hoy son cerca de 20.000 locales que dan servicio a setenta millones de clientes diarios. Su mujer Joan heredó una fortuna de 3.000 millones de dólares. Optó por donar el dinero a diferentes causas humanitarias, entre ellas la lucha contra el Sida, la hambruna en Etiopía o el desarme nuclear. El «rey de la hamburguesa» fue incluido por la revista *Time* entre las cien personas más influyentes del mundo. Escribió su autobiografía que publicó en inglés en 1977 con el título: *Grinding it out*. La empresa de los «arcos dorados» fue llevada a la gran pantalla con el título *El fundador* en la que Michael Keaton representa el papel de Ray Kroc, y donde se relata cómo el empresario estadounidense convirtió un pequeño local en un negocio multimillonario.

1. **Si uno piensa en pequeño, seguirá siendo pequeño, y yo no tenía intención de hacerlo.**
Uno se merece aquello con lo que se conforma, así que conformarse no es una opción si no es la vida que uno

quiere. La falta de ambición conduce a la falta de resultados. John F. Kennedy decía: «Una vez que usted dice que va a conformarse con el segundo puesto, eso es lo que te pasa en la vida». El restaurante McDonald's toma su nombre de los hermanos (Dick y Mac) McDonald, un pequeño local abierto en 1937 en San Bernardino (California). El negocio era un modelo de autoservicio (*drive-in*), no tenía asientos ni mesas dentro del local, el menú era limitado —hamburguesas, patatas fritas y bebidas gaseosas— y los clientes apenas tenían que esperar un minuto para recoger su pedido a un precio muy asequible. Eso sí, todo preparado en cadena, cada etapa de la producción reducida a lo esencial, y ejecutada con el mínimo esfuerzo, tiempo y costes. Su filosofía era orden, disciplina y eficacia para producir tres beneficios: rapidez, precios bajos y volumen. Cuando Kroc conoció el negocio se enamoró y lo tuvo claro: «Yo veía ya en mi mente cientos de restaurantes de McDonald instalados en todos los rincones del país». Eso es pensar en grande y eso es tener visión. Hay gente que sólo sabe ver lo que tiene delante de los ojos, y hay gente que sabe proyectar y vislumbrar posibilidades atando diversos cabos, relacionando conceptos y mezclando cosas. Todo es cuestión de perspectiva.

2. **Mi orgullo no me impedía pasar la escoba y limpiar los baños.**

Cuando Kroc consiguió la licencia de los hermanos McDonald para abrir restaurantes por todo el país, los comienzos —como todos los inicios— fueron complicados. Durante esa primera etapa, dado que las cuentas no salían, además de estar al frente de su primer restaurante, hacía todo tipo de labores en el local —como barrer o limpiar los baños—, además de seguir trabajando como vendedor de batidoras por las mañanas. Antes de que los beneficios lleguen, y más aún de que sean abundantes, hay que estar dispuestos a hacer muchas cosas que no apetecen. El valor del sacrificio y el retraso en la gratificación son esenciales para generar beneficios sostenibles. Muchos emprendedores al poner en marcha un negocio quieren desde el primer minuto llevar una vida de millonario, y así no se puede construir nada grande. Conviene no olvidar que el nivel de ingresos de una empresa depende de su nivel de gasto, por ello, la austeridad es esencial, sobre todo en los inicios, porque hasta que una empresa se hace una marca y alcanza velocidad de crucero hay que seguir pagando facturas sin que haya flujo de caja o sea más bien escaso.

3. **Yo tenía cincuenta y dos años, diabetes y una incipiente artritis. Me habían extirpado la vesícula y parte de la glándula tiroides, pero estaba convencido de que lo mejor estaba por llegar.**
Para quien no quiere hacer algo, las excusas abundan: soy demasiado viejo, o demasiado joven, o no tengo dinero, o no tengo una buena educación, o lo que sea. Cuando Kroc se fijó en el negocio de los hermanos McDonald, no sólo tenía cincuenta años sino que en esa época —corría el año 1954— el nivel de salud y energía a esa edad no eran igual que hoy día. Pero no se arrugó. A una edad en la que la mayoría de las personas piensan en la jubilación, él decidió emprender. Tampoco tenía dinero cuando se hizo con la totalidad de la empresa, pero lo consiguió. No hay excusas para quien tiene ansias de triunfo. Su mérito no radicó en una idea genial, la idea ya existía; sino en su determinación, en su persistencia, y sobre todo, en sus ganas de hacer algo grande.

4. **Cuida de los clientes y el negocio se cuidará de sí mismo. Si amas lo que haces y siempre pones primero al cliente, el éxito será tuyo.**
También apuntaba: «Nos tomamos el negocio de las hamburguesas más en serio que nadie». Para vender tienes que

conseguir que te compren, y quienes deciden dónde gastan su dinero —en tu local o en el de la competencia— son los clientes. La conclusión es obvia: mímalos o los perderás. Y cuidar a los clientes es prestar atención a los detalles. Es importante el producto en sí, y también todo lo que le rodea. Los pequeños detalles —esos que *a priori* parecen insignificantes— son importantes y a menudo marcan la diferencia en la percepción de valor del cliente y en sus decisiones de compra. Ray Kroc tenía una gran atención al detalle, fruto de su preocupación por el cliente y sus ganas de mejorar. Por ejemplo, hablando acerca de Ed MacLuckie, el gerente de su primer local, explicaba: «Siempre me hacía feliz ver uno de mis establecimientos McDonald's. A veces, sin embargo, lo que veía no me daba tanto placer. Ocurría que Ed MacLuckie se olvidaba de encender el cartel luminoso del local al caer la noche; o bien había basura y Ed me decía que no había tenido tiempo de recogerla. Esas pequeñas cosas no parecían molestarle a él, pero a mí me enfadaban seriamente. Gritaba como un loco y trataba a Ed sin ninguna consideración. Él se lo tomaba con calma. Yo sabía que esos detalles eran tan importantes para él como para mí, y unos años más tarde él mismo lo comprobó en sus propios restaurantes».

5. **Si bien la educación formal es una ventaja importante, no es una garantía de éxito ni su ausencia es una desventaja fatal.**
Él mismo fue un ejemplo de ello. Para alguien sin estudios, cuyo primer empleo fue el de pianista —su madre era profesora de este instrumento— y que decidió emprender pasados los cincuenta años, lo que consiguió no está nada mal. Tus ganas de aprender es lo que determinará tu futuro. Ray Kroc solía decir: «¿Estás verde y en crecimiento? o ¿maduro y pudriéndote?». Sin duda, una muestra de sus ganas de seguir aprendiendo y mejorando. La educación formal está

sobrevalorada. Ayuda, como toda formación, pero no determina la balanza en un sentido u otro, porque existen otras formas de educación fuera de las aulas, y a menudo, más prácticas y útiles. La historia está llena de personajes sin estudios que han alcanzado resultados espectaculares. La educación no es una excusa para no triunfar. Esto nos recordaba Kroc: «Desde siempre he tenido la convicción de que cada persona construye su propia felicidad».

6. **La suerte tiene que ver con el sudor. Cuanto más sudes, más suerte tendrás.**
En una de sus primeras etapas profesionales, Kroc comenzó a trabajar como representante de Lily Tulip Cup, una compañía que vendía vasos de papel cuando esto era una novedad. Y ya se sabe, a mayor innovación, mayor resistencia al cambio y mayor perseverancia. Kroc lo explica bien: «Al principio no era fácil vencer la inercia de la tradición; hacer comprender a los restaurantes y a los propietarios de bares que los vasos de papel eran más higiénicos, permitían evitar roturas y pérdidas, y sobre todo introducir un nuevo concepto en el negocio de la comida y la bebida: los pedidos para llevar». Pero Kroc creía en el producto y sus posibilidades, y junto a sus ganas de triunfar, los resultados no tardaron en llegar. Si crees en el producto (aporta valor), trabajas la comunicación (persuasión) y perseveras (resiliencia), las cosas tienen que marchar necesariamente.

7. **Allí donde no hay riesgo no puede haber orgullo de logro, y en consecuencia, tampoco felicidad.**
Ray Kroc convirtió una idea que ya existía —comida rápida, precios bajos y volumen— en un gran negocio. No descubrió la pólvora sino que cambió el modelo de negocio. El éxito está siempre en ser diferentes, pero la diferenciación no tiene por qué venir de lo que ofreces sino de cómo lo ofreces. A veces los grandes negocios se hacen grandes, no

por los productos sino por sus modelos de distribución. Para ser un genio no hace falta tener ideas geniales sino tener la curiosidad para verlas de manera diferente. Basta tomar una idea y engrandecerla. Lo cómodo es quedarse como uno está y no buscar problemas. Eso fue precisamente lo que hicieron los hermanos McDonald. Cuando por primera vez Kroc se ofreció para expandir el negocio, éstos rechazaron la idea, así que les compró la licencia para la expansión en todo Estados Unidos. Asumió el riesgo y ganó. Él mismo decía: «Si no tomas riesgos, deberías salir de los negocios». Y el resto es historia.

**8. El éxito de mi empresa se debe en gran parte a la elección de las personas que ocupaban los puestos clave de mi negocio.**

Dos frases más forman parte de su repertorio:

- Primera: «Sólo eres tan bueno como la gente que contratas». Contratar gente mediocre sólo te hará conseguir resultados mediocres.
- Segunda: «Ninguno de nosotros es tan bueno como todos nosotros». La complementariedad y la delegación son aspectos irrenunciables. No se puede saber de todo y no se puede llegar a todo. Y si uno cae en esa tentación, el resultado sólo puede ser la ineficacia y la ineficiencia.

Y luego, ejemplo, ejemplo y ejemplo para conseguir el compromiso de la tropa. Otra frase de Kroc nos aclara su filosofía de vida: «La calidad de un líder se refleja en las normas que establece para sí mismo».

**9. Nuestro negocio es el inmobiliario, no son los restaurantes.**

La riqueza está siempre en la escalabilidad (expansión). Si no hay crecimiento, los ingresos están muy limitados. Ray Kroc no sólo se adueñó de una idea para convertirla en un gran negocio de franquicias, sino que supo ver más allá. Se dio cuenta de que si adquiría inmuebles en zonas estratégicas, luego podía alquilar esos inmuebles a los nuevos propietarios de las franquicias de McDonald's, con lo que generaba ingresos por la franquicia y por el alquiler, un negocio mucho más rentable. Eso es tener visión de negocio. Una persona con enfoque empresarial (comercial) siempre está buscando nuevas formas de apalancamiento, esto es, cómo vender más o a mejor precio. Los únicos límites están en la creatividad de cada persona para hallar alternativas. Ser curioso, buscar inspiración en otros negocios, no dejar de leer o preguntar mucho, son sólo algunas pautas para descubrir respuestas.

**10. *Calidad, servicio, limpieza y precio.* Si me hubieran dado un ladrillo cada vez que yo pronunciaba estas palabras, podría haber construido un puente sobre el océano Atlántico.**

Lo primero en un negocio es determinar cuál es la filosofía que rige ese negocio. Lo segundo es comunicarla a todo el equipo para su conocimiento. Además, para ser eficaz, la comunicación debe cumplir dos requisitos: intensidad y duración. Un mensaje para que se interiorice, no sólo hay que repetirlo muchas veces (intensidad) sino que debe hacerse de manera constante en el tiempo (duración). Lo que no se comunica, no existe; y lo que se comunica de forma débil, tiene un impacto débil. Kroc no sólo sabía lo que hacía y decía, sino que lo plasmó por escrito para facilitar su asimilación y ejecución. Elaboró un manual de 75 páginas en el que explicaba con todo detalle cada aspecto para dirigir y operar un establecimiento McDonald's. Por ejemplo, las hamburguesas debían pesar 1,6 onzas exactas, llevar un cuarto de onza de cebolla, una cucharada de mostaza y una de kétchup. Las patatas fritas debían ser cortadas a la perfección. El manual incluso especificaba cada cuánto se debía limpiar el local.

# RHONDA BYRNE

Rhonda Byrne (1951) es una escritora, guionista, productora de televisión y conferenciante australiana. Se hizo conocida a raíz de la publicación de *El secreto* (Club Círculo de Lectores, 2011) —escrito después de leer *La ciencia de hacerse rico* (Mestas Ediciones, 2016) de Wallace D. Wattles— que salió al mercado en primer lugar en DVD y luego en libro, cuyo tema central es la Ley de la Atracción, uno de los principales postulados de la corriente místico-filosófica llamada Nuevo Pensamiento, y del que se vendieron dos millones de DVD y cuatro millones de copias de libros en menos de seis meses. Rhonda Byrne escribió una continuación del libro en 2010 con el título de *El poder* (Urano, 2010), inspirada en cientos de consultas recibidas de lectores de *El secreto*. Posteriormente, en 2012 lanzó *La magia* (Urano, 2012) en la que aboga por el uso del agradecimiento como una herramienta poderosa para aplicar con la Ley de la Atracción. En 2013 apareció su cuarto libro *El héroe* (Urano, 2014).

1. **Existe una sola ley y es la Ley de la Atracción, que es la ley de la creación.**
   Todo se resume en cómo sintonizamos con el universo, porque según cómo sintonicemos con el universo, él nos responderá a través de experiencias del mismo signo en nuestra vida cotidiana. Esta ley cumple dos características: la primera, es que es impersonal, no distingue entre unas personas y otras, se aplica a todas por igual; la segunda, es que es perfecta, funciona tanto en sentido positivo y negativo, y por tanto, reproduce con exactitud aquello que más alimentamos mentalmente. Nos comunicamos con el uni-

verso a través de nuestra actitud mental. Nuestros pensamientos y sentimientos son ondas de frecuencia —de mayor o menor intensidad— que son enviadas al éter y nos son devueltas en forma de experiencias físicas. Todas las fuerzas del universo responden a los pensamientos que has puesto en acción. Byrne dice: «La Ley de la Atracción es una ley de la naturaleza. Es tan imparcial e impersonal como la ley de la gravedad».

2. **La vida no te está sucediendo, la vida te está respondiendo.**
Debes aceptar sin excusas que tu vida es hoy lo que tú has elegido que sea, aunque no seas consciente de ello. Tu vida presente es un reflejo de tu actitud mental del pasado. Por tanto, si quieres cambiar tu vida, tú tienes que cambiar. Lo bueno es que puedes empezar a cambiar tu vida ahora mismo cambiando tu actitud mental. Las energías creativas del universo empezarán a reajustarse y reorientarse para que tu vida cambie en esa dirección. Byrne señala: «Tu vida está en tus manos. No importa donde estés ahora, no importa lo que ha ocurrido en tu vida, puedes comenzar a elegir conscientemente tus pensamientos y puedes cambiar tu vida». También dice: «Todo lo que puedas imaginar está esperando por ti, totalmente creado en lo *invisible*, y la manera de hacerlo *visible* es aprovechar la fuerza del amor imaginando y sintiendo lo que amas y te gusta».

3. **Tus pensamientos son semillas, y lo que cosechas dependerá de las semillas que plantas.**
Un dicho popular dice: «Lo que siembras, recoges». Si siembras plátanos, no recoges manzanas o peras. Otro dicho también afirma: «Quien siembra vientos, recoge tempestades». Ése es el fundamento que hay detrás de La Ley de la Atracción aplicado a nuestra propia actitud mental. Si piensas sobre lo que quieres, y aseguras que sea tu pensa-

miento dominante, lo atraerás a tu vida. Y también en sentido inverso: si siembras pensamientos de pobreza no esperes recoger riqueza en tu vida material. Tu poder está en tu actitud mental, ésa es la causa de todo. Todo está en ti. Eres un imán atrayendo aquello en lo que te concentras más. Tus pensamientos se vuelven cosas. La clave de la vida es tu propia actitud mental y la has tenido a tu alcance desde siempre. Tu vida te pertenece. Siempre te ha pertenecido. Y te pertenecerá. Cambiarás tu vida en la medida que cambies tu actitud mental. No puedes tener una vida positiva con una mente negativa. Tu riqueza (pobreza) en cualquier parcela es el resultado de tu actitud mental: «Cuanto mejor te sientes sobre el dinero, más dinero atraes a ti mismo. Las personas que atraen riquezas utilizan *El secreto* ya sea consciente o inconscientemente. Tienen pensamientos de abundancia y no permiten que pensamientos contradictorios inunden sus mentes. Para atraer dinero, tienes que centrarte en la riqueza (constantemente, no puntualmente). Tu riqueza te está esperando en lo *invisible*, y para atraerla a lo *visible*, piensa en riqueza».

4. **No hay límites a lo que puedes crear para ti, porque tu habilidad para pensar es ilimitada.**
La imaginación no tiene límites, por tanto, tampoco los resultados que podemos ver materializados en nuestra vida. Por eso Byrne señala: «El secreto está en tu interior. El verdadero secreto del poder es la consciencia del poder». Todo lo que vemos en el mundo material (físico) nació previamente en el mundo inmaterial (mental). Todo lo que ves alrededor tuyo es el resultado de la imaginación de las personas, de su propia actitud mental sostenida con fuerza en el tiempo: los rascacielos de Manhattan, la torre Eiffel, el Coliseo romano, el Tah Majal, la Alhambra de Granada, la Sagrada Familia de Barcelona, el Big Ben de Londres, el iPhone, el portátil, los coches o cualquier otra cosa. Todo,

absolutamente todo. Cualquier manifestación *exterior* es producto de nuestra propia actitud mental *interior*. Lo que alimentes con más fuerza y energía en tu mente, eso acabará ocurriendo en tu vida. Existe una conexión perfecta entre la realidad *invisible* y la manifestación *visible*. El escultor Miguel Ángel Buonarroti, autor entre otros del famoso *David*, expresó así su concepto creativo: «Vi al ángel en el mármol y tallé hasta liberarlo».

5. **Cuando visualizas, materializas.**
Visualizar es tan importante, porque es poner en imágenes lo que uno desea y eso tiene un poder magnético de atracción mayor, ya que es algo más concreto y específico. La visualización permite enviar una señal más clara y precisa al universo. No hay nada peor para que la Ley de la Atracción funcione en sentido favorable que la confusión, las vaguedades y la indiferencia. Lanzamos un mensaje no-concreto al universo y no sabrá cómo respondernos. No avanzaremos. Estaremos dando vueltas en círculo hasta que decidamos con precisión qué queremos. Todo el mundo tiene el poder de visualizar, por tanto, tienes el poder de empezar a diseñar la vida que te gustaría en este mismo instante. Byrne nos dice: «Cuando decidas lo que quieres, piensa sólo en ello. Siempre, siempre, siempre mantente enfocado en el resultado final. Cuando veas algo que quieres en tu experiencia real, piensa en ello, encuentra lugar para sentirlo, habla de ello, escríbelo, llévalo a tu realidad. Mira las cosas que quieres como si ya fuesen tuyas».

6. **Los «cómos» son el dominio del universo.**
La forma en que se va a materializar aquello que deseas —en lo que más piensas y a lo que dedicas más tiempo mentalmente— no es asunto tuyo al ciento por ciento. Lo que a ti te corresponde es: primero, decidir con claridad qué quieres (la mayoría no lo sabe); segundo, enfocarte mental-

mente en eso; tercero, diseñar un plan de acción; y cuarto, ponerte en movimiento en esa dirección dejando a un lado las dudas y el miedo. El universo te pondrá delante, a veces de manera muy inesperada, mágica y sorprendente, lo que necesitas para que sea una realidad. Él tiene toda la información a su alcance —de todo y de todos— para que el tránsito entre tú y tu sueño sea lo más rápido, acelerado y armónico posible. Eso es la Sincronicidad, el poder oculto que hay detrás de todo lo que sucede. Eso sí, dos cosas a tener en cuenta: Acción + Fe. Si quieres algo, tienes que demostrar coherencia con ello a través de la acción; y segundo, tienes que confiar, y confiar es aceptar el resultado por anticipado incluso cuando todo parece en tu contra.

7. **Tus pensamientos determinan tu frecuencia, y tus sentimientos te dicen inmediatamente en qué frecuencia estás.** ¿Cómo saber si estás utilizando la Ley de la Atracción para beneficiarte o perjudicarte? Muy sencillo, a través de tus sentimientos. Cómo te sientes en cada momento es un reflejo de tu actitud mental. Y lo que estás sintiendo es un reflejo perfecto de lo que está en proceso de volverse realidad. Sentimientos felices atraerán más circunstancias felices. Byrne nos dice: «Cuando te sientes alegre, tú estás dando alegría y recibirás de vuelta experiencias alegres, situaciones alegres y contactos con gente alegre a donde quiera que vayas. Desde la más pequeña experiencia de escuchar tu canción favorita en la radio hasta las grandes experiencias de recibir un aumento de sueldo. Todas las circunstancias que experimentas son la Ley de la Atracción respondiendo a tu sentimiento de alegría. El atajo para cualquier cosa que quieras en la vida es ser y sentirte feliz ahora».

8. **Cuando te enfocas en algo de forma apasionada, ese algo se manifiesta con más rapidez.** La rapidez a la que se manifiesta la Ley de la Atracción de-

pende de tu propia actitud mental, es decir, de cuánta intensidad le pongas a tus pensamientos y de cuánto te creas (fe) que eso puede ocurrir. A mayor intensidad y mayor fe, con mayor celeridad se producirá. No es casual que Napoleon Hill en su clásico *Piense y hágase rico* escribiese: «Un deseo débil trae resultados débiles, de la misma forma que poco fuego da poco calor». Y añadía: «Hay una cualidad imprescindible para ganar: claridad de propósito y deseo ardiente por conseguirlo». Para el universo (todopoderoso) no existen ningún tipo de límites, por tanto, le resulta igual de sencillo manifestar un dólar que un millón de dólares. No existen las metas grandes o pequeñas para el universo. Algo es más o menos difícil de conseguir sólo en tu mente, no para el universo. Las resistencias están en ti. Si para ti algo es más complicado de lograr, tardarás más tiempo. Sólo tus dudas y tus miedos te limitan. Tu actitud mental define tu realidad.

9. **La gratitud es absolutamente la manera de traer más abundancia a tu vida.**
«El sentimiento del amor es la frecuencia más alta que puedes emitir —dice Byrne. Y añade—: Tienes que sentir amor para aprovechar su poder. No hay mayor poder en el universo que el poder del amor.» Y la primera muestra de amor hacia la vida es ser agradecido. La gratitud tiene un efecto multiplicador en tu vida: «La gratitud es uno de los sentimientos más poderosos que puedes usar para atraer la abundancia y bienestar a tu vida. Sin importar quién seas o dónde estés, la gratitud tiene el poder de eliminar todo tipo de negatividad de tu vida», nos recuerda Byrne. No puedes tener pensamientos negativos cuando muestras gratitud. Concentra tu atención en lo positivo de tu vida y atraerás más de eso. Siempre hay algo por lo que sentirse agradecido. Habla de las buenas noticias del día. Habla de las cosas que amas. Destaca las virtudes de las personas y no te cen-

tres en sus defectos. Practica el hábito de añadir e incrementar el valor a todo lo que te rodea: «Se agradecido por todas las cosas. A medida que comiences a pensar sobre todas las cosas de tu vida por las que sentirte agradecido, te sorprenderá la cantidad de pensamientos que vuelven a ti sobre más cosas por las que sentirte agradecido. Tienes que comenzar, y entonces la Ley de la Atracción recibirá esos pensamientos y te dará más como ellos».

10. **La Ley de la Atracción está trabajando siempre, creas o no en ella.**
Da igual que creas o no en la Ley de la Atracción, eso es indiferente, ella hace su trabajo siempre respondiendo a tu propia actitud mental. No responde a lo que quieres o no quieres, sino a aquello en lo que más te enfocas y te concentras. Actúa en consonancia a la frecuencia —pensamientos y sentimientos— que emites. No es difícil saber en qué frecuencia vibra una persona, basta mirar los resultados de su vida. Eres dueño de tu vida porque eres dueño de tu mente. Eso es propiedad privada. Nadie puede entrar en tu mente, nadie puede interferir en tus pensamientos, sólo si tú se lo permites. En tu mente mandas tú y nadie más. Byrne nos recuerda: «Tú eres el conductor de tu mente, así que toma el control y mantenla ocupada con tus instrucciones indicándole adónde quieres que vaya. Tu mente sólo se maneja por su cuenta si no le dices qué hacer». Bob Proctor, uno de los personajes que también aparece en el documental de *El secreto*, explica: «La habilidad más importante es la de ser capaz de direccionar constantemente el pensamiento hacia nuestros objetivos».

# RUMI

Yalal ad-Din Muhammad Rumi (1207-1273) fue un célebre poeta místico. A través de los siglos ha tenido una significativa influencia en la literatura persa, urdú y turca, y sus poemas, traducidos a numerosos idiomas, son leídos a diario en los países de habla persa como Irán, Afganistán y Tayikistán. Su obra más importante es el *Masnavi-ye Manavi* (coplas espirituales), reunida en seis volúmenes y considerada por muchos sufíes como la obra de referencia tras el Corán, que entreteje fábulas, escenas de la vida cotidiana, exégesis y temas metafísicos. Según Shahram Shiva, experto en su obra, una de las razones de su reconocimiento es que «Rumi puede verbalizar el confuso mundo del crecimiento personal, espiritual y místico de una manera muy concisa y directa. Él no ofende a nadie e incluye a todos en sus textos. El mundo de Rumi no es ni exclusivamente el mundo de un sufí, ni de un hindú, ni de un judío, ni de un cristiano. Es el estado más alto de un ser humano, completamente desarrollado, y no encasillado por limitaciones culturales. Él toca a cada uno de nosotros». Después de su muerte, sus seguidores fundaron la Orden Mevleví, entre cuyas prácticas realizan una meditación en movimiento llamada *samá* donde sus participantes giran sobre sí mismos acompañados por flautas y tambores hasta alcanzar el éxtasis místico –cura y alimento del alma– en virtud de la danza. Algunas de sus letras han sido utilizadas por cantantes como Madonna o Cold Play en sus composiciones musicales.

1. **Lo que buscas te está buscando a ti.**
   No lo dudes, sólo es cuestión de tiempo que se encuentren.

Pero buscar no es buscar de cualquier modo, sino de cierta manera. Buscar no es decir lo que se quiere, sino sentir lo que se quiere. Goethe afirmaba: «Si no lo sientes, no lo lograrás». Todo deseo, para ser *auténtico*, debe cumplir tres requisitos:

- Ser un deseo *ardiente*, es decir, anhelarlo con toda tu alma. Te va la vida en ello y lo quieres con todas tus fuerzas.
- Ser un deseo *concreto*, es decir, nada de vaguedades que generan confusión. Para que el universo te pueda ayudar —poner en tu camino lo que necesitas— hay que mandarle señales precisas.
- Ser un deseo *constante*, es decir, mantenido a lo largo del tiempo y no fruto de los caprichos, apetencias y modas del momento, que también generan confusión a la inteligencia suprema.

2. **Sólo desde el corazón puedes tocar el cielo. Responde a toda llamada que excite tu espíritu.**
El escritor Paulo Coelho, al que hemos tenido con anterioridad, es directo: «Nunca podrás escapar de tu corazón, así que es mejor que escuches lo que tiene que decirte». Rumi insiste una y otra vez en esta cuestión, porque otra cosa nos deja vacíos. Tienes que encontrar —y escuchar— esa voz interior (llamada) que te habla. Como nos sentimos en cada momento es una señal de si estamos o no en nuestro propio camino. Así, el poeta persa escribe: «Cuando haces cosas desde tu alma, sientes un río moviéndose dentro de ti, una alegría. Cuando la acción viene de otra sección, el sentimiento desaparece». También apunta: «Permítete a ti mismo ser silenciado por el tirón más grande de lo que verdaderamente amas». Finalmente concluye: «Enciende tu vida. Busca a aquellos que encienden tus llamas. Conviértete en poesía viviente».

3. **Riega los árboles frutales y no las espinas.**
Lo que riegas, florece. Lo que alimentas, crece. El poder de lo negativo se diluye retirándole nuestra atención, igual que la nieve se derrite ante el sol de primavera. No eches más leña al fuego. «La violencia no se derrota con más violencia, sino con amor —afirmaba Gandhi. Y concluía—: Ojo por ojo y el mundo acabaría ciego.» Somos imanes que atraemos aquello que nutrimos. Si te centras en lo que quieres (en lugar de lo que no quieres), en la gratitud (en lugar de la queja), en el amor (en lugar del rencor y la venganza), poco a poco tu vida irá tomando forma en la misma dirección. ¿Te has fijado que parece que hay determinadas personas que acumulan muchos hechos negativos en su vida? ¿No será más bien que atraen lo que les ocurre? Aleja tu atención de todo aquello que no quieras ver en tu vida. Donde va tu atención, va tu vida. No te regodees en la queja, la culpa, el victimismo, las excusas, el odio, el rencor y todos sus derivados, porque con ello te enfocas en lo que no deseas, y sin darte cuenta, eso mismo atraes.

4. **Donde hay ruina, hay esperanza para un tesoro.**
A menudo, los momentos de mayor crecimiento personal —y satisfacción interior posterior— proceden de las circunstancias de mayor desesperación. Pero eso sólo es posible captarlo cuando uno tiene la serenidad y la paciencia para observarlos con amplitud de miras. Hoy no los comprendes, pero el tiempo te dará respuestas. La vida siempre nos pone delante lo que necesitamos en cada momento para aumentar nuestra conciencia, aunque duela. Rumi precisa: «Deja que las aguas se asienten y verás la luna y las estrellas reflejadas en tu propio ser». Y también: «El dolor que abrazamos se convierte en alegría. Llévalo a tus brazos donde puede cambiar». Por último: «La cicatriz es el lugar por donde te entra la luz».

5. **Sé una lámpara, un bote salvavidas o una escalera. Ayuda a sanar el alma de alguien. Sal de tu casa como un pastor.** Cada persona es tu maestro —en algún sentido— y tú, a su vez, eres maestro de otras personas. Cada acción (comportamiento) que realizamos produce una reacción (consecuencia) de sentido positivo (constructivo) o negativo (destructivo). Nada es neutro. Tus palabras, tus miradas, tus gestos, tus escritos, tus correos, tus clases, tus conferencias, tus llamadas, tus whatsaps, todo son flujos de energía que producen movimientos (reacciones) en los demás, y que a su vez, te vuelven a ti con la misma precisión en forma de experiencias positivas o negativas. Lo que no quieras para ti, no lo quieras para los demás. Sé inspirador. Que tu presencia eleve y no arrastre. Añade valor a la vida de los demás. Suma. Contribuye. Da. Te sorprenderás de lo que recibes.

6. **Esos dolores que sientes son mensajeros. Escúchalos.** El dolor emocional siempre esconde algún mensaje. En todas sus variedades, es una forma de comunicación silenciosa tratándonos de decir algo; un medio de expresión producto de la desconexión con nuestra esencia (espíritu). El dolor habla diciéndote que cambies para mejorar. El dolor es la forma que tiene la vida de susurrarnos que algo no marcha. Puedes mirar a otro lado o hacerle frente. Engañarte a ti mismo y seguir fingiendo (sufriendo), o quitarte la careta y liberarte. Pero no son posibles las dos cosas al mismo tiempo. Donde hay oscuridad no puede haber luz; donde hay tristeza no puede haber alegría; donde hay pobreza no puede haber riqueza. No puedes servir a dos señores al mismo tiempo.

7. **A medida que comienzas a andar fuera del camino, el camino aparece.** Si no dejas atrás el pasado, el pasado te persigue. No puedes encontrar tus propias riquezas si caminas por donde

siempre has caminado. Es dar vueltas en círculo. Más de lo mismo. Rumi añade: «Debes derribar partes de un edificio para restaurarlo y lo mismo ocurre con una vida que no tiene espíritu». Para ello tienes que enamorarte de la incertidumbre y confiar. Poner punto y final a ciertas cosas para dejar espacio a otras. Aquello a lo que te da miedo renunciar ocupa el sitio de lo que deseas. Hay que estar dispuesto a abandonar lo que uno es (dejar ir) para convertirse en lo que puede llegar a ser. Soltar lastre. No te aferres a tiempos pretéritos. Ábrete a la vida y no te inquietes ni te apresures. Ten paciencia y todo se irá encajando. El escritor portugués Fernando Pessoa decía: «Llega un momento en que es necesario abandonar las ropas usadas que ya tienen la forma de nuestro cuerpo y olvidar los caminos que nos llevan siempre a los mismos lugares. Es el momento de la travesía. Y, si no osamos emprenderla, nos habremos quedado siempre al margen de nosotros mismos».

8. **Usa la gratitud como un manto y alimentará cada rincón de tu vida.**
La gratitud sólo puede traer cosas buenas a tu vida. Quien es agradecido ya es abundante. Y le llegará más. Practica la gratitud todos los días, y en cualquier circunstancia, en los buenos y malos momentos. Cuando las cosas vayan bien, para no olvidarte de todo lo bueno que la vida te ha puesto en el camino. Cuando vayan mal, como forma de encontrar la calma y reconectar(te): «No todos los momentos son agradables o dignos de ser agradecidos —dice David Steindl-Rast, autor de *Gratefulness*—, pero sí podemos encontrar siempre el momento de agradecer». Puede parecer difícil, pero es una práctica (hábito). Una práctica más importante de lo que pensamos. Nuestro estado de ánimo depende de dónde enfoquemos nuestra atención. Mientras seas agradecido con las cosas buenas, no sufrirás otras emociones negativas, pues no pueden convivir simultáneamen-

te en tu cerebro emociones contrarias. Además, aquí está el secreto y el negocio: la gente piensa que no se puede estar agradecido con las cosas que no son abundantes, cuando en realidad, esas cosas no pueden ser abundantes si no eres agradecido con ellas. Las personas agradecidas no lo son por el hecho de ser felices, sino que son felices por el hecho de ser agradecidas. Deepak Chopra afirma: «La gratitud es la llave que abre la puerta de la sabiduría, de la creatividad y del universo».

9. **Tu tarea no es buscar el amor, sino buscar y encontrar las barreras dentro de ti mismo que has construido contra él.**
Tú eres amor (abundancia) pero tus resistencias (carencias), creadas por ti y por el entorno, te limitan. Somos potencialidad pura. «Hay una fuente dentro de ti —dice Rumi—, no camines como un cubo vacío.» La vida es abundante e infinita en todos los sentidos, pero con nuestra propia actitud mental sólo aspiramos a vidas mediocres producto de todas esas limitaciones que tenemos grabadas en nuestro inconsciente. Tenemos aquello con lo que nos conformamos (resignamos). Pero hay buenas noticias: tú no eres la grabación, eres la grabadora; tú no eres el contenido del vaso, eres el vaso. Nada tiene significado excepto el que tú le das. Nuestra misión es sacudirnos de todas esas limitaciones depositadas en nuestro inconsciente y empezar a vivir con abundancia (la vida que queramos).

10. **Trabaja en el mundo *invisible* al menos tan duro como lo haces en el *visible*.**
Mira los resultados de tu vida que no son sino la expresión de tu propia actitud interior. La causa (espiritual) es *interior* y el efecto (material) es *exterior*. Si inviertes la causa, inviertes el efecto. ¿Qué es lo que determina tu respuesta ante los acontecimientos de la vida? Tus creencias, por eso,

toda mejora (curación) nace de un cambio de creencias. El problema es que queremos cambiar nuestra vida atacando los efectos en lugar de las causas, y eso nunca da resultado. Tim Gallwey, especialista en aplicar el *coaching* al ámbito deportivo y autor del libro *El juego interior*, escribe: «Siempre hay un juego *interior* en tu mente, no importa qué esté sucediendo en el juego *exterior*. Cuán consciente seas de este juego podrá marcar la diferencia entre el éxito y el fracaso. El juego *interior* tiene lugar en la mente del jugador y juega contra obstáculos como el miedo o la desconfianza». Tu juego *interior* determina tu mundo *exterior*. Da igual cuáles sean tus circunstancias, si dominas el juego *interior* acabarás ganando. Todo cambio comienza cuando mejoras la opinión que tienes de ti mismo. No sólo es una cuestión desear algo sino de creer que es posible y que te lo mereces.

# SHERYL SANDBERG

Sheryl Kara Sandberg (1969) es economista y directora de operaciones de Facebook. Estudió en la Universidad de Harvard, donde obtuvo un John Williams, el máximo reconocimiento. Después de graduarse en la escuela de negocios en 1995, trabajó como consultora en McKinsey & Company, y antes de llegar a Facebook también trabajó como directora de la Secretaría del Tesoro en la Casa Blanca de Bill Clinton en 2011 y en Google como vicepresidenta responsable de las ventas y operaciones globales entre 2001 y 2008. Fue incluida en 2011 por la revista *Bloomberg Businessweek* en la lista de las 25 Personas más Influyentes en la web y también en la lista de las 50 Mujeres más Poderosas en Negocios por la revista *Fortune* en el año 2008. Es autora del libro *Vayamos adelante* (Conecta, 2013), en el que examina las razones por las cuales el avance de las mujeres hacia los puestos de responsabilidad está estancado y ofrece soluciones prácticas. También es coautora junto a Adam Grant –autor de *Dar y Recibir* (Gestión 2000, 2014)– de la obra *Opción B: afrontar la adversidad, desarrollar la resiliencia y alcanzar la felicidad* (Conecta, 2017).

1. **Estoy convencida de que los trabajos que ofrecen flexibilidad atraen a los mejores profesionales.**
A mayor flexibilidad, mayor libertad; y a mayor libertad, mayor felicidad. A cualquier persona le gusta tener la posibilidad de organizarse a su manera y sentirse dueña de su vida. Crear escenarios donde exista esa posibilidad —siempre que vayan acompañados de resultados— es garantizar una mayor productividad y felicidad. No hace falta ningún

estudio empírico que lo avale. Las personas pueden tener una predisposición favorable hacia su trabajo, pero el trabajo no es toda su vida. También existe la familia, los amigos o el ocio. Una persona más equilibrada, que pueda desarrollarse integralmente, es una persona más competente hacia su trabajo. Las empresas nunca lo deberían olvidar, y más hoy día con herramientas y plataformas que facilitan esa flexibilidad.

2. **El liderazgo pertenece a quienes lo toman.**
Se puede adjudicar poder, pero nunca liderazgo. Uno es líder en la medida que los demás así lo consideran. Y para ello es esencial dar un paso al frente. No se puede ser líder siendo reactivo. Ni pasota. Ni miedoso. La ejecutiva de Facebook dice: «Tomar la iniciativa vale la pena. Es difícil visualizar a alguien como un líder si está siempre esperando a que se le diga qué hacer». Y el liderazgo es posible demostrarlo en cualquier puesto. Es más, demostrar liderazgo en los peldaños más bajos de la organización conduce a menudo a ocupar puestos más altos en esa organización. El liderazgo es un tema de personalidad, de cómo actúas y te comportas en cualquier situación. Si quieres ser líder, ofrécete voluntario. El liderazgo es desarrollo y el desarrollo exige coraje para actuar; el liderazgo tiene que ver con la vida, con asumir experiencias. El liderazgo —como todo— exige práctica, así que practica.

3. **Tratar de hacerlo todo y esperar que todo pueda hacerse perfecto es una receta para la decepción. La perfección es tu enemiga.**
Siempre se ha dicho que «lo mejor es enemigo de lo bueno». El mundo de la empresa exige pragmatismo, porque la agilidad y la velocidad de reacción son imprescindibles para competir a buen nivel, y más aún en ese mundo VUCA del que hoy hemos hablado, donde la volatilidad, incertidum-

bre, complejidad y ambigüedad son las notas características. Una de las causas fundamentales de la «parálisis por el análisis» es la necesidad de saberlo todo y hacerlo todo, y además querer que todo sea perfecto. Sandberg asegura: «Hecho mejor que perfecto». Es cierto que en ciertas ocasiones hay que tener especial cuidado y centrarse en los detalles, pero también es cierto que el *management* exige actuar con rapidez e ir sacando temas adelante. Cuanto más se avance, más resultados. Andrew Grove, fallecido en 2016 y figura clave de Intel Corporation, afirmaba: «El reto del futuro va a ser la rapidez». Perfecto pero tarde vale de poco.

4. **El verdadero liderazgo se deriva de la individualidad que es imperfecta. Los líderes deben luchar por la autenticidad más que por la perfección.**
El liderazgo nace siempre de la autenticidad. Los líderes son líderes porque tienen unas convicciones y valores fuertes con los que comulgan y defienden. De lo que se trata es de alcanzar resultados a pesar de las carencias. Nadie puede tenerlo todo: inteligencia emocional, capacidad de negociar, don de gentes o saber hablar en público. No hay líderes perfectos. Tampoco se puede agradar a todos. Tienes que ser fiel a lo que crees y obrar en consecuencia optimizando tus recursos de acuerdo a tus valores para conseguir resultados buscando la armonía y el difícil equilibrio entre todos aquellos que participan en la empresa de manera directa o indirecta: empleados, clientes, accionistas y resto de *stakeholders*.

5. **Si te ofrecen un asiento en un cohete, no preguntes qué asiento. Sólo sube.**
Estar en un equipo ganador es hacerse ganador, y eso no tiene precio. No hay nada más estimulante para el crecimiento personal que formar parte de un equipo de alto

rendimiento. En los equipos ganadores se producen sinergias sorprendentes y el potencial de cada individuo se estira al máximo. El entorno es la tierra en la que uno se cultiva, y si el terreno no es fértil, es difícil que salga fruto dulce. Todos somos producto de nuestro entorno, y no es fácil encontrar entornos ganadores. Si se encuentra, no debe desaprovecharse esa oportunidad y exprimirla al máximo.

6. **Es un lujo combinar pasión y contribución. También es un camino muy claro a la felicidad.**
Busca algo más que un trabajo, busca cómo dejar tu huella en el mundo. Te irán mejor las cosas y serás más feliz al trabajar en algo más allá de un sueldo. Sheryl Sandberg apunta: «Lo que le digo a todos, y realmente lo que hago por mí misma es: tengo un sueño, quiero trabajar en cosas que creo que importan». Encontrar tu propósito, tu motivación trascendente —en qué medida tu trabajo contribuye e impacta en los demás— es clave para una vida más plena. Nelson Mandela, personaje histórico de referencia, aporta luz en este asunto: «Lo que cuenta en la vida no es el mero hecho de haber vivido. Son los cambios que hemos provocado en las vidas de los demás lo que determina el significado de la nuestra».

7. **Me siento muy agradecida de la gente que me animó y ayudó a desarrollarme. Nadie puede tener éxito por su cuenta.**
Ningún ermitaño ha sido un referente en nada en esta vida. Para avanzar y crecer necesitas ayuda, siempre. Palancas que te impulsen. Necesitas apoyos emocionales, materiales logísticos, administrativos o de otro tipo. Por tanto, no vayas de autosuficiente, que no llegarás muy lejos. Tampoco olvides ser agradecido porque de otro modo se te cortará el grifo. Y no olvides a su vez ayudar a otros como respuesta a lo que se te ha dado. La caridad siempre es una forma de

gratitud. Sheryl Sandberg tuvo su mentor, Larry Summers, exrector de Harvard y secretario de Estado. Un mentor aporta muchas cosas: orientación, dirección, método, *feedback*, y algo esencial, apoyo emocional. Tener mentores es una forma acelerada de desarrollarse y conseguir nuestros objetivos. Oprah Winfrey afirmaba: «Me convierto en mentora cuando veo a una persona y pienso: "Deseo ver cómo crece"».

8. **El liderazgo consiste en hacer que los demás sean mejores gracias a tu presencia y asegurarse de que ese impacto perdura en tu ausencia.**
El auténtico líder ejerce de líder-*coach* consiguiendo dos cosas: primero, que las personas crezcan; segundo, no genera dependencias y facilita que los individuos vuelen por sí mismos. El verdadero líder trabaja siempre para ser prescindible porque entonces habrá cumplido su papel con plenitud. El médico anhela que el enfermo se recupere; el padre que su hijo madure; el profesor que el alumno sea autónomo; y el líder interferir lo menos posible. MacGregor Burns escribe en *Leadership*: «Sé que me tengo que ir, porque esta experiencia no habrá cuajado hasta que pueda funcionar sin mí».

9. **El liderazgo es la expectativa de que cualquier persona puede usar su voz para el bien, que puede hacer del mundo un lugar mejor.**
Irene Rosenfeld, consejera delegada de Mondelēz International, decía: «Haz la diferencia. Una empresa debe ser mejor porque tú estás ahí». Y el líder debe facilitar esa labor. Debe crear las condiciones para que su gente exprese todo lo que puede dar. Debe creer en las personas y en su potencialidad. Cada persona en su puesto, sea cual sea, puede convertir ese puesto en arte. En la película *El buscavidas* (1961), Eddie *Fast* Felson (Paul Newman) al hablar de su

pasión por el billar dice: «Todo se puede hacer a lo grande, con estilo perfecto. Incluso poner ladrillos puede tener arte y estilo si el albañil se esfuerza en hacer de ella una obra maestra. El taco forma parte de mí, es positivo, tiene nervios. Un pedazo de madera adquiere nervios; incluso el sonido de las bolas. No tienes que mirar, lo sabes, acabas de hacer una pegada formidable». No es tanto lo que hay que hacer (trabajo objetivo) sino cómo lo vive e interpreta cada uno (trabajo subjetivo). Cuando afrontas el trabajo con pasión y sentido de la responsabilidad, los resultados siempre saltan a la vista.

10. **Dividir las tareas domésticas de manera más equitativa hace que los matrimonios sean más felices.**
Sheryl Sandberg promueve que más mujeres ocupen puestos directivos. Claro que para ello los apoyos cercanos son vitales. La vida en pareja nunca es sencilla —uno de cada dos matrimonios se divorcia—, mucho menos si ambas partes trabajan y todavía menos si una de ellas ocupa puestos directivos. La clave reside en hacer de la pareja un auténtico compañero. De las 28 mujeres que han sido consejeras delegadas de las Fortune 500, 26 están casadas, una divorciada y una soltera. Los hombres que se involucran y ven la relación como un equipo de dos son una ventaja para las mujeres que ocupan puestos de gestión. El mundo directivo y empresarial no es un patio de recreo sino más bien todo lo contrario, y los apoyos, no sólo domésticos sino emocionales, son esenciales para mantenerse en la brega con energía y hacer frente a las presiones y a los reveses.

# THOMAS J. STANLEY / WILLIAM D. DANKO

Thomas J. Stanley (1944-2015) fue escritor, conferenciante e investigador acerca del tipo de vida y las costumbres y hábitos de los millonarios desde 1973. Por su parte, William D. Danko es profesor de marketing en la Escuela de Negocios de la Universidad de Albany, Universidad Estatal de Nueva York. Ambos son autores de *El millonario de la puerta de al lado* (Obelisco, 2015), el estudio más exhaustivo realizado con entrevistas a más de quinientos millonarios y las respuestas de más de once mil personas encuestadas con grandes patrimonios netos o rentas altas, en el que se descubren y se describen las claves para alcanzar la riqueza. Un libro de referencia para todos aquellos preocupados por el mundo del dinero y la libertad financiera.

1. **La gente rica mantiene un estilo de vida que les permite acumular riqueza.**
   Ser rico no es ganar mucho dinero, porque si tus ingresos son elevados pero gastas lo mismo, tu riqueza es cero. Simplemente llevas un buen nivel de vida, pero no eres rico. Y eso es peligroso porque eres vulnerable, ya que en cuanto tus ingresos caigan, tu vida puede verse seriamente dañada. Riqueza es lo que acumulas, no lo que gastas. Y todo se resume en tres aspectos:
   - Ganar: cuanto más dinero gana una persona en mejores condiciones está de acumular riqueza, pero ganar mucho dinero no implica necesariamente acumular riqueza.

– Ahorrar: lo importante no es tanto lo que una persona gana como cuánto dinero conserva. A mayor capacidad de ahorro, mayores posibilidades de acumular riqueza.
– Invertir: la riqueza está relacionada con la habilidad para que el dinero trabaje lo más duro posible. Y eso tiene que ver con la inteligencia (educación) financiera.

Las apariencias engañan. En Texas (Estados Unidos) hay un dicho que afirma: *Big hat, no cattle* («mucho sombrero, poco ganado»). Ser millonario tiene mucho más que ver con ser austero/ahorrar y saber invertir, que con tener ingresos altos. Los millonarios viven por debajo de sus posibilidades: «Son muchas las personas con ingresos altos [y escaso patrimonio] que viven de nómina a nómina, temiendo una desaceleración brusca en nuestra economía».

**2. El 85 por ciento de los millonarios no han heredado fortuna; al contrario, se han hecho a sí mismos.**

De lo que se desprende que cualquier persona normal y corriente puede convertirse en millonario. Como todo en esta vida, ser millonario es algo que se decide y se aprende. No es algo fruto del azar, sino del trabajo constante e inteligente. Los autores de *El millonario de la puerta de al lado* escriben: «Es rara la fortuna, una herencia, una buena formación académica o incluso la inteligencia lo que permite amasar fortunas. La riqueza es más a menudo el resultado de llevar una vida de trabajo duro, perseverancia, planificación y, sobre todo, autodisciplina. —Y añaden—: Más de un 80 por ciento [de los millonarios] es gente común que ha acumulado riqueza en una sola generación. Lo ha hecho poco a poco, ininterrumpidamente. La riqueza rara vez se consigue gracias a la lotería».

**3. ¿Qué tres palabras definen el perfil de un millonario? Ahorro, ahorro y ahorro.**

Ahorrar es esencial para crear riqueza. La pregunta es: ¿cómo conseguir ahorrar más? Mucha gente se queja de que ahorra poco porque sus ingresos son bajos. Pero no es sólo una cuestión de ingresos bajos, sino sobre todo, del estilo de vida que se nos vende: consumir es *trendy*. Es más importante aparentar que ser. A los millonarios no les interesa aparentar, sino acumular riqueza: «El estilo de vida lujoso, de alto *standing*, es lo que vende en la prensa y en la televisión. A los jóvenes se les adoctrina con la consigna "quien tiene mucho, despilfarra mucho" y "si no lo muestras, es que no lo tienes"». Decirle a la gente que así no se llega a la riqueza no sienta tampoco bien. No interesa: «¿Qué sucede cuando se le dice a un norteamericano medio que necesita reducir sus gastos para crear riqueza en el futuro? Podría tomárselo como una amenaza a su forma de vida. Los medios de comunicación hacen creer que los ricos tienen un estilo de vida desmesurado». Pero no es cierto, ellos gastan con inteligencia.

4. **Los millonarios llegan a ser millonarios porque se marcan un presupuesto y controlan sus gastos, y con ese mismo método mantienen su estatus.**
¿Te has fijado en esas personas que ves corriendo y entrenándose cada día? Son los únicos que parecen que no necesitan correr, pero no necesitan correr porque hacen ejercicio diario. Quienes son ricos trabajan para mantenerse económicamente en forma, pero quienes no están económicamente en forma hacen muy poco por cambiar su condición. Tan importante como ganar dinero es saber gestionarlo. La mayoría de la gente juega muy mal a la defensiva financiera: presupuestar, planificar, ahorrar. No dedican el tiempo necesario a presupuestar y planificar, y tampoco tienen la disciplina necesaria para controlar el impulso de gastar y así poder ahorrar más. La clave para ser millonario está en gastar menos, ahorrar más e invertir más. Ésa es la fórmula clásica de toda la vida. Los millonarios lo llegan a ser a través del ahorro y la inversión, lo cual es contrario a

la sociedad consumista. La mayoría de la gente vive en la rueda trabajo-consumo que no permite acumular riqueza. Todo se resume en presupuestar (dónde gastar), planificar (cómo gastar), y tener disciplina espartana para cumplir lo presupuestado y planificado y así poder ahorrar más e invertir más.

5. **Hacer números ayuda a controlar el consumo, además de evitar dedicar demasiado dinero a cosas que no son necesarias ni importantes.**
Cuando una economía no va bien lo primero de todo es saber en qué se gasta el dinero, porque entonces se puede ver de dónde vienen los excesos. No obstante, no hace falta llegar a una situación límite para actuar. Es mejor prevenir que curar. Precisamente, presupuestar ayuda a saber anticipadamente dónde va el dinero, y más importante aún, a no quedar a expensas de los caprichos de las compras impulsivas: «Los millonarios no sólo dedican más tiempo a planificar sus finanzas que los que no lo son sino que además parecen sacar más provecho a esas horas de dedicación. Destinan muchas más horas y esfuerzos a ser mejores inversores. Ésa es una de las principales razones por las que los millonarios siguen siendo millonarios». El resultado es obvio: menores gastos y mejores inversiones.

6. **Los ricos invierten primero —al menos el 15 por ciento de sus ingresos— y luego gastan el resto. Esto se llama «págate a ti primero».**
La filosofía del millonario es ahorro e inversión, pero para poder invertir hay que ahorrar. No puedes invertir si no tienes dinero para invertir. Por eso, los millonarios primero ahorran —para poder invertir— y después pagan sus gastos. No esperan a ahorrar lo que les sobre después de gastos, sino que el ahorro va por delante, porque de otro modo es posible que no quede nada. Además, esta estrategia es esen-

cial porque cuanto antes se empiece a ahorrar, antes se acumula riqueza y antes se genera rentabilidad. Por otro lado, ahorrar permite aprovechar las oportunidades de inversión cuando se producen. Tener liquidez es clave para hacer buenos negocios. Los buenos negocios casi nunca se hacen en la venta, sino en la compra. A algunas personas pudieran parecerles que no pueden ahorrar nada, pero no es cierto. Al principio no es importante la cantidad sino construir el hábito del ahorro. Luego, a medida que los ingresos mejoran, las cantidades de ahorro se van incrementando. Si puedes ahorrar poco, ahorra poco; pero ahorra siempre y de manera anticipada: págate a ti primero.

7. **Las personas que son independientes económicamente son más felices que aquellas que teniendo la misma edad y los mismos ingresos no lo son.**
Podríamos decir a modo de titular que *el dinero no da la felicidad, pero la libertad financiera sí.* La filósofa y escritora Mary Wollstonecraft decía: «Desde hace mucho he considerado la independencia como la mayor bendición de la vida, la base de todas las virtudes». La libertad financiera no es sólo una cuestión de dinero, sino de tener opciones. Ser rico —en tiempo y dinero— es realizar con tu tiempo las actividades que quieras y tener el dinero necesario para realizarlas. Si eres libre financieramente, decides si haces algo o no lo haces. Si no tienes dinero o tiempo, la alternativa es que no puedes hacerlo. Libertad financiera es tener más opciones en la vida —ser libre de decidir— y tener más opciones es ser un poco más feliz. La felicidad está muy relacionada con la libertad interior.

8. **Una de las razones por las que los millonarios tienen éxito es porque tienen un modo de pensar diferente.**
La gente no-millonaria cree que ser rico es ganar mucho y gastar mucho. La gente millonaria sabe que ser rico es acu-

mular riqueza, y que si bien tener unos ingresos altos (estrategia ofensiva) ayuda a ello, lo realmente importante es cuánto ahorras y cómo de bien inviertes ese ahorro (estrategia defensiva). Los autores de *El millonario de la puerta de al lado* escriben: «Muchas de las personas que viven en casas caras y conducen coches de lujo en realidad no tienen mucho dinero. —Y añaden—: Ni siquiera la mayoría de los hogares con ingresos anuales de seis cifras son ricos. Piensan en gastar mañana mismo el dinero que ganan hoy. Son propensas a contraer deudas y están subidas en la noria de ganar y consumir. Para muchas de ellas, quienes no hacen ostentación de abundantes y magníficas posesiones materiales no tienen éxito». Pero además, muchas de estas personas están *poseídas por sus posesiones*, porque para mantener ese tren de vida tienen que trabajar más duro y de manera más agresiva.

9. **Los pequeños gastos llegan a ser grandes con el tiempo; las pequeñas inversiones también se vuelven grandes con el tiempo.**
Mucha gente no hace muchas cosas porque las ve inaccesibles para ellas. No forman parte de su realidad. Y esto sucede porque pasan por alto que un gran éxito no es otra cosa que la suma de muchos pequeños éxitos. Anthony Robbins escribe: «El éxito y el fracaso no son eventos gigantes». Claro que no. Son la suma, y el resultado, de lo que hacemos cada día. A ningún estudiante se le pasa por la cabeza obtener su licenciatura universitaria en un año, sino que ese título añorado se fragmenta en cuatro años, y a su vez cada uno de ellos en semestres. En cada semestre uno está enfocado en las asignaturas que tiene que aprobar y no en las del semestre siguiente o en las del siguiente año. Y así, peldaño a peldaño, uno va sumando asignaturas que van completando todo el plan académico hasta llevarse el título debajo del brazo. Lo mismo sucede con nuestros gastos (salida

de dinero) o con nuestras inversiones (entrada de dinero). Un ejemplo real aparece en el libro de Stanley y Danko. Un matrimonio estuvo casado cuarenta y seis años. Consumían tres paquetes de cigarrillos al día, con lo que teniendo en cuenta que el año tiene 365 días, son 1.095 paquetes anuales y 50.370 paquetes en toda su vida. Esa cantidad les supuso un gasto de 33.190 dólares. ¿Qué habría representado esta cifra después de cuarenta y seis años invertida anualmente en la compañía tabaquera Philip Morris y reinvirtiendo los dividendos? Su cartera de valores sería de 2 millones de dólares. John C. Maxwell, autor de *Actitud de vencedor* (Caribe, 1993), dice: «Nunca cambiarás tu vida hasta que cambies algo que haces diariamente. El secreto de tu éxito se encuentra en tu rutina diaria».

10. **Para crear riqueza hay que reducir al mínimo la base imponible del impuesto sobre la renta y maximizar los beneficios de riqueza/capital.**
El millonario estándar tiene unos ingresos anuales (ingresos corrientes o de trabajo) de menos del 7 por ciento del total; es decir, sólo el 7 por ciento de su riqueza está sujeta al impuesto sobre la renta —todo lo contrario que la mayoría de los hogares— que es el que tiene los tipos más altos. Otro dato más: un hogar medio paga en impuestos cada año el 10 por ciento de su patrimonio, mientras que el de un millonario sólo el 2 por ciento. Es decir, los millonarios no sólo generan más riqueza sino que pagan menos en términos relativos. Para generar más riqueza, hay que saber de fiscalidad o estar bien asesorado para no regalar dinero, porque lo que entra en el bolsillo (el neto) no sólo depende de lo que se gana sino de lo que gasta, y los impuestos son otro gasto más que hay que tener en cuenta. Una de las formas inteligentes de multiplicar nuestro dinero de manera automática y acumular riqueza no consiste en ingresar más, sino en pagar menos impuestos.

# TIM FERRISS

Timothy *Tim* Ferris (1977), nominado por la revista *Fast Company* como uno de «los hombres de negocios más innovadores», dirige una compañía internacional mientras viaja por todo el mundo. También se dedica a invertir en compañías startups, habla seis idiomas y se ha convertido en un popular profesor invitado en la Universidad de Princeton. Ha aparecido en más de cien medios de comunicación, entre ellos *The New York Times*, *The Economist*, *Time*, *Forbes*, *Fortune*, CNN y CBS. Su libro más conocido es *La semana laboral de 4 horas* (RBA Libros, 2018) que permaneció durante más de cuatro años en la lista de bestsellers de *The New York Times*. Ha sido traducido a 35 idiomas y ha vendido cerca de dos millones de copias en todo el mundo, y en él enseña el espíritu de empresa como herramienta para conseguir un estilo de vida ideal en el que cada persona es dueña de su tiempo y rechaza el modelo tradicional impuesto por otros –el Sistema–, en el que la gente trabaja muchas horas y disfruta de pocas vacaciones para ahorrar dinero con el fin de descansar después de su jubilación.

1. **El 99 por ciento de la gente está convencida de que es incapaz de lograr grandes cosas, así que aspiran a ser mediocres.**
   Por tanto, el grado de competencia para alcanzar metas realistas es feroz, lo que paradójicamente hace que conseguirlas exija más tiempo y energía. El propio Ferriss escribe: «Hacer lo insensato es más fácil que hacer lo sensato. Es más fácil reunir 10 millones de dólares que 1 millón. Es más fácil ligar con la chica espectacular del bar que con las cinco

guapas. Si eres inseguro, ¿sabes qué?, el resto del mundo también. No sobrevalores a la competencia y te minusvalores a ti». Eres mejor de lo que crees. Sólo es cuestión de ponerse en movimiento. Henry Ford también apuntaba: «No hay persona que no sea capaz de hacer más de lo que se cree capaz de hacer». Somos nuestros mayores enemigos. La gente se fija metas pequeñas porque se siente pequeña, no porque lo sea. No es tu incapacidad lo que te limita, sino la creencia acerca de tu capacidad.

2. **«Algún día» es una enfermedad que te hará que te lleves tus sueños a la tumba. Si algo es importante para ti y quieres hacerlo, hazlo y corrige el rumbo mientras caminas.** Nunca es buen momento para nada, porque siempre existe algún «pero»: falta de tiempo, escasez de dinero, circunstancias familiares o cualquier otra cosa. Ferriss lo explica con una historia personal: «Una vez le pregunté a mi madre cómo decidió tener su primer hijo, el pequeño yo». Su respuesta fu sencilla: «Era algo que queríamos y decidimos que no tenía sentido retrasarlo. Nunca es buen momento para tener un bebé». ¿Estás esperando un buen momento para dejar tu trabajo? Las estrellas nunca se alinearán y los semáforos de la vida nunca se pondrán todos en verde al mismo tiempo. El universo no conspira contra ti, pero tampoco se volverá loco para apartarte los obstáculos del camino. Las condiciones nunca serán ideales». ¿Conclusión? Pasa a la acción y mejora los resultados por el camino. Los riesgos no dan tanto miedo cuando te decides a correrlos.

3. **Estar ocupado suele ser una excusa para evitar unas pocas acciones incómodas que son las que de verdad importan.** Hacemos mucho y mal. Si quieres convencerte de que estás muy liado y atareado, las opciones jamás se terminan: devolver la llamada de teléfono, contestar los correos electrónicos, leer la prensa para estar informado, pasar por las re-

des sociales para que no se olviden de ti o cualquier otra alternativa que quieras imaginar. Todo ello son excusas que nos inventamos para huir de lo más difícil (lo que hay que hacer de verdad) y centrarnos en lo más fácil (lo que resulta cómodo). Hazte siempre esta pregunta: ¿Estoy inventándome cosas que hacer para evitar hacer las cosas importantes? Lo importante es poco, pero ese poco hay que hacerlo de manera excelente y sin demora. Concéntrate en ser productivo, no en estar ocupado.

4. **Las opciones son infinitas, pero todos los caminos empiezan dando el mismo paso: cambiando lo que das por supuesto.**
Mark Twain escribía: «Siempre que te descubras en el lado de la mayoría, es hora de detenerse a reflexionar». Ser un ganador —estar entre el 5 por ciento de la población— significa que sabes o haces cosas que el resto (95 por ciento) no sabe o no hace. Por eso, todo cambio empieza por un cambio de mentalidad, por ser capaz de ver cosas que los demás no ven. Y un cambio de mentalidad siempre comienza cuestionándote cosas que das por supuesto. Tienes que aprender a pensar de forma distinta. En la película *Ahora o nunca* (2007), el personaje de Edward Cole (Jack Nicholson), dice en un momento dado: «Si hay algo que me ha enseñado la vida es que siempre el 95 por ciento de la gente está equivocada». La gente ganadora se desmarca de lo habitual, de lo que hace la mayoría porque la diferencia es lo que realmente aporta valor. A partir de ahí hay una oportunidad de generar rentabilidad, porque la rentabilidad siempre está en ofrecer algo diferente.

5. **El dinero se multiplica en valor dependiendo de la cantidad de variables que domines: qué haces, cuándo lo haces, dónde lo haces y con quién lo haces.**
Ferriss lo llama el «multiplicador de libertad». Hay muchas fórmulas para que el dinero tenga más valor. Por ejemplo,

no valen lo mismo 1.000 euros en Madrid (España) que 1.000 euros en Chiang Mai (Tailandia). Si eres capaz de hacer de la movilidad geográfica tu *modus vivendi*, simplemente por un cambio de ubicación geográfica, puedes multiplicar inmediatamente tu dinero sin hacer nada, para disfrutar más o ahorrar más. En un sitio puedes vivir muy justo y en otro muy holgado o incluso llevar una vida de lujo. Es algo frecuente entre las personas que gestionan negocios online. Otro ejemplo es el valor del dinero según su consumo en la época del año. Si tu capricho es irte a nadar con tiburones, no es lo mismo que lo hagas en una época del año —en verano, a un precio de 900 euros— que lo hagas en otra época —en invierno, a un precio de 300 euros—. Sin hacer nada mágico, sólo cambiando el consumo de la demanda has multiplicado por tres tu dinero. Ferriss cuenta: «He alquilado aviones privados para sobrevolar Los Andes; he catado muchos de los mejores vinos del mundo entre descensos por las mejores pistas de esquí, y he vivido a cuerpo de rey tumbado en una piscina *infinity pool* de una mansión privada. Todo eso cuesta menos que un alquiler en Estados Unidos. Si puedes liberar tu tiempo y desvincularte de una ubicación, tu dinero valdrá automáticamente entre tres y diez veces más».

6. **No se trata de ser millonario, sino de vivir como un millonario.**
La pregunta es: ¿cómo conseguir esa vida de millonario sin ser millonario? No se trata de tener todo aquello que deseas, sino de experimentar aquellas cosas que te gustan. Si compras una isla y sólo vas dos semanas de vacaciones, podrás disfrutarla únicamente catorce días anuales y estarás pagando muchos gastos durante todo el año que merman tu capacidad adquisitiva y que podrías dedicar a otras cosas. Absurdo. Si tienes un yate atracado en un puerto pasa lo mismo. Sólo podrás disfrutarlo cuando te embarques, pero tendrás que pagar amarres y otros gastos todo el año. Es más inteligente

alquilarlo cuando lo vayas a disfrutar y punto. No dejes que tu vanidad te seduzca y cambia el concepto de propiedad por el de uso. Tu riqueza —la acumulación de capital— depende de lo que ingresas y también de lo que gastas. No regales dinero. Si evitas gastos innecesarios, te será más fácil vivir mejor. Ferriss escribe: «La gente no quiere ser millonaria, lo que quiere es experimentar lo que cree que sólo los millones pueden proporcionarle. La fantasía no es tener un millón de dólares en el banco. La fantasía es la vida de completa libertad que supuestamente comporta ese millón: los chalés junto a estaciones de esquí, los mayordomos y los viajes a destinos exóticos suelen estar muy demandados. ¿Quizás untarte manteca de cacao en la barriga tumbado en una hamaca mientras escuchas las olas chocar rítmicamente contra la cubierta de techo de paja? Vivir como un millonario exige hacer cosas interesantes, no poseer cosas envidiables».

7. **Importan más los ingresos relativos que los absolutos.** O dicho de otra manera: lo relevante no es sólo el «dinero» que ganas, sino el «tiempo» y la «energía» que inviertes en ganar ese dinero. Lo importante es el precio/hora de tu trabajo. La riqueza no se mide sólo por el dinero que ingresas, sino por la libertad que tienes. Si Juan gana 100.000 euros al año, 2.000 cada una de las 50 semanas del año trabajando 80 horas semanales, su ratio precio/hora es de 25 euros. Mientras que si Pepe gana 50.000 euros al año —la mitad—, 1.000 cada una de las semanas trabajando 10 horas a la semana, su ratio precio/hora es de 100 euros, es decir cuatro veces más rico. Por supuesto, los ingresos relativos tienen que llegar al mínimo necesario para hacer realidad tus metas, pero no fijarse sólo en la primera variable (dinero) sino también en la segunda (tiempo). De lo que se trata es de ser rico en dinero y en tiempo. Si tienes dinero pero no tienes tiempo, en realidad eres un esclavo. Como apunta Ferriss: «Tener opciones —poder escoger— es el verda-

dero poder». Puestas en una balanza, el tiempo es una variable más importante que el dinero, porque siempre se puede ganar más dinero, pero nunca se puede conseguir más tiempo, ni recuperar, ni reciclar, ni nada. De lo que se trata es de aumentar tu precio/hora, y para ello no hay mejor manera que incrementar tu valor (marca personal) en el mercado. Cuanto mejor seas en lo tuyo o más exclusivo, más pagarán por ti. Hazte imprescindible diferenciándote y empaquetándote bien.

8. **¿Qué quieres? Es una pregunta mal formulada. La mayoría de la gente nunca sabrá lo que quiere. Yo no sé lo que quiero.**
   Todos buscamos ser felices. El éxito consiste en ser feliz el mayor tiempo posible. El problema es que es un concepto demasiado ambiguo. No resulta demasiado útil. Para ello, Ferriss propone que utilicemos su contrario: «Lo contrario de la felicidad es el aburrimiento». Y añade: «Ilusión es el sinónimo llevado a la práctica de la felicidad y es precisamente lo que deberías aspirar a conseguir. La pregunta no es qué quieres o cuáles son tus objetivos, sino qué me hace ilusión». Gestionar tu vida para tener más tiempo para ti no significa no hacer nada. No se trata de crear un exceso de tiempo ocioso —eso es un veneno para el espíritu— sino de utilizar el tiempo libre de forma positiva, haciendo lo que quieres hacer frente a lo que estás obligado a hacer. Viktor Frankl, autor de *El hombre en busca de sentido* (Herder, 1946), escribía: «El vacío existencial se manifiesta principalmente a través de un estado de aburrimiento».

9. **La gente es más inteligente de lo que crees. Dale una oportunidad de demostrarlo.**
   Para ello tienes que darles autonomía y confiar. El reto consiste en hacer sentir a la gente que su trabajo es importante para la compañía, que ellos son las personas idóneas

para hacerlo y que los resultados son su responsabilidad. El propio Ferriss apunta en su obra: «Es sorprendente cómo el CI (cociente intelectual) de alguien parece doblarse en cuanto le otorgas responsabilidades y le haces saber que confías en él». Si tienes la tendencia a hacerlo tú todo, entérate de que aunque haya algo que puedas hacer tú mejor que otras personas, eso no significa que tengas que hacerlo si es intrascendente. Delega responsabilidades para que otros puedan actuar sin interrumpirte. Incrementarás tu productividad, tu eficacia y tus resultados.

10. **El éxito de una persona en la vida se mide por la cantidad de conversaciones incómodas que está dispuesta a mantener.**
Las personas no hacemos muchas cosas por miedo al rechazo. No pedimos ayuda por miedo al rechazo; no salimos a vender por miedo al rechazo; no hacemos ciertas llamadas por miedo al rechazo. Pero ése no es el camino sino el opuesto: *cuanto más te arriesgas a ser rechazado, más posibilidades de ser aceptado*. Comodidad es sinónimo de mediocridad. Si quieres tener éxito, tu vida no puede ser cómoda. Las acciones más importantes nunca son cómodas. Pero hay buenas noticias: es posible acostumbrarte a la incomodidad y vencerla. Practicar la incomodidad en las pequeñas cosas, te hará más fácil practicar la incomodidad en los grandes retos. De lo que se trata es de hacer de la «incomodidad» un hábito. Todas las personas nos deberíamos poner «retos anticomodidad» diarios con el objetivo último de *sentirnos cómodos en la incomodidad*. Se trata de acondicionarte a ese estado. Algunos ejemplos: habla diariamente con varios desconocidos; cambia el recorrido de vuelta a casa; ponte en primera fila cuando vayas a un evento; apúntate a alguna actividad totalmente desconocida para ti; cambia los restaurantes a los que acudes habitualmente; prueba otro tipo de comidas; habla en público siempre que puedas.

# WALT DISNEY

Walter Elias *Walt* Disney (1901-1966) fue un productor, director, guionista y animador estadounidense. Figura clave del cine de animación infantil, está considerado un icono mundial en la industria del entretenimiento, gracias a la creación de personajes como el Pato Donald o Mickey Mouse. Fundó junto a su hermano Roy la compañía Walt Disney Productions –actualmente The Walt Disney Company–, que años después se convirtió en la más célebre productora de cine de animación, y en la actualidad es la mayor compañía de medios de comunicación y entretenimiento del mundo. Walt Disney también adquirió fama internacional como empresario innovador en el campo de los parques de atracciones. Durante su extensa y exitosa carrera en el cine fue premiado con 22 estatuillas de la Academia de Hollywood y un total de 59 nominaciones. Recibió además otros cuatro premios honoríficos, lo que lo convierte en la persona que más premios de la Academia ha ganado.

1. **Si lo puedes soñar, lo puedes lograr.**
Nosotros diríamos más: «Si alguien lo logró es porque antes alguien lo soñó». Soñar es dar forma al futuro. En cierta ocasión, en una entrevista a una de sus hijas años después de su fallecimiento, el periodista le comentó con ocasión del mítico Disney World que se inauguró en 1971:
—¡Si su padre hubiera podido ver todo esto!
A lo que ella contestó:
—Si tú lo ves hoy, es porque él lo vio primero.
No tengas miedo a soñar si estás dispuesto a darlo todo

por tu sueño. No existen imposibles para quien cree y tiene suficiente determinación. Tarde o temprano encontrará un camino. Sólo es imposible si tú crees que es imposible o prefieres buscar excusas para no pasar a la acción. Los únicos límites son las dudas que tienes sobre ti mismo y tu pereza. Si Walt Disney, de una familia humilde y con una escasa educación logró lo que logró, un imperio global de entretenimiento de la nada, ¿qué te impide a ti soñar con algo grande? Como escribía un poeta: «El mayor error que cometió fue no creer en sus sueños. No lo creyó, no lo intentó y no lo consiguió».

2. **Todos nuestros sueños pueden convertirse en realidad, si tenemos el coraje de perseguirlos.**
El coraje lo cambia todo. Ante la duda, coraje; ante el miedo, coraje. Todos tenemos dudas y todos tenemos miedos, la cuestión es qué hacemos con nuestras dudas y con nuestros miedos. Y sólo existe una respuesta: coraje. La vida se contrae o expande en proporción al coraje que pones en ella. Coraje es pelear por lo que uno quiere dándolo todo. Coraje implica compromiso absoluto. No puedes estar comprometido a medias. El compromiso es una variable binaria, sólo admite dos posibilidades: uno o cero. Se tiene o no se tiene. El compromiso sólo admite resultados. Cuando tengas tantas ganas de conseguir tus objetivos como tienes de respirar después de estar sumergido durante un minuto bajo el agua, entonces es cuando conseguirás aquello que dices que quieres. Cuando estás debajo del agua sin aire, no te importa lo que pongan en la televisión esa noche, ni lo que vas a cenar, ni cuántas horas vas a dormir, ni cómo de cansado estás. Lo único que te importa es que entre aire en tus pulmones. Lo mismo aplícalo a tus sueños: ¿estás dispuesto a renunciar a vacaciones? ¿Y a fines de semana? ¿Y a ajustarte el cinturón en los gastos? ¿Y a focalizarte sin caer en la tentación de otros proyectos? La ma-

yoría de personas, aunque diga que «sí», sus acciones demuestran que es «no».

3. **Pregúntate si lo que estás haciendo hoy te llevará donde quieres estar mañana.**
Tus objetivos no son lo que quieres conseguir sino aquello a lo que dedicas tu tiempo cada día. El tiempo es el que es. No se puede tener más, y además, una vez agotado no vuelve. No hay que olvidar que todo reto es un proceso y cualquier proceso lleva tiempo. Por tanto, cada jornada que no sumamos para construir y acercarnos a nuestras metas la hemos desperdiciado. No es casual tampoco que el fundador de Disney, por esa razón, asegurase: «Una persona debe fijar sus objetivos cuanto antes y dedicar toda su energía y talento a ellos». Sólo en la medida que una persona tiene un sentido claro de dirección puede concentrar todas las energías hacia ese lugar; otra cosa es ir dando palos de ciego, con el riesgo —grave— de creer que uno está avanzando.

4. **Son muchas las manos y los corazones que contribuyen al éxito de una empresa.**
Y añadía: «Puedes crear, soñar, diseñar el más hermoso lugar en el mundo, pero necesitas gente para hacer tu sueño realidad». Porque uno solo está muy mermado y debilitado; uno solo es demasiado vulnerable. Ningún equipo se construye exclusivamente de creativos, diseñadores, comerciales o informáticos, sino que es la adecuada combinación de talentos, gestionados de manera oportuna, lo que acaba haciendo una diferencia sustancial. Casey Stengel, jugador de béisbol norteamericano, señalaba: «Conseguir buenos jugadores es fácil. Conseguir que jueguen juntos es la parte más difícil». La mera acumulación de gente no forma un equipo, sólo un grupo. La complementariedad basada en la unión es lo que crea efectos sinérgicos, diferenciales y duraderos.

5. **Cada vez que subo a una atracción, estoy continuamente pensando qué falla y cómo puedo mejorar la experiencia del público.**
Eso es orientación al detalle, que no es otra cosa que orientación al cliente. En alguna ocasión se ha dicho que «Dios está en los detalles». Sí, los detalles son importantes. Igual que la actitud es una pequeña cosa que hace una gran diferencia, también podríamos decir que los detalles son una pequeña cosa que hace una gran diferencia. Implícitamente la orientación al detalle no es otra cosa que sugerir entre líneas: «me importas y me preocupo por ti». Todos podemos hacer muchas cosas —escribir un artículo, preparar una comida, recibir a alguien en casa, dar una conferencia...—, pero los detalles son pluses: emocionan, hacen sentir bien y marcan la diferencia. El escultor Miguel Ángel, al que citamos anteriormente, decía: «Los detalles menores son los que definen la perfección, y la perfección no es ningún detalle menor». La obsesión por los detalles durante muchos años hace una gran marca. Su finalidad no es otra que tratar de lograr la mejor experiencia para el cliente, y para ello hay que estar continuamente pensando en él, poniéndose en su lugar para ver cómo se le puede satisfacer mejor. Eso es lo que se conoce como «Factor WOW», es decir, cómo ser capaces de generar en el cliente ese «WOW» que nos hace vivir algo único y especial. Ésa es la fantasía y la magia de Disney. *Si cuidas de tu negocio, tu negocio cuidará de ti.*

6. **Las ideas proceden de la curiosidad.**
Martin Seligman (Universidad de Pensilvania) y Chris Peterson (Universidad de Míchigan), dos autores conocidos por sus investigaciones en el campo de la psicología positiva, concluyeron que una de las cinco fortalezas más importantes de las grandes personalidades de la historia era la curiosidad. La conclusión es clara: *si quieres producir más cosas, sé más curioso.* Si te interesas por más cosas, si estudias

más, si preguntas más, si indagas más, si viajas más, inevitablemente las ideas empezarán a surgir en tu cabeza, porque como afirmaba Steve Jobs, «creatividad no es otra cosa que conectar cosas». Suma conocimientos, suma experiencias, suma contactos, suma momentos variopintos y todo ese conglomerado agolpado en tu cabeza empezará a ensamblar conceptos e ideas, algunas veces inútiles y otros más productivos, que acabará produciendo algo interesante. No hay nada que forzar. Las ideas se interrelacionan entre ellas en la medida que acumulamos *inputs* en nuestro cerebro. Ante todo, sé curioso en cada una de tus actividades —trabajo, ocio, viajes, relaciones, lecturas...— y acabarás aportando valor. No se pueden tener ideas interesantes si uno no se nutre de otros conocimientos y experiencias.

7. **El valor de la fuerza de voluntad abre caminos.**
Cuando sabes lo que quieres, rendirse no es opción. Tienes una herramienta fantástica para conseguirlo: la perseverancia. Si algo podemos aprender de la vida de Walt Disney es, sin duda, su tenacidad a prueba de bombas. Su biografía, como la de todas las personas que han volado alto, no estuvo exenta de obstáculos, pero su extraordinaria tenacidad le permitió conseguir cosas asombrosas. Por poner sólo algunos ejemplos: le llevó dieciséis años conseguir los derechos de la película Mary Poppins; más de trescientos inversores se negaron a aportar capital para construir Disneylandia; y le despidieron de su primer trabajo en un periódico local por no ser lo suficientemente creativo (más tarde compraría ese mismo diario). Y así podríamos seguir. Su fuerza de voluntad le hizo apretar los dientes y seguir luchando sin desistir hasta ver hecho realidad aquello que anhelaba.

8. **Lo único que espero es que jamás olvidemos una cosa: todo comenzó con un simple ratón.**
Walt Disney relata el nacimiento del famoso personaje de

dibujos animados: «Mickey salió de mi mente en una libreta de dibujo en un tren de Manhattan a Hollywood, en un momento en que la empresa de mi hermano Roy y mía estaba en el punto más bajo y el desastre parecía a la vuelta de la esquina». Un poco de papel y lápiz fueron el origen de todo, algo al alcance de cualquiera. No puedes materializar aquello que no has visualizado. Es así de sencillo. Toda manifestación exterior (expresión) nace de un destello interior (impresión). Siempre ha sido así. Toda creación nace de la mente, en la imaginación. Ése es el punto de arranque de todo logro, por muy grande y extraordinario que sea a los ojos de los demás. James Allen, autor de *Como un hombre piensa, así es su vida* (Obelisco, 2013), escribía: «Los grandes logros comenzaron como un sueño en la mente de una persona. Al igual que todo ser se encuentra en la semilla que lo engendra, el roble duerme en la bellota, el ave espera en el huevo, los sueños son las semillas de dicha realidad que espera impaciente».

9. **Cuando creas en algo, cree en ello de verdad. Cree en ello de forma incuestionable.**
Creer es tener convicción, y una convicción no es una convicción si puede tambalearse. Creer en algo es tener FE (con mayúsculas), y tener FE es tener la tranquilidad de que algo ocurrirá sin ningún tipo de dudas antes de que suceda. Te pondré un ejemplo a modo de metáfora que muestra qué significa tener verdadera FE. Imagina que entras en un cine justo cuando la película está llegando al final. Lo único que has podido ver de la película ha sido el final feliz. Puesto que querías conocer toda la historia, te quedas para ver la siguiente sesión. En una decepcionante secuencia, el héroe es acusado con pruebas falsas, todo ello para provocar las lágrimas del público. Pero tú, seguro en tu conocimiento del final, te mantienes tranquilo porque entiendes que, a pesar de la aparente dirección que está tomando la película, el final ya está decidido. Eso es FE.

**10. Aprendí que lo difícil no es llegar a la cima, sino jamás dejar de subir.**

Otra cosa nos hace retroceder. Nada hace fracasar tanto como el éxito. Y todo hay que decirlo, es muy fácil relajarse. Llegar es complicado, pero lo es aún más mantenerse en el candelero. La mejor filosofía es la que apunta el creador de Disney: «Por aquí, de cualquier manera, no miramos hacia atrás por mucho tiempo. Caminamos hacia el futuro, abriendo nuevas puertas y haciendo nuevas cosas, porque somos curiosos, y la curiosidad sigue conduciéndonos por nuevos caminos». La gente con mentalidad ganadora está comprometida con el aprendizaje de por vida. Acomodarse es una papeleta segura para perder cuota de mercado.

# WILLIAM WALKER ATKINSON

William Walker Atkinson (1862-1932) fue una de las figuras más influyentes del Nuevo Pensamiento —corriente iniciada a mediados del siglo XIX en Estados Unidos— junto a Neville Goddard, Emmet Fox, William Clement Stone, Joseph Murphy, Gary Zukav, Thomas Troward y otros. El Nuevo Pensamiento es una corriente que proclama la necesidad de tener una experiencia directa con el Creador (Fuente, Inteligencia Universal, Poder Supremo, Dios u otras denominaciones). Su mensaje central es que el pensamiento de cada persona da origen a sus experiencias y visión del mundo. Por eso, el Nuevo Pensamiento concede una gran importancia a la actitud mental positiva, a la meditación y al poder de las afirmaciones. William Walker Atkinson era un empresario y abogado de éxito en Estados Unidos, hasta que el estrés y la tensión le condujeron al desastre financiero. Ese punto de inflexión le llevó a buscar su curación a través de una nueva conciencia mental, cuyos principios le sirvieron para recuperar la salud y volver a la senda de la prosperidad económica. Tras su curación comenzó a publicar artículos sobre las verdades que había descubierto al tiempo que se hizo muy popular en su época. Es autor de diversos libros, el más conocido y leído *Psicología del éxito*.

1. **El hombre es lo que piensa que es. El pensamiento es fuerza y gracias a su poder lo que pensamos se convierte en realidad.**

Atkinson continúa su razonamiento: «La solución está en

elegir conscientemente nuevos pensamientos; pensamientos beneficiosos y que el subconsciente los recuerde para nuestro bien». Los pensamientos son impulsos de energía que acaban transformándose en cosas. Los pensamientos dominantes con el tiempo acaban convirtiéndose en realidades físicas. Cualquier deseo que una persona albergue con insistencia buscará expresarse a través de medios prácticos para lograr materializarse. Ese patrón de pensamiento —prototipo espiritual o molde mental— atrae del éter las fuerzas necesarias —personas y circunstancias— hasta que se consuma en un hecho. El inconsciente es el canal de comunicación con la Inteligencia Divina, y el inconsciente funciona las veinticuatro horas según el principio de autosugestión, es decir, según las impresiones que recibe de manera voluntaria o involuntaria, tanto por nosotros mismos como de las procedentes del entorno (medio).

2. **Uno puede cambiar, modificar, alterar, desarrollar y fortalecer sus cualidades y facultades mentales siguiendo métodos apropiados.**

   Si nuestro inconsciente (creencias) determina nuestro éxito o fracaso, surgen dos preguntas:

   - Primera pregunta: ¿es posible modificar nuestro inconsciente (creencias)? Sí, es posible modificar el andamiaje mental. Atkinson señala: «Un hombre con suficiente voluntad puede desarrollar cualquier cualidad de la mente, y puede también al contrario, reprimir aquellas que le sean perjudiciales. —Y añade—: Por medio de ciertos métodos, el individuo puede desarrollar cualquier facultad mental deseada siempre y cuando posea suficiente paciencia y perseverancia».
   - Segunda: ¿cómo podemos modificar esa estructura mental? Aquí señala: «Casi todo el mundo reconoce en sí mismo la existencia de ciertos puntos débiles de carácter que desearía reforzar o algunas otras cualida-

des en las cuales nota deficiencia y que desarrollaría con gusto. Pero a la mayoría de estas personas les falta el conocimiento de los principios y métodos necesarios para restringir las cualidades necesarias o desarrollar las deseadas».

En resumen, está en nuestras manos cambiar nuestras actitudes mentales siempre que sepamos *cómo* hacerlo —usemos un método probado— y tengamos la suficiente perseverancia y paciencia hasta que esos cambios se consumen.

3. **Aquellos que pueden formarse ideas definidas de lo que pueden hacer antes de ponerlas en práctica, son los que tienen mayores posibilidades de éxito.**

Las leyes de la mente hacen imposible el progreso mental a menos que uno se forme una idea clara de lo que quiere, porque de otro modo es imposible «atraer» del éter aquellas fuerzas que nos hacen avanzar. Por eso, el primer paso para lograr el éxito es la idealización. Idealizar es personificar o representar en una forma ideal. La idealización consiste en tomar tan claramente como sea posible un ideal del rasgo mental deseado y conservarlo luego en la mente con tanta firmeza como se pueda. El ideal así creado sirve de molde o patrón mental para su materialización. Como se recoge en la obra *Psicología del éxito* de Walker Atkinson refiriéndose al impresionante puente de Brooklyn en Nueva York: «Los constructores trazaron primero un plan de lo que querían hacer; desarrollaron este plan sobre el papel en forma de dibujo. Solamente entonces este admirable puente que une dos grandes ciudades fue una realidad. Lo mismo es aplicable a cada paso del progreso material, desde la máquina de coser al teléfono. Hay un gran número de personas que fracasan principalmente a causa de no haber concebido una clara idea de lo que desean». Ése es el primer paso hacia el éxito: definir con la mayor nitidez qué es lo que se quiere ser, hacer o tener.

4. **Toda la práctica y teoría de la ciencia mental pueden ser resumidas en estas palabras: formar nuevas sendas mentales y transitar por ellas con tanta frecuencia como sea posible.**
No es suficiente tener un ideal claro acerca de lo que uno quiere, sino que ese ideal debe formar parte de nosotros, ser algo así como una obsesión. Ese ideal debe ser alimentado de manera constante para que no pierda fuerza en su comunicación con el éter y pueda ser una realidad. Podríamos decir que en nuestro cerebro conviven autopistas y caminos de tierra. Las autopistas son aquellas carreteras por las que se circula con tanta frecuencia que acaban asfaltándose para ir más rápido y con mayor estabilidad. Por su parte, los caminos de tierra son esas vías menos transitadas a las que se presta poco o ninguna atención. De manera metafórica, tienes que formar autopistas en tu mente con aquello que deseas conseguir. Atkison aclara: «Habiéndose formado mentalmente la idea de la cosa deseada, uno puede asir entonces firmemente esta idea y fijarla en la imaginación. Procurará por todos los medios que dicha idea forme parte de su actividad cotidiana, como una parte de su ser íntimo. Cuanto más piense en este ideal, mayor será la tendencia a verlo realizado. El individuo debe identificarlo consigo mismo de tal modo que viva con él día y noche. Los hombres de definidos y firmes ideales son los que realizan grandes cosas en la vida. Éstos se han creado una idea clarísima de lo que querían y luego han inclinado todos y cada uno de sus esfuerzos y energías a materializar ese ideal».

5. **Es preciso desear una cosa hasta el grado máximo antes de despegar las energías para obtenerla. El grado de deseo indica el grado de acción.**
Así se explica en *Psicología del éxito* (Ediciones Librería Argentina, 2010): «El deseo es el fuego que produce el vapor de la acción; el deseo insistente es el principio clave de la

obtención de las cosas». El hombre siempre actúa a través de un deseo, no cualquier deseo, sino el más fuerte de ellos o la serie de los mejores. Lo que nosotros llamamos voluntad no es otra cosa que un deseo insistente. El deseo es realmente la fase de acción mental que se convierte en fuerza motriz. El deseo es el fuego que produce el vapor de la fase de la acción de la voluntad: «Un individuo que quiera realizar una cosa, necesita, primero, animarse a sí mismo y retener en su ser interno el fuego vivo del deseo insistente, el deseo que abrasa y quema hasta el momento de conseguir el objetivo. Si se permite que este fuego vaya extinguiéndose, perderá su potencia y la máquina funcionará lentamente a impulsos debido al reducido poder del vapor». Hablamos con frecuencia de la fuerza de voluntad de las personas, pero las voluntades de hierro se agotan cuando no son movidas por el insistente deseo que está siempre detrás de la fase de acción de la voluntad. No hay vapor sin fuego, no hay acción grande sin un deseo insistente: «A menos que uno necesite una cosa por encima de todo y dé a su deseo la forma de una enérgica fuerza impelente, no podrá contar con una voluntad que le lleve a la obtención de lo deseado. No basta con desear hacer una cosa o poseerla, sino que es preciso desearla a todo trance».

6. **La mente en sus actividades sigue la ley universal de la «línea de menor resistencia», la dirección de un hábito mental ya establecido.**
Las personas somos presa de los hábitos (autopistas) mentales. Por este motivo, cultivar hábitos mentales sanos y protegerse de los contrarios es lo que marcará nuestro devenir. Así se dice: «Los hábitos y prácticas que han sido permitidos largo tiempo, pueden llegar a arraigar de tal modo, que desafíen todo esfuerzo para extirparlos». El profesor William James escribía: «El hábito es una segunda naturaleza. El hábito es diez veces una segunda naturaleza». Los hábitos bue-

nos (malos) son los que nos mantienen dentro del buen (mal) orden. Y los hábitos no son fruto del azar, sino del trabajo constante e inteligente en un determinado sentido sin dejar que la pereza nos venza: «Los animales nacen con instinto. El hábito es el resultado de una adquisición. La más importante de las tareas de la voluntad es la formación de hábitos correctos. Estos hábitos se forman siempre por un esfuerzo de la voluntad». En resumen, pensar lo que queremos pensar —aquello en lo que queremos convertirnos— no es tarea baladí y nuestra voluntad debe dirigir todos sus esfuerzos a ello el mayor tiempo y con la mayor intensidad posibles, sin permitir que otras interferencias de la propia mente y del entorno nos lo impidan.

7. **En el desarrollo mental, como en todo lo demás, la regla es: práctica, práctica, práctica.**
Querer no es suficiente para la construcción o corrección de hábitos mentales. Se requiere obrar de una determinada manera con constancia: «Es una filosofía equivocada el suponer que un hábito puede ser dominado por la mera imposición. Esto no es bastante para resolver contra él. No se puede vencer por el solo poder de una resolución. A ésta hay que añadir una continua educación y un ejercicio persistente». La persona debe «actuar según sus ideales» todos los días y en todo momento. Los esfuerzos irregulares, cada cierto tiempo o cuando a uno le apetece, sirven de poco. Si se quiere ser una persona valiente, hay que actuar en nuestra actividad diaria de manera valiente, hasta que la virtud de la valentía forme parte de nosotros. Atkinson dice: «Cada momento ofrece una probabilidad. Repetid la acción hasta que se haga habitual. Supongamos que uno desea formarse el hábito de la concentración mental. Lee una página con intensa atención. Si después lee las seis páginas siguientes con esfuerzo disminuido, pierde terreno en la formación del hábito deseado. Jamás un buen hábito ha sido el resultado del esfuer-

zo intermitente. La deficiencia en observar esto implica un retroceso».

8. **No permitáis jamás que ocurra la menor excepción hasta que el nuevo hábito esté arraigado en vuestra vida.** Construir buenos hábitos es más difícil que construir malos hábitos. Para lo primero se requiere trabajo duro, para lo segundo no se requiere nada. Por eso, en la formación de un hábito, hasta que éste esté consolidado, no debe tolerarse la menor excepción. Las excepciones se pagan caras, y cada tentación en la que uno cae es como dar un paso atrás: «La persona que se fuma un magnífico cigarrillo con sus amigos después de declarar que dejaba el vicio; el bebedor que se toma otra copita diciendo que ésta no entra en la cuenta, no tiene ni la menor idea de la ley del hábito». Sus palabras son esclarecedoras: «Si un hombre desea dejar el vicio de la bebida, lo primero que debe hacer es no entrar en ningún sitio donde se expenden licores, pues su vista puede despertar un deseo demasiado fuerte para resistirlo. Debe evitar la compañía de aquellas personas que pudieran inducirle al placer de beber una copa. Un niño que desee formarse el hábito del estudio, no debe detenerse, camino de la escuela, delante de un grupo de niños que jueguen. Éstos pueden suplicarle que entre a cubrir una vacante en una partida de pelota, y la tentación es muy fuerte para negarse». En el control mental, no sólo hay que pensar de una cierta manera positiva sino controlar cualquier interferencia negativa, porque los hábitos mentales funcionan en las dos direcciones —positiva y negativa— y si uno se deja seducir por las tentaciones está retrocediendo en el desarrollo de hábitos mentales sólidos: «El comienzo de la formación de un hábito constituye realmente una hora crítica. No debe tolerarse la menor excepción hasta que el hábito haya ganado considerable ascendiente».

9. **Una expresión física voluntariamente inducida, referida a un estado mental, tiende a inducir el estado mental correspondiente.**
Los pensamientos elegidos consciente e inteligentemente, cuando los impresionamos al inconsciente, tienen mucho más vigor e impacto si van acompañados de acciones en el mismo sentido que refuerzan esos pensamientos. En ese caso, las sendas mentales que creamos son más marcadas, profundas y sólidas. Esto es: «Si ejercitamos la expresión física de algún estado mental deseado, llegaremos gradualmente a ser semejantes a lo que tratamos de imitar». Actúa como quieres ser hasta que seas. Comportarse como queremos en las pequeñas cosas, hará que hagamos lo mismo en los grandes acontecimientos. Cada acción en una determinada dirección, por pequeña que sea, va creando un hábito. El pájaro canta porque es feliz pero también es feliz porque canta. Tenemos la obligación de engañar «conscientemente» al cerebro, para que ese engaño se convierta en cierto en nuestro «subconsciente». En resumen: «Así como el pensamiento toma forma de acción, del propio modo las acciones físicas muestran tendencia a despertar los correspondientes pensamientos, sentimientos e ideas».

10. **El mundo cree en quien cree en sí mismo. La persona que pierde la fe no sólo impresiona a los demás desfavorablemente sino que se cierra las puertas a sí mismo.**
Es importante tener un deseo *claro* acerca de lo que uno quiere, y que ese deseo sea *ardiente* y *constante* en el tiempo para que tenga fuerza, pero todo esto sirve de poco si uno no se cree capaz de realizarlo y lo ve fuera de su alcance. La Fe —creer que algo es posible y que uno se lo merece— es esencial, y a mayor ambición, más necesaria. Todas las personas de éxito han demostrado una Fe descomunal, una confianza en sí mismos fuera de lo común. Así se dice: «El que resuelve hacer una cosa, en virtud de tal resolución, es-

cala con frecuencia murallas que se le oponen y cumple su designio. El pensar que somos capaces es casi serlo. La determinación de alcanzar alguna cosa, es casi alcanzarla. Una resolución decidida, con frecuencia parece llevar consigo un cierto sabor de omnipotencia». Y también: «Es admirable como aún las casualidades de la vida parecen inclinarse ante un espíritu que no quiere doblegarse ante ellas y consigue desviar un designio que parecía en su primera tendencia aparente amenazar con un fracaso. Cuando un espíritu firme y decidido es reconocido, es curioso observar cómo el espacio se aclara en torno suyo y le da libertad y lugar».

# A MODO DE RESUMEN: 300 *tips* para tu desarrollo personal

Al igual que en el primer volumen de *Aprendiendo de los mejores*, para acabar y de despedida, te dejo 300 *tips* breves a modo de titular que pueden serte útiles para enfocarte en lo importante:

1. Todo se resume en dos cosas: *qué* quiero conseguir y *cómo* conseguirlo.
2. El éxito es sencillo: saber lo que hay que hacer y hacerlo.
3. Éxito = Hacer bien las cosas correctas.
4. El éxito es conocimiento en acción.
5. El éxito consiste en tener opciones.
6. El éxito es un proceso mental, emocional y educativo.
7. La riqueza se logra resolviendo problemas.
8. Si no quieres problemas, entonces sí que tienes un problema (y grande).
9. No huyas de los problemas, volverán más adelante con otros ropajes.
10. Los obstáculos (problemas) son oportunidades para triun-

far. Cada obstáculo (problema) que superas te hace más inteligente.

11. Lo resuelves y avanzas; lo ignoras y se repite.
12. El problema nunca es el tamaño del problema, el problema es tu tamaño.
13. Toda meta tiene un proceso, y el proceso hay que sufrirlo.
14. Debes aprender a caminar antes de aprender a correr.
15. No consigues lo que te mereces sino lo que crees que te mereces.
16. Cuando te permites lo que te mereces, atraes lo que necesitas.
17. No es tu incapacidad la que te limita, sino la creencia acerca de tu incapacidad.
18. Lo que te dices a ti mismo tiene una influencia decisiva en tu nivel de éxito.
19. El principal problema que aqueja a la gente es que piensa en pequeño; y si piensas en pequeño te conviertes en alguien pequeño.
20. Uno se merece aquello con lo que se conforma.
21. Conformarse no es una opción si no es la vida que te gustaría.
22. El principal reto que tenemos todos en esta vida es aprender a creer en uno mismo.
23. La base de toda curación es un cambio de creencias.
24. Tus creencias son algo que aprendiste, no eres tú. Las puedes desaprender y reemplazar por otras.
25. O eliges conscientemente quién quieres ser, o te conviertes en una víctima del entorno.
26. Hay que estar dispuesto a abandonar lo que uno es (dejar ir) para convertirse en lo que puede ser.
27. Todo el mundo puede conseguirlo pero no todo el mundo tiene el valor de intentarlo.
28. Cualquier cosa es posible si tienes suficiente valor.
29. Un poco de decepción es el precio de pensar en grande.
30. Si no te atreves a algo, nada será lo que lograrás al final del día.
31. En la vida siempre hay riesgo: el riesgo de actuar y el riesgo de no actuar.

32. No hay mayor distancia que la que no se empieza a recorrer.
33. El secreto para progresar es empezar por algún lugar.
34. No puedes pasarte la vida preparándote o esperando a que se despeje todo el camino.
35. Nunca se está preparado para nada, simplemente se hace.
36. En la vida se puede ganar o perder, pero no te detienes y sigues luchando.
37. Siempre tendrás una oportunidad de triunfar si no te rindes.
38. Es difícil derrotar a una persona que nunca se da por vencida.
39. Si sabes lo que quieres, el desánimo no es una opción.
40. Ningún fracaso puede derrotar a la perseverancia.
41. El existe consiste en no detenerse. El premio es para quien resiste.
42. La gente tiende a rendirse. Si tienes persistencia, adelantarás a la mayoría de la gente.
43. Siempre es pronto para rendirse (si sabes lo que quieres).
44. Es increíble lo mucho que puedes lograr simplemente insistiendo.
45. La gente no consigue lo que quiere porque no hace lo suficiente para conseguirlo.
46. Receta infalible: insistir, persistir, resistir y no desistir.
47. Nunca bajes tus metas, aumenta tus esfuerzos.
48. Gran parte de nuestros fracasos proceden de querer adelantar la hora de nuestros éxitos.
49. Tú no eres tus circunstancias, eres tus posibilidades.
50. Tus circunstancias actuales determinan dónde comienzas, no dónde terminas.
51. Damos demasiado poder a las circunstancias, pero ninguna circunstancia tiene suficiente poder para derrotar a quien tiene determinación.
52. Dónde estás es el resultado de quién eras; adónde vayas es el resultado de quién elijas ser.
53. El grado de responsabilidad que aceptes en tu vida es indicativo de tu grado de poder personal.

54. Los resultados no mienten. Si tu vida no es como te gustaría, hay algo que no sabes o no estás haciendo bien.
55. Nunca asumas que llevas el tipo de vida que te ha tocado vivir.
56. Mucha gente deja que su vida transcurra y sólo unos pocos deciden lo que les ocurrirá en la vida.
57. No todo depende de nosotros, pero sí encontrar alternativas a la situación que vivimos.
58. No podemos cambiar de la noche a la mañana, pero sí empezar a hacer las cosas necesarias para que nuestra situación mejore.
59. El primer paso no te lleva adónde quieres ir, pero te saca de donde estás. Da un primer paso.
60. El futuro no es un lugar al que nos dirigimos sino uno que estamos creando cada minuto.
61. O esperas al futuro o lo provocas.
62. Cuando las personas no consiguen lo que quieren, aman culpar.
63. Mentir(se) es prolongar un fracaso.
64. Lo peor para nuestro desarrollo personal es tenerle miedo a la verdad.
65. Crecer es ser cada día más responsable de uno mismo.
66. Madurez es no tener a nadie a quien culpar.
67. Las personas de éxito tienen un alto sentido de la autorresponsabilidad y eso les da poder.
68. Las personas de éxito saben que su vida depende de ellos.
69. Asumir las consecuencias de nuestros actos es la primera y máxima expresión de liderazgo.
70. Poder se puede (siempre), lo importante es querer y creer en ello.
71. Desconocer el concepto de imposible nos hace extraordinarios.
72. Imposible es sólo una palabra que pierde fuerza cuando tienes un deseo ardiente de conseguir algo.
73. Cuando creas que has explorado todas las posibilidades y

no hayas encontrado una solución, es que todavía no has explorado todas las posibilidades.

74. O vemos el final del camino (sabemos hacia dónde vamos) o nos dejamos llevar por los acontecimientos (adonde ellos quieran llevarnos).
75. Crecer es estar dispuesto a sentirse incómodo.
76. El secreto para conseguir lo que deseas es crecer tú hasta merecerlo.
77. ¿Quieres ser una persona superior a la media? Conviértete en una persona superior a la media.
78. Cuando tú creces, las situaciones grandes se vuelven más pequeñas.
79. Lo más importante, siempre, es tener la valentía de crecer.
80. Si te atreves creces, aunque duela; si no te atreves retrocedes, aunque no quieras. No hay término medio.
81. La calidad de un ser humano se mide por lo que está dispuesto a perder.
82. Los cobardes lo único que ven es la derrota de los demás.
83. Sólo porque sientas miedo no significa que no lo puedas hacer. Hazlo con miedo.
84. Si huyes de tus miedos, tus miedos te persiguen.
85. El éxito ama la preparación.
86. La preparación es el mejor antídoto contra todos los males.
87. Los logros espectaculares siempre van precedidos de una preparación espectacular.
88. Tu vida no mejora por azar, tu vida mejora por cambiar.
89. El éxito está en ti. Si quieres que tu vida mejore, tú tienes que mejorar.
90. Podemos cambiar porque podemos mejorar; podemos mejorar porque podemos aprender.
91. Todo (sí, todo) se puede aprender.
92. Nadie es mejor que tú, sólo se ha convertido en alguien mejor que tú.
93. Desarrollo personal es tener más opciones y aumentar las posibilidades de tener éxito.

94. Desarrollo personal es estar preparado para la vida.
95. El éxito no es magia, es desarrollo personal.
96. Tu fuerza interior es siempre mayor que cualquier obstáculo de tu vida.
97. Todos venimos a este mundo preparados para superarnos.
98. Todos tenemos más posibilidades de las que creemos.
99. Un sueño sólo puede triunfar sobre la realidad si se le da una oportunidad.
100. Los sueños que no hayas tenido nunca se te cumplirán.
101. Si tú crees que tu sueño es real, la realidad no tendrá más remedio que convertirse en tu sueño.
102. Si tus sueños te motivan de verdad, superarás tus miedos.
103. Cuida tus sueños y tus sueños cuidarán de ti.
104. La vida recompensa de manera extraordinaria a quienes se entregan de manera extraordinaria.
105. Da siempre lo mejor de ti y lo mejor vendrá.
106. Si haces lo mínimo, obtienes lo mínimo.
107. Compromiso a medias, resultados a medias.
108. La suerte no te hará tener éxito; comprometerte con el éxito sí te hará tener suerte.
109. Considera el éxito como una obligación, no como una posibilidad.
110. La diferencia entre la grandeza y la mediocridad es el compromiso.
111. Sólo los que se comprometen a fondo viven.
112. ¿Qué es la vida sin comprometernos? Nada.
113. No dejes que tu orgullo sea más grande que tus ganas de mejorar.
114. Tu credibilidad depende de tus resultados. Cada persona es el resultado de sus resultados.
115. Eres tus resultados, aunque hayas hecho todo lo posible (y no hayas logrado nada).
116. La efectividad se demuestra en los resultados. Si no hay resultados, no hay efectividad.

117. Una actitud positiva es esencial para ver las oportunidades que nos ofrece la vida.
118. Una (buena) actitud siempre te lleva a la aptitud (adecuada).
119. ¿Cuál es la diferencia entre un obstáculo y una oportunidad? Nuestra actitud.
120. Las condiciones nunca son perfectas. Tu actitud sí puede serlo.
121. Lo mejor de la actitud es que es siempre tuya. Ahí nadie puede interferir.
122. Elige tu actitud, elige tu vida; elige crecer o elige resignarte.
123. Yo no soy lo que me sucedió; yo soy lo que elegí ser.
124. Al cambiar la actitud es como si cambiáramos el resto de la vida.
125. Tu actitud precede a todo lo que te ocurre en la vida.
126. Si tu actitud no es buena, es difícil que te ocurran cosas buenas.
127. La vida es más fácil cuando uno se empeña en ser más positivo.
128. Tu actitud ante la derrota define tu nivel de éxito. Si huyes o te cansas, pierdes.
129. No puedes esperar a sentirte bien para actuar. Actúa y tu actitud cambiará.
130. La autoestima está en la acción. Sólo el hecho de atrevernos es hacernos más fuertes.
131. La resignación no es muy recomendable, ni siquiera ante lo inevitable.
132. La resignación implica renunciar a vivir una vida plena.
133. En la vida se puede ganar o perder, pero no esperar a ver qué ocurre.
134. Emprender (y todo lo demás) consiste en hacer, no en aprender a hacerlo.
135. El talento está en la acción. Talento es hacer.
136. No avanza el que más sabe sino el que más hace.
137. Si haces cosas, ocurren cosas; si no haces nada, también ocurren cosas, pero habitualmente para mal.

138. Hacer te hace.
139. La decisión más difícil es empezar. El resto es perseverancia.
140. A veces (muchas), no se trata de tomar la decisión correcta, sino de tomar alguna decisión.
141. No se puede aprender a andar en bicicleta leyendo un libro. Igual para el resto de las cosas.
142. Adoptar una actitud de acción te ayuda a crear una inercia positiva en tu vida.
143. No tengas miedo de los cambios lentos, ten miedo a permanecer inmóvil.
144. La única manera de saber si un camino es el correcto es recorriéndolo. Prueba.
145. Tus fracasos no te definen; tu determinación, sí.
146. Tenemos que aprender (todos) a fracasar mejor.
147. Fracasar no es perder; fracasar es no saber perder.
148. Equivocarse significa que lo estás intentando.
149. Ser un buen perdedor es aprender cómo ganar.
150. A ganar se aprende jugando, y sobre todo, perdiendo.
151. Ser exitoso es doloroso; no ser exitoso es más doloroso todavía.
152. Te dirán muchas veces «no» antes de decirte «sí».
153. Hay que besar muchas ranas antes de encontrar al príncipe.
154. La vida fácil acaba convirtiéndose en difícil.
155. Cada vez que haces lo fácil en lugar de lo correcto, estás dando forma a tu identidad para mal.
156. Disciplina es recordar lo que uno quiere.
157. Antes de tener éxito a lo grande, debes estar dispuesto a hacer muchas cosas que no apetecen.
158. No puedes tener éxito sólo haciendo las cosas que te apetece y cuando te apetece.
159. No te intoxiques de comodidad. La comodidad debilita.
160. El problema de mucha gente es que sus problemas no son suficientemente grandes.
161. O creces o mueres. No hay posibilidad de quedarse igual.
162. Si das a la gente un buen «porqué», encontrarán el «cómo».

163. Tu riqueza está en tus fortalezas.
164. Las cosas en las que no eres bueno no interesan a la gente.
165. Vende tu talento, no tu tiempo.
166. Tu vida es tu marca y tu marca es tu vida.
167. Tu marca personal es tan buena como lo que facturas a final de mes.
168. Dos claves de la marca personal: hacerlo bien y hacerlo saber.
169. A tener en cuenta: mostremos más (valor) y mostrémonos menos (ego).
170. Ser invisible es una estrategia perdedora.
171. Nadie puede comprar lo que no conoce. Trabaja tu visibilidad.
172. Puedes ser muy bueno, que si no te conocen no vale de nada.
173. Cuando creces con otros siempre creces más.
174. Tus debilidades no tienen por qué perjudicarte si sabes cuáles son y las compensas.
175. Tú eres muchas personas.
176. Haz de tus prioridades una prioridad.
177. Lo más importante es que lo más importante sea lo más importante.
178. Tus objetivos no es lo que quieres conseguir sino a lo que dedicas tu tiempo cada día.
179. La vida es una cuestión de prioridades y las prioridades son una cuestión de agenda.
180. Si a tu día le faltan horas es que algo estás haciendo mal.
181. Para ser productivo hay que aprender a decir no y además hacerlo con frecuencia.
182. Nunca hay tiempo suficiente para todo, pero siempre hay tiempo suficiente para lo importante.
183. Lo que capta nuestra atención controla nuestra vida. Eres tu atención.
184. Pocas cosas clarifican tanto el camino como tener clara la meta.

185. La gente de éxito es experta en algo; y para ser experto en algo hay que tener FOCO.
186. Cuando estás enfocado lo difícil es no tener éxito.
187. Cada persona que conoces es una oportunidad de ayudar y ser ayudado.
188. Cuanta más gente ayudes, más gente te ayudará a ti.
189. *Networking* supone pensar con visión, y la mayoría no piensa con visión, sino en la inmediatez.
190. Construir una red de relaciones no es lo único que hay que hacer para triunfar, pero sin una red de relaciones es difícil triunfar.
191. Cuando ignoras a los demás, los demás te ignoran a ti; cuando te olvidas de los demás, los demás se olvidan de ti.
192. Cuando cambias tu actitud hacia la gente, la gente cambia su actitud hacia ti.
193. Las relaciones son una fuente de energía y salud: cuídalas y mímalas.
194. Las relaciones dan valor y sentido a la vida.
195. Las personas necesitamos de personas (y mucho).
196. De cada persona que conozcas hazte tres preguntas: qué puedo aprender, qué le puedo aportar, cómo me puede ayudar.
197. Si das sin esperar, recibirás sin pedirlo.
198. Qué y cuánto das determina qué y cuánto recibes.
199. El éxito consiste en aportar valor y aportar valor es hacer mejor o más fácil la vida de la gente.
200. Las ventas lo curan todo.
201. La vida va de vender: o estás vendiendo o estás fallando.
202. El secreto de las ventas es tener un genuino interés por ayudar a otros.
203. Estamos más enfocados en vender que en servir. Y así no.
204. Para ganar mucho, sirve mucho.
205. Vender es servir. Vender es el arte de dar, no de recibir. Vender es ayudar a la gente a que les vaya mejor.
206. Vender es solucionar problemas a la gente; y para ello tie-

nes que saber cuáles son sus problemas; y para ello tienes que escucharlos.

207. La base de una buena venta es la información; y la información se obtiene preguntando y escuchando.
208. Si escuchas bien, impactas mejor.
209. Tú no importas, importan tus clientes y sus necesidades.
210. A una persona que sabe vender no le puede ir mal en la vida.
211. Hagas lo que hagas, dedícate al marketing (vender).
212. Saber vender no es sólo una cuestión de supervivencia sino de calidad de vida.
213. Todos estamos vendiendo algo todo el tiempo.
214. En toda interacción humana, o vendes o te están vendiendo.
215. Un vendedor eficaz es el que vende y no el que trata de hacer todo lo posible para lograrlo.
216. Tú eres tus clientes, ¿cuántos tienes?
217. Cuanto más me arriesgo a ser rechazado, mayores son mis posibilidades de ser aceptado.
218. Las oportunidades están donde los demás no las ven. Si las viesen dejarían de ser oportunidades.
219. Las personas compran cosas para solucionar problemas. ¿Conclusión? Soluciona problemas.
220. A la hora de vender, el precio (casi nunca) es el problema.
221. Los malos clientes se pierden por precio; los buenos clientes por mal servicio.
222. El servicio al cliente no es un departamento, es una tarea de todos.
223. El problema no es la falta de ventas, el problema eres tú.
224. No se confía en algo, se confía en alguien. Primero haz amigos y luego vende.
225. Casi siempre, más importante que lo que se vende es quién lo vende.
226. Tu reputación precede a todo lo que te ocurre. Tu reputación lo es todo.
227. Tu reputación depende de dos cosas: lo que consigues (resultados) y cómo lo consigues (valores).

228. Ganar también debe ser un triunfo moral.
229. La desconfianza te hará perder muchas ventas.
230. Nunca puedes hacer un buen negocio con una mala persona.
231. Los negocios nunca son sólo negocios. Los negocios son personas.
232. Si estás haciendo algo que vale la pena, tendrás competencia. Y si no la tienes, aparecerá pronto.
233. Si estás trabajando no tienes tiempo de ganar dinero.
234. Si quieres ganar mucho dinero graba esta palabra en tu mente: apalancamiento.
235. Aprende a multiplicar, no a sumar. Sumar es muy lento.
236. La mejor forma de ahorrar más dinero es ganar más dinero.
237. El dinero sigue la atención. Tienes que obtener atención.
238. Pobreza mental = pobreza material.
239. La pobreza (riqueza) no es otra cosa que el resultado de tu propia actitud mental de pobreza (riqueza).
240. La pobreza (riqueza) no es otra cosa que el desconocimiento o mala aplicación de las leyes mentales y espirituales.
241. Liderazgo es la capacidad de dar forma al futuro.
242. El liderazgo (como todo) exige práctica, así que practica.
243. Sin las mejores personas no puedes tener la mejor empresa.
244. Gran visión sin grandes personas es irrelevante.
245. Hay momentos en que el líder tiene que *saber* que *no sabe*.
246. La grandeza de un líder se mide por su legado. Ahí es donde se demuestra si su influencia fue constructiva o destructiva.
247. El liderazgo exige poder y el poder exige colaboración.
248. Liderar es influir y la comunicación es la base de la influencia.
249. Si no comunicas, no influyes; si comunicas mal, influyes mal.
250. Hay gente más preocupada por caer bien a los demás que por conseguir resultados.
251. Todo tiene una causa, un porqué. Pregúntate siempre acerca de ello.
252. El problema del ser humano es que quiere cambiar su vida atacando los efectos, no las causas.

253. Si te equivocas en el diagnóstico, te equivocas en la solución.
254. Para cambiar de vida, cambia de entorno.
255. Si empiezas a aceptar la mediocridad en tu vida, la mediocridad aumenta.
256. El único libro que no te puede ayudar es el que no lees.
257. Cuanto más éxito, más humilde. Uno de tus peores enemigos es tu arrogancia.
258. Cuando no estás bien contigo mismo, el éxito se convierte en soberbia y la derrota en frustración y venganza. Todo empieza (y termina) en ti.
259. El que piensa que lo sabe todo está destinado a la mediocridad.
260. En el momento que dejas de pensar en lo que puede pasar, empiezas a disfrutar de lo que está pasando.
261. A veces tienes que rendirte y tener la certeza de que no estás solo y van a guiarte. Déjate llevar y no intentes controlarlo todo.
262. Los milagros son la consecuencia de lo que nos atrevemos a creer.
263. Si pierdes la fe, estás perdido.
264. Si hay esperanza en el futuro, hay poder en el presente.
265. Las posibilidades se renuevan cada día.
266. Lo que sucede, conviene.
267. Todo lo que se interpone entre tú y tu meta es tu maestro.
268. La tortuga puede hablar del camino más que la liebre.
269. Perdonar es *conditio sine qua non* de la felicidad. La revancha, todo lo contrario.
270. La gratitud es una manera de ver que cambia nuestra mirada.
271. La gratitud lo cambia todo: a mayor gratitud, mayor felicidad.
272. Ser agradecido es sentir que hay abundancia allí donde mires.
273. Ser alegre es ser inteligente.
274. Para ser tolerante hay que estar seguro de uno mismo.

275. Es incompatible ser un quejica y ser abundante.
276. Las víctimas se enamoran de las excusas.
277. Hay una luz al final del túnel, pero para llegar hasta ella es preciso recorrerlo entero.
278. Crecer es aceptar la vulnerabilidad. Estar vivo es ser vulnerable.
279. La vulnerabilidad siempre cautiva porque suena a verdad.
280. La vulnerabilidad es una gran arma para conectar con la gente.
281. La gran asignatura pendiente es aceptarnos. Entonces, todo cambia.
282. Abandona la necesidad de ser perfecto para tener la oportunidad de ser auténtico.
283. Estamos más pendientes de parecer felices que de serlo.
284. Como tú te ves, los demás te tratan. Revalorízate.
285. Si vives pendiente de lo que los demás opinen de ti, les perteneces.
286. Tu mentalidad y tus hábitos definen tu éxito.
287. No puedes tener una vida positiva y una mente negativa.
288. La mente es el líder de todas las acciones. Tu mente dirige tu vida. Tu mente lo es todo.
289. Tienes que tomar el control de tu mente para tomar el control de tu vida.
290. La inteligencia es control mental y el control mental te lleva al éxito.
291. Tenemos que responsabilizarnos del control de nuestras emociones y pensamientos.
292. Tenemos la responsabilidad de apasionarnos con la vida.
293. El futuro siempre está en nuestra zona de influencia.
294. Una cosa es querer algo y otra estar preparado para recibirla.
295. El ego es vivir de acuerdo a las expectativas de los demás.
296. Lo que necesitas para triunfar está en tres sitios: libros, experiencias incómodas y mentores.
297. La gente se fija metas pequeñas porque se siente pequeña, no porque lo sea.

298. Nunca estarás lleno si sólo te fijas en ti. Busca el significado en el impacto en la vida de los demás y tu vida tendrá sentido.
299. Sólo existe un poder sanador, la mente subconsciente; sólo existe un principio por el cual funciona la mente subconsciente, la Fe.
300. En última instancia, todo se basa en aumentar la confianza en uno mismo.

# Querid@ lector@

Antes de nada, me gustaría darte las gracias por haber elegido *Aprendiendo de los mejores 2* entre tus lecturas. Espero que hayas disfrutado del libro y te haya aportado ideas y reflexiones de valor para llevar a la práctica en tu vida personal y profesional.

Te animo también, si no lo has hecho todavía, a que leas el volumen 1 que incluye más personajes interesantes de ámbitos diferentes al de este segundo volumen.

Para terminar, me gustaría pedirte tu opinión sincera acerca de libro. Para cualquier persona, antes de comprar o leer un libro, las opiniones de otras personas —las críticas— son referencias muy importantes para no perder tiempo ni gastar dinero sin sentido.

Por este motivo, te agradezco que me dejes tu valoración del libro en cualquiera de los canales que utilices (Amazon, Goodreads, Google Play, iTunes, Casa del Libro...). Siéntete libre para expresar tu opinión con total honestidad.

A cambio, me gustaría ofrecerte un regalo especial, una copia de mi ebook *Lidera tu marca personal*, que estoy seguro te gustará y aportará ideas interesantes para tu desarrollo profesional.

Ponte en contacto conmigo en <info@aprendiendodelosme jores.es> y mándame un pantallazo de tu reseña o comentario donde aparezca tu nombre y apellidos para comprobar tu identidad y te enviaré tu regalo.

Asimismo, me tienes a tu disposición en esa dirección de mail para comentar cualquier otro tema que pueda ser de tu interés.

Te deseo todo lo mejor.

# Anexo

A continuación te dejo una relación de todos los personajes incluidos tanto en este volumen 2 como en el volumen 1, clasificados por temáticas/disciplinas, para que te sea más fácil dirigirte a aquellos que más te puedan interesar en función de tus preferencias. En algunos casos se han incluido en varias categorías para facilitar su identificación. Asimismo, para distinguir a los personajes femeninos y masculinos, en el primer caso aparecen con fondo oscuro.

**CIENCIA**



**CINE**



**COMUNICACIÓN**



**DERECHOS HUMANOS / ACTIVISTAS**